谨以此书献给1984年参加莫干山会议及
致力于推动中国改革开放的中青年知识分子!

本书编委会

主　　编　　曹文炼

副主编　　刘建兴　王　然

编　　委　　张国福　傅　超　陈　婷　孔　梦　张雪领

2014
中青年改革开放论坛
（莫干山会议）优秀文集

全球化背景下的大国治理

国家发展和改革委员会国际合作中心◎编

人民出版社

中青年经济科学工作者学术讨论会

1984年"莫干山会议"参会成员合影

2012年"莫干山会议"参会成员合影

2013年"莫干山会议"参会成员合影

2014年"莫干山会议"参会成员合影

目　录

第一篇　推进国家治理现代化

第二篇　发展战略和体制改革

序①

为弘扬莫干山会议精神,纪念 1984 年莫干山会议召开 30 周年,我们举办了本届中青年改革开放论坛(莫干山会议·2014)。

1984 年的莫干山会议对中国改革开放的贡献被世人铭记,当时会议对城市体制改革的探讨,引领时代潮流,与会代表成为当今党和国家领导人、共和国部长和省长、著名经济学家。更为重要的是,30 年来,莫干山精神鼓舞了当年以及后来的中青年不懈努力,与全国民众一起促进了我国改革开放的宏伟大业与中华民族的伟大复兴。莫干山精神是敢于担当、勇于创新、自由争鸣的精神。

为了传承发扬莫干山会议精神,在以高尚全先生等为代表的前辈改革领导者支持下,经国家发展和改革委员会领导批准,国家发展改革委国际合作中心会同第一财经日报,于 2012 年 9 月,创办首届中青年改革开放论坛,与会中青年代表 100 多人,以"创造公平、开放和可持续发展的社会"为主题,广泛探讨国内改革面临的主要问题;2013 年 9 月,在党的十八届三中全会召开前夕,我们又会同财政部财政科学研究所组织召开了第二届中青年

---

① 由曹文炼主任在本届中青年改革开放论坛(莫干山会议·2014)上的致辞改编而成。曹文炼,国家发展改革委国际合作中心主任。

改革开放论坛,探讨"建立现代国家治理的突破口——财税体制改革",与会中青年代表200多人;2014年9月,本届中青年改革开放论坛的主题是探讨"全球化背景下的大国治理",到会的代表已经超过了300人。

30年来,参加当年和连续参加三次新莫干山会议的代表为中国的改革开放贡献了丰富的思想,提出了许多真知灼见,也培育鼓舞了无数后继者。在他们身上传承着的莫干山精神与中国几千年文明所倡导的"士"的精神一脉相承。

2012年第一届中青年改革开放论坛开幕时,第一财经日报社秦朔总编致辞中提出当代知识分子要弘扬"士"的精神;孔子在《大学》中为"士"拟定了"修身、齐家、治国、平天下"的行为准则;北宋张载也提出"士"的使命在于"为天地立心,为生民立命,为往圣继绝学,为万世开太平"。这就是中国知识分子的核心价值观,也是当前我们举办此论坛的出发点和真谛!

抚今追昔,正是这种"士"的精神,使一代又一代的知识分子自强不息,为民请命、为国谋略,推动创造了几千年中国的文明史和民族衰败后的复兴,使中华文明始终屹立于世界民族之林。当今,随着全球化的加深和国家开放步伐的加快,中国作为一个新崛起的大国有许多挑战需要应对。我们期望文明的融合而不是冲突,各个国家应该加强相互学习和交流,共同造福于人类赖以生存的地球。

所以,这次会议的主题是"全球化背景下的大国治理",认真研究当前国内、国际所面临的各种问题和挑战,通过思想的激荡碰撞出有价值的观点和可操作的建议。从1984年莫干山会议以城市体制改革为讨论主题,到今天的会议以全球化和大国治理为主题,反映出中国的发展和进步,也反映出中国与世界的相互联系和影响更加紧密,更反映了现代中青年知识分子新的使命和担当。

据说,莫干山山名来自春秋时期干将莫邪在此铸成的绝世宝剑。30年前,一群风华正茂、胸怀大志的中青年知识分子在此论剑,他们中许多人现已成为国家栋梁。或许再过十几年,参加新莫干山会议的代表中也将涌现一批国家各行各业的领军人才,期待在这一代中青年群体中出现世界级的经济学家、法学家和其他人文学家,他们中许多人将会续写莫干山精神!

前　言

2014 年,国家发展和改革委员会国际合作中心联合全国金融系统青年联合会、清华大学中国发展规划研究中心共同筹备并主办主题为"全球化背景下的大国治理"的第三届中青年改革开放论坛(莫干山会议·2014)。相比往年,本届会议的议题设计超过了单纯经济领域,更加关注外交战略、国家治理等新时期的热点问题。

一、莫干山会议简介

1984 年 9 月 3 日至 10 日,在浙江省德清县莫干山召开了第一次全国性的中青年经济学者工作讨论会,史称"莫干山会议"。这次会议为 20 世纪 80 年代的改革提供了重要的思路,也是中青年经济工作者的"第一次集体发声","中青年"成为社会广泛认可的改革时代的新名词。

为秉承 1984 年莫干山会议精神和会风,2012 年国家发展和改革委员会国际合作中心创办了"中青年改革开放论坛(莫干山会议)",并于每年 9 月中旬在浙江省莫干山举办。过去两届会议,分别围绕"创造公平、开放与可持续发展的社会"和"财税体制改革再突破"等主题进行讨论和代际对话。2014 年,第三届中青年改革开放论坛设置了中国和世界的关系、经济外交和全球战略、国家治理体系和治理能力现代化、核心价值与文化建设、边疆治理与民族宗教,以及金融改革(互联网金融)、国有企业改革(混合所有制)等各项议题,取得了一批重要研讨成果,受到中央领导批示和我委领导赞誉,社会反响也积极良好。

二、2014 年莫干山会议成果

2014 年莫干山会议充分体现了主办单位创办论坛的宗旨,即"为中青年打造深入探讨改革开放问题的平台"。来自全国各地的中青年代表围绕会议主题议题,进行了广泛深入的讨论,取得重要成果。

关于我国外交战略,多数观点认为应继续以"和平崛起"为总体目标,以"共同发展"为有效手段,以"增进了解"为有力途径,避免卷入美、俄、欧等大国利益之争,缓解周边矛盾,加强外交研究力度,强化外交人员素质,进一步明确与"一路一带"战略相关国家的经贸关系,确保我国远洋战略和全球战略的顺利实施。新加坡东亚研究所研究员杨沐指出,以美国为主的世界体系短期内无法改变,这一体系目前仍可得到多数国家的支持,建议继续承认美国为首的世界政治经济体系,同时逐步增强中国在这一体系中的地位,这将对中国的继续发展和世界的持久稳定有利。华东师范大学俄罗斯研究中心副主任杨成也认为,我国并未做好以世界第一大国身份来设定全球治理方案的准备,应避免向外界展示要建立一个独立于美国的体系,即不应过分强调"去美国化"。

关于国家治理现代化,中央党校原副校长李君如认为,推进国家治理体系现代化要做破题性研究,充分重视社会组织的作用,通过协商民主,"组织起来"和"活跃起来",稳定并激发社会内在活力,建构和谐有序的社会。清华大学公共管理学院教授朱旭峰认为,国家治理的概念包含两方面含义:一是在中国环境下,从统治、管理再到治理的内涵发展;二是西方所讲的政府质量,即政府制定和执行规则,以及提供服务的能力。国家治理能力的现代化应是中西方两方面含义的结合。多数中青年认为,国家治理体系建设不能照搬照抄西方经验,当前国家治理能力现代化最核心的目标是和谐社会的构建与经济的可持续发展,要坚持通过依法治国、中央和地方分权、全社会的广泛参与这三大形式来实现国家治理能力的现代化。

关于生态文明建设,中央财经领导小组办公室副主任杨伟民提出,生态环境问题是一个制度性和机制性问题,必须建立系统完整的生态文明制度体系,用制度保护生态环境,重点包括四个方面工作:一是建立产权制度,明晰自然资源的确权登记,明确行使所有权人职责的代表,即建立"自然资源的国资委";二是建立开发保护制度,明确资源功能划分并设立自然生态空间统管机构;三是建立使用制度,健全价格和税收体制机制,重点完善资源税;四是建立环保制度,重点是总量控制制度和污染排放许可制度。具有"新加坡规划之父"美誉的新加坡城建局原局长刘太格认为,城市规划方案要全面设计、长远考虑,大、中、小城市规划应不同。规划师要有科学的理念、艺术的眼光。

会议还就农村土地制度改革问题展开激烈争论。其中,农村土地所有制、土地确权、集体土地入市、土地增值收益分配、农村宅基地交易等问题是争论的焦点。在城镇化过程中应该采取何种土地制度?土地私权派和土地公权派(规划管制派)形成了泾渭分明的两派观点。香港大学的许成钢教授坚持"每个人都应该拥有自然资源",认为土地私有化是土地制度改革的目标,在所有制问题没有解决的情况下,技术问题无法解决。来自北大法学院的凌斌副教授和中南财经政法大学法学院的陈柏峰认为,农村土地集体所有制不会影响土地流转及城镇化的推进,农村集体所有制在过去几十年一直被虚化,今后应当维持、加强。他们还认为,必须禁止农村宅基地自由上市交易,虽然土地增值收益有待提高,但分配亟须公平。未来的集体土地增值收益分配应该通过"市场价格补偿+合理征收+财政转移支付"的方式来进行,建议政府实施土地增值税、不动产持有税等税种,再将部分税款用于偏远农村和农业区的公共设施和公共服务建设。

在"当代中国文化创新与融合"分论坛上,数十位中青年代表就未来世界文化的发展方向、中国文化与国家治理的关系、有效促进文化产业健康发展等问题进行了深入探讨。他们认为,未来世界的发展趋势将是"和而不同",文化发展要有包容性和规则性。中国文化应有"文"的自信,并在国家治理中发挥"化"的作用。要重视当前文化传播中的两个"新":新生代群体和新媒介技术。文化产业发展应以市场为主,通过政府在优胜劣汰过程中的引导,促进文化产业成熟发展。

三、莫干山精神与青年使命

2014 年恰逢 1984 年莫干山会议 30 周年纪念,在第一天的大会开幕式后,会议主办方邀请参加 1984 年会议的八位代表讨论莫干山精神和当代中青年知识分子的使命。

国民小微金融投资有限公司董事局主席贝多广表示,30 年前,他作为上海财经大学的普通研究生,通过学校征稿,有幸被选为学校唯一一位代表。就这样,一名书斋学生被拉入改革的大潮。到了莫干山,讨论的都是总理部长关心的问题,现在回想起来真是不可思议。回去之后,莫干山精神像一个火种,把思想带到了与社会改革、国家决策有点距离的学校。第二年上海财经大学去了三位代表,大家不仅研究美国、英国的问题,而且研究中国的问题,莫干山会议对那一代年轻人带来很大影响。

美国查顿资本有限公司高级合伙人、董事黄江南认为莫干山精神主要有三点:一是使命感,二是责任感,三是开创精神。国家发改委宏观经济研究院教授常修泽认为莫干山精神主要有四点:第一,时代责任精神,这是莫干山精神的核心;第二,社会公正精神,不讲学历,不讲职务职称,唯才是举;第三,自由争鸣精神,很多改革的思路都是在 1984 年莫干山会议的争论中爆发的;第四,官学互动精神,没有当年高层和开明领导的支持,1984 年莫干山会议不可能取得那么大的成就。

新加坡国立大学东亚研究所研究员杨沐表示,1984 年莫干山会议提出了七个专题,会议代表为了解决这些问题,抱着"士"的精神。虽然当时社会意识形态阻力非常大,但是参会代表心系国家、人民,不害怕任何处理,通过实际工作体会,带着满腔热情,积极讨论。

中国改革基金会国民经济研究所副所长王小鲁认为莫干山精神很重要的一点是,当时莫干山会议组织者和参会代表,都有上山下乡、去农村、进工厂的经历。长期的基层工作经历,让大家看到社会中存在的问题,并着力于思考如何推动改革来改变现状。寻找出路、参与变革,这就是莫干山精神。

中国旅游文化资源开发促进委员会副会长魏小安认为,莫干山精神最根本的是思想解放,思想解放的终极是人的解放。应该从人的解放来推进莫干山精神的发展,以个人主义为主体来谈使命感和责任。

浙江省人民代表大会常务委员会委员蒋泰维认为,莫干山精神一是改革开放的精神,二是创新务实的精神。当年莫干山会议代表都是30岁上下、从事经济理论研究、没职务、只有一腔热血的青年人。虽然通过征文入选,但是在会上并不是照本宣科,而是即兴发言。小组日夜激烈讨论,再把精彩观点汇集起来,到大会发言。

著名自由撰稿人柳红认为,莫干山精神最重要的价值是"思想解放",或者说是"自由、务实、开放、创新、平等"。如今媒体强调比较多的是双轨制等实际政策,但她认为莫干山会议的价值不是被上层领导批示,而是当年这七个组的报告文件中,没有任何陈词滥调,是年轻人自己为自己争取的舞台,并推广之。莫干山是大众的,是五湖四海的,是接地气的。莫干山会议是一个思想市场。

"使命感、责任感、开创精神。"30年前莫干山会议的召集人之一、和王岐山并称"改革四君子"的黄江南,这样总结他们留给当代青年的财富。

1984年莫干山会议代表、69岁的著名经济学家常修泽在不超过10分钟的开幕式讲话里,对青年提到了12次"超越",他期望:"30年前,以商品经济作为改革目标,GDP挂帅。30年后,要讲人的全面自由发展,应以国家治理现代化作为改革的总目标。历史把这副重担放在各位青年肩上,希望年轻人能让我们感到'可畏',希望'后浪'能把我们打在'沙滩'上"。

参加本次会议的人数规模空前,实际参加会议人数超过300人,绝大多数是45岁以下的中青年,分别来自全国高校、智库、企业、政府和社会组织。此外,也有十多位来自欧美、非洲和港澳地区的国际知名学者和智库代表,除中青年代表外,会议特邀贝多广、常修泽、黄江南、杨沐、王小鲁、魏小安等1984年莫干山会议代表。中央财经领导小组办公室副主任杨伟民、中央党校原副校长李君如、教育部原副部长章新胜等领导同志亲自出席会议,与中青年代表进行了多场对话。

　　另外,来自新华社、人民网、中国青年报、中国日报、南方周末、第一财经日报、经济观察报、财新杂志、国家财经周刊、新浪网、凤凰网、澎湃新闻网、和讯网、网易等三十多家媒体到会并参与报道,会后各新闻媒体和网站对有关莫干山会议新闻大量转载,引起社会广泛关注。

第一篇 推进国家治理现代化

随着全球化时代的到来和我国改革开放的深入，我国面临国家治理现代化的严重挑战。党的十八届三中全会《中共中央关于全面深化改革若干重大问题的决定》提出了"完善和发展社会主义制度，推进国家治理体系和治理能力现代化"的总目标，为各级党政部门和全国人民指明了任务和方向。推进国家治理现代化是个重大的新命题，有许多值得研究探讨的具体问题。本篇一组研究该问题的论文可供读者研读参考。

如何推进国家
治理体系和治理能力现代化

2014 年,莫干山会议就国家治理的议题展开热烈讨论。专家认为,当前国家治理能力现代化最核心的目标是和谐社会的构建与经济的可持续发展,要坚持通过依法治国、中央和地方分权、全社会的广泛参与这三大形式来实现国家治理能力的现代化。与此同时,深化国企改革也是推进国家治理体系和治理能力现代化的重要基础。

一、国家治理体系建设不能照搬照抄西方经验

中共中央党校原副校长李君如在会上指出,党的十八届三中全会将推进国家治理体系和治理能力现代化作为全面深化改革的总目标,这是我党在能力建设新阶段提出的一个新问题。相比过去的国家统治和公共管理,当前国家治理能力现代化最核心的目标是和谐社会的构建与经济的可持续发展。清华大学公共管理学院教授朱旭峰认为,国家治理的概念包含两方面含义,一方面是在中国的语境下,从统治、管理再到治理的内涵发展。另一方面是西方所讲的政府质量,即政府制定和执行规则,以及提供服务的能力。国家治理能力的现代化应是中西方这两方面含义的一种结合。

　　国家行政学院政治学生教研部原主任许耀桐教授强调，推进国家治理体系的现代化是当前中国最紧迫的一项任务，但我们不能照搬照抄西方的治理经验和治理模式，要充分注意到中西方国家治理的三点不同之处：一是，西方的国家治理并不突出政府和政党，但我们的国家治理必须要由中国共产党及其领导下的政府主导。二是，西方的治理概念更多是技术层面，更强调方法和手段，而中国谈国家治理，更加重视战略层面的考虑。三是，西方的治理所涉及的面较窄，如社区治理或生态治理，而中国的治理概念包括经济、政治、社会和文化等诸多方面。

　　北京师范大学社会发展与公共政策学院副院长张强指出，学习西方的国家治理应以系统论的方法，从工具、知识和理念三方面入手，切忌照搬照抄。国家行政学院副教授孔新峰认为，提升国家治理能力应坚持中华民族的精神独立性，而社会主义核心价值观的构建是国家治理体系建设的重要前提条件。中国人民大学国际关系学院教授时殷弘也认为，我们在增强制度自信的同时，也要不断结合中国国情、具体形势与发展阶段，从而找到适合自身的国家治理体系建设之路。

二、国家治理能力现代化的三大实现形式

　　中国（海南）改革发展研究院院长迟福林总结与会专家的观点时指出，依法治国、央地分权、广泛参与是国家治理能力现代化的三大实现形式。

　　香港大学 SPACE 学院副院长暨中国商学院总监刘宁荣认为，中国过去30 年的改革开放建立起有效的市场经济，接下来必须要有更好的法治才能保护市场经济的发展成果。中国证监会机构监管部检查三处副处长王恺也强调，首先应从法律角度来关注国家治理的问题。如果法律能够维护社会的公平正义，便可降低国家治理的成本，从而提升国家治理的经济和社会效益。

　　美国斯坦福大学社会学系教授周雪光也同意依法治国在国家治理能力现代化中的重要作用，但他更看重通过依法治国来厘清中央政府和地方政府之间的权力与责任边界的问题。周雪光指出，通过中央政府和地方政府

之间的有效分权,使得地方政府成为一个权力与责任统一的实体,从而将属地问题地方化、分散化和局部化,并对地方政府有一套制约和纠偏的制度安排,这是国家治理能力现代化过程中一个重要的技术问题。

朱旭峰还指出,国家治理的概念一方面强调加强党的领导,另一方面也注重全社会的广泛参与,这一提法本身便有助于团结中国不同派别的人士。由于政府的能力和资源有限,因此国家治理的现代化需要加强社会各界的参与。李君如强调,应重视中国过去 60 多年的协商民主经验,通过全社会的广泛参与、对话协商、协同治理以及共同发展来促进国家治理体系的建立与现代化。许耀桐认为,国家治理一个非常重要的部分就是社会治理,我们需要依靠社会组织来做好社会治理,建立起多样化的社会治理体系。刘宁荣也同意,国家治理能力的现代化离不开公民的参与,同时也需要有发达的社会组织。

三、充分重视国企改革在国家治理中的意义

国家发展改革委国际合作中心副处长盛思鑫认为,国企改革对于推动国家治理能力现代化具有非常重要的意义。国有企业改革本身便构成国家治理体系的一个重要方面。此外,国企改革的目标不应仅局限于国有资产的保值增值,更深层次的目标在于探索有中国特色社会主义的高效治理结构与组织形式,而这种高效的治理结构与组织形式不仅将提高我国企业的国际竞争力,同时也是我们推进国家治理能力现代化的重要基础。

中国改革基金会国民经济研究所副所长王小鲁指出,国企改革应多从公司治理、利益分配和竞争效率来综合考虑,不应简单地用道德标准去衡量国有企业和民营企业。在竞争性领域还是要听市场的,但也并不排斥国有企业的参与。民营企业也可以和国有企业合作进入一些非竞争性行业。在当前国有企业的混合所有制改革中,关键还是治理机制应当如何建立的问题,同时还要做到透明、公开和规范化。

中国信达资产管理公司上海分公司负责人梁强认为,国有企业应积极探索现代企业公司治理体系,不能一直守着控股权不放。同时也不应该认

为国有企业经营不好,民营企业进来后就一定能经营好。在现代公司制的框架下,企业的发展应该欢迎所有的资本类型共同参与,不是说民营资本进来,就要让国有资本出去。从国外的经验来看,很多大型企业的管理都具有三个显著的特点:股权高度分散化、管理职业化和公司治理现代化。

政府间事权划分研究：
目标模式、过程视角与顶层设计[*]

政府间事权划分一直困扰着中国学界和政府。过去三十多年，学界提出了众多改革方案和计划，然而事权划分改革进展缓慢，绝大多数改革方案都被束之高阁。本节通过回顾过往文献，理出事权划分研究的脉络，分析目标模式存在的困境及其难以解决的体制性障碍等因素，提出过程研究和顶层设计在事权划分研究中的作用。顶层设计不是过往目标模式的重复，有静态和动态两层意涵：静态的是宏观层面的改革方向和方案的制定；动态的是在顶层设计过程中健康的问题解决机制的构建。过程研究是顶层设计的一把必备钥匙，在过程中明确宏观规划，在反复互动博弈的过程中构建新的良性的问题解决机制。

政府间事权划分一直困扰着中国学界和政府。政府间事权划分不清直接影响政府间财权和财力的厘清，导致事权和财权不匹配、公共服务供给不足和缺位、地区不均衡等一系列问题。对于中国将走向何方、如何走都没有

　＊　本文作者杨振杰：中南财经政法大学公共管理学院讲师，香港城市大学公共政策学系博士。本研究受中南财经政法大学振兴工程科研基金资助。

直接经验可循,官方急需能够直接应用的改革方案和计划,这为目标模式主导政府间事权划分研究提供了市场和空间。在目标模式主导下,从 20 世纪 70 年代末期改革开放以来,厘清政府间事权和财权就被提上议事日程,学界提出了众多改革方案和建议。① 然而过去三十多年,事权划分改革进展缓慢,绝大多数改革方案都被束之高阁。除了在教育、农村医疗和社会保障等领域,中央政府开始主动承担一定的支出责任外,大多数领域没有大的变动。目标模式没能有效地解释在如此重视也有如此多的讨论和建议的前提下改革进程仍然过慢的原因。而且随着改革进入深水区,问题越来越复杂,既有的教科书上的理论越来越难以解释中国现象,也难以指导中国的改革。中共中央关于"十二五"规划的建议中首次提出的顶层设计即是在反思过往的目标模式,希望在基于对中国现状准确把握的基础上,从整体上思考中国的改革路径和策略。随后"顶层设计"成为一个热门词汇,被寄予极大的期望解决各种发展中的问题,理清政府间事权也是其中之一。问题在于目标模式为何不能推动政府间事权改革?这一模式的困境在哪里?顶层设计跟传统的目标模式有什么不同,顶层设计如何可以解决目标模式存在的困境,是否能够承载如此大的期望,会不会成为继"转型"概念之后另一个大箩筐②?本文试图通过回顾过往政府间事权划分的研究文献,指出政府间事权划分研究中目标模式的变迁及其困境,以及什么样的顶层设计才是可行的,并提出研究改革过程的必要性及其对顶层设计的贡献。

一、政府间事权划分的重要性:目标模式的前奏

一项政策要成为一个重要议题,首先需要论证其重要性及变革的必要性。政府间事权划分也经历了这一过程,在其成为议题前,学者们会提前"造势",值得注意的是,事权划分研究在过去三十多年中的理解和侧重点并非一直不变,而是不同时期有不同的关注点。

---

① 宋立、刘树杰:《各级政府公共服务事权财权配置》,中国计划出版社 2005 年版。

② 在顶层设计概念提出之前,"转型"一直都是解释中国经济、社会、政治变迁的核心词汇,凡是解释不了都被冠以转型中的问题,学界于是戏称转型大箩筐。

根据《宪法》(2004)和《地方政府和人大组织法》(2004)的规定,中国每一级政府几乎履行着相同的职能,除了中央政府独立承担军事和外交职能外。为此,每一级政府建立了相同的政府架构和职能部门。在法律文件和实际执行中,不同政府间职能划分模糊,有的还存在重叠的职能,严重阻碍了经济社会的发展,导致了一系列治理危机。

20世纪80年代到90年代中期,学者们重点关注中央和地方政府间职能划分不清造成的经济问题,如恶性竞争、宏观经济失控、地方保护主义、市场分割。① 中央和地方政府间投资管理权限划分模糊被认为导致了地方重复投资建设,其后果是一方面在汽车、钢铁等热门领域各地政府一窝蜂地上项目,造成了极大的资源浪费;另一方面在一些急需大量投资的领域却又投入不足,如教育、社会保障。其原因首先是中央和地方政府都对高利润的项目感兴趣,而对利润不高或者公益性的项目则缺乏热情、相互推诿,如文化建设、环保项目、非营利性教育项目等。其次是地方保护主义。② 由于中央和地方政府在经济管理上缺乏清晰的职能划分,没有形成全国性的统一市场,各地政府为了保护本地企业和资源,往往建立各种贸易壁垒,限制本地原材料流入外地,严控外地商品进入本地市场。县与县之间、市与市之间、省与省之间的商品和资源难以自由流通。③

20世纪90年代后期,事权划分的研究重点开始从经济领域逐渐转移到公共服务供给。由于过去政府官员只关心经济发展而忽略了公共产品的供给,导致了一系列的社会问题,如贫富差距不断扩大,群体事件不断,社会不稳定问题变得更加尖锐,中国进入了高风险社会。

1994年分税制改革后,税收收入被集中到中央政府,而支出责任则被下放到地方政府,导致地方政府,尤其是县、乡等基层政府的支出责任与其财政能力之间的差距日益扩大。在财力不足的背景下,地方政府把公共服

---

① 沈立人、戴园晨:《我国诸侯经济的形成及其弊端和根源》,《经济研究》1990年第3期。

② Wedeman, A.H., *From Mao to Market: Rent Seeking, Local Protectionism, and Marketization in China*, Cambridge University Press, 2003.

③ 吴敬琏:《关于改革战略选择的若干思考》,《经济研究》1987年第2期。

务的支出责任转嫁给辖区居民：一种是降低公共服务的标准和水平；另一种就是把原应该免费的公共服务改为收费的服务。在农村地区，尤其是中西部地区的农民负担急剧增长，他们不仅要自己承担农田水利等基本设施的建设维护，他们还要为教育、医疗等基本公共服务付费。而在城市地区，地方政府还为当地下岗工人建立有效的社会保障网络。这种状况自然引起了基层民众的不满，导致各地群体性事件发生数量急剧增加。

政府间职能划分不清、相互重叠的现状导致经济管理和公共服务供给等领域问题不断。国际经验和中国现实都表明政府间清晰明确的职能划分是实现善治的重要条件①，寻找调整中国政府间职能划分的方案和措施逐渐成为一个重要议题，进入到学界和官方的视野。

二、目标模式：寻找最佳改革方案

如何清晰界定各级政府间的职能，提高管治效能，吸引了大量学者的关注，也出现了不少成果。大家提出了各种原则、指导方案、改革计划等试图解决这一颇为棘手的问题。不同的时期，有不同的关注点和不同的方案。从学习经验上来看，20世纪80年代以东欧转型国家为主要学习对象，这是由于都面临着经济转型，有很多相似的问题。后期主要是受世界银行等国际组织的影响，转向欧美发达资本主义国家学习。大致可以分为两个阶段。

20世纪90年代中期之前的研究重点是如何划分中央和地方政府间的经济管理权限。一些学者意识到事权划分改革最困难的是要知道如何合理划分中央和地方政府间的收入，以及建立一套机制使地方政府既有自我发展的能力也有自我约束和责任感。② 有学者基于系统工程理论中层级控制

---

① Mountfield, E. and C. P. Wong, Public Expenditure on the Frontline: Toward Effective Management by Subnational Governments, In *East Asia Decentralizes: Making Local Government Work*, the World Bank(ed.), Washington, D.C., World Bank, 2005.

② 吴敬琏:《关于改革战略选择的若干思考》,《经济研究》1987年第2期。

系统的设计原则提出中央和地方职能划分的形式①。他们认为要把政府职能分解、细化，从而清晰明确的分到各级政府，减少讨价还价和暗箱操作。而且他们认为地方政府在地方事务上应该有一定的自主权，而中央政府则应该负责宏观管理，比如总需求的管理、外汇收支平衡、价格平衡和全国性市场的建立。这一观点也得到了其他学者的认同，包括国家计划委员会政策研究室。②

1994 年分税制改革后，地方政府尤其是基层政府普遍陷入财政危机，缺乏足够资金提供公共服务。越来越多的社会不稳定事件层出不穷，贫富差距进一步拉大。政府间支出责任的划分被列入议程，官方不少课题关注事权划分，官方学者和大学科研人员承接了不少相关项目，也出了不少成果，世界银行业在财政部的支持下参与到这一领域。③ 大家的一个基本共识是事权与财权相匹配，相应的财力保证相应的支出责任。

世界银行受财政部邀请于 1997—1999 年间参与检讨中国的公共财政支出体制。④ 世界银行的研究人员先后出了一系列的文章和报告，他们认为按照被国际学者和政府普遍接受的效率、公平和稳定原则，中国政府应该更好地界定、厘清各级政府的支出责任。中央政府至少应该承担部分社会服务、社会保护和社会保障职能（包括基础教育、基本医疗保障、基本养老、伤残救济、医疗保险、失业保险等）。对于各级政府共同承担的责任，则"应该事前明确各级政府的具体职能分工：一是公共服务标准的建立和规管；二是为公共服务提供财政支持；三是具体执行者即提供方"。⑤ 中国学者也检讨了政府间公共服务支出责任的划分。在 20 世纪八九十年代提出的一些

---

① 吴敬琏、周小川、李剑阁：《关于各级政府职能和分层管理的思考》，《经济管理》1986 年第 12 期。

② 刘吉瑞：《论行政性分权和经济性分权》，《经济社会体制比较》1988 年第 3 期。

③ World Bank：*China：Managing Public Expenditures for Better Results*，Report No. 20342 - CHA，2000.

④ World Bank：*China：Managing Public Expenditures for Better Results*，Report No. 20342 - CHA，2000.

⑤ World Bank：*China：Managing Public Expenditures for Better Results*，Report No. 20342 - CHA，2000，p. X.

原则又被重申,如法律制度化、以市场为基础、支出责任与财力相匹配。另外,这一阶段学者们对于国际经验和原则更加敏感,如辅助原则(principle of subsidiarity)、剩余权力(residual power)、服务多样化和基本公共服务最低标准等也进入讨论领域。①

关于公共服务中地区差异的问题,学者们提出了基本公共服务均等化的概念以保障所有公民都有平等的机会获得基本的公共服务。② 基本公共服务均等化意在保障所有公民享受公共服务的标准不会低于一个法定标准,而不是所有人都享受同等公共服务即平均主义。中央政府应该负责管理最低标准,为欠发达地区提供足够资金保障基本公共服务供给至少达到法定标准。对于具体达到什么标准、承担多大责任,不同学者作出了不同尝试。安体富、任强和陈昌盛、蔡跃洲各自尝试建立公共服务最低标准的指标体系,以及公共服务供给的综合绩效评估指标体系。③

此阶段研究重心已经从经济发展转移到公共服务供给的效率和公平。更多关于政府间职能和责任划分的改革原则、指导方案和理想模式被提出来。所有这些努力都在寻找最佳方案来厘清政府间事权划分,然而,直到最近都没有什么实质性进展。为什么这些建议和方案至今都没有被执行呢?

三、实质性变革欠缺的解读

重新划分政府间职能的重要性和必要性已经被普遍接受。官方既然如此看重这一问题,但是现实中又为何没有看到什么实质性进展呢?两个可能的原因被学者指出:其一是持续寻找最佳改革方案,大家认为改革没有进展是因为还没有找到好的改革方案,所以要接着找;其二是制度障碍阻碍了

---

① 安体富、任强:《公共服务均等化:理论、问题与对策》,《财贸经济》2007 年第 8 期。
② 国家发改委宏观经济研究院课题组:《促进我国的基本公共服务均等化》,《宏观经济研究》2008 年第 5 期。
③ 安体富、任强:《中国公共服务均等化水平指标体系的构建——基于地区差别视角的量化分析》,《财贸经济》2008 年第 6 期。

改革,现有的体制带有很强的计划经济的色彩,不同层级政府间存在"职责同构"①,而且下级政府在文件中经常出现的一句"完成上级政府交代的其他事务"也让职责划分在现实中形同虚设。

过往的目标模式主要存在以下几个方面的问题。首先,用其他学科的理论来解读和划分政府间的职能有其局限性,如有学者用系统论的观点来理解政府间的职能划分②,用系统工程理论来划分政府职能有其合理性和价值,不过这容易忽略政府职能划分的复杂性和政治性;其次,对国外文献的介绍大多只是泛泛的基本原则的介绍或者生搬硬套,而对于国外为何会建立起这样的职能划分体系,其背后的逻辑是什么,是否符合中国实际,西方理论如何本土化等领域的讨论却不是很多。有学者批评从西方经验和经济学理论中吸纳的一些政府间事权划分的原则,如规模经济、经济效益和受益范围等,并不适合中国。这些原则是在西方民主社会体制和资源相对充足的基础上而提出的,与中国的现实差异比较大,其适用性存在较大问题。比如,经济效益和受益范围原则指出把管理和服务职能放到跟受益群体最接近的那一级政府,这样才能实现最佳效益,而且可以最大限度地满足居民的需求和偏好。③ 公共服务的支出责任因此放在与这些公共服务受益范围规模相匹配的最低一级政府,如基础教育、基本医疗保障等。然而对于中国的适用性则存在两方面的问题:首先,中国的地方政府,尤其是县、乡政府大多陷入财政危机,不要说提供好的公共服务,能够保工资、保运转就实属不易,拿不出更多资金提供公共服务。在资源严重不足的情况下,如果把这些支出责任放在县乡层级,不会提高效率,只会出现供给不足。其次,这些原则是基于西方民主体制提出的,即地方政府是向当地居民问责,而不是向上级政府负责,地方政府有责任和义务满足辖区居民的公共服务需求偏好,否则居民会"用脚投票",而且领导人为了选票也要尽量满足居民的公共服务

---

① 朱光磊、张志红:《"职责同构"批判》,《北京大学学报(哲学社会科学版)》2005年第1期。

② 吴敬琏、周小川、李剑阁:《关于各级政府职能和分层管理的思考》,《经济管理》1986年第12期。

③ 王绍光:《分权的底线》,中国计划出版社1997年版。

偏好。而中国的地方政府则是向上级政府负责,接受上级政府考核,对于辖区居民的公共服务偏好缺乏足够的供给动力。在资源不足的情况下,把公共服务放在优先地位的可能性更低。1994 年的分税制本来应该是一次很好的机会来从重新划分政府间职能,然而改革前学界没有提出适用的、清晰的方案。支出责任划分的缺乏被认为改革回避了重点问题,而把重心放在琐事上,本末倒置。① 实际上,国外经验的学习不应仅仅学习既有的原则和方案,而应该是别人划分政府间事权背后的考量因素、实际运作过程和存在的问题。

在面对改革时,一方面,我们容易犯直接照搬的拿来主义错误,即西方的都是好的,世界银行、国际经合组织等建议应该全盘接受,这种想法忽略了中国的现实,容易出现水土不服的问题;另一方面,又容易出现本位主义,认为中国的一切都是特殊的,应该走中国自己的路,但是对于中国与国外有哪些具体差异性,这些差异性是否会影响到政府间职能的划分等却又缺乏充分讨论。出现这些问题其实是对于我们所面临的问题认识还不够清楚,对中国现状的理解还只是浮在表面,对于深层次问题缺乏有效探讨。其实后者又容易把一切问题归结为体制问题或者转型问题,这样的理解也是在逃避现实的复杂性。对于改革,尤其是政府间事权划分这样涉及众多领域的复杂问题,需要理解现实,只有在真正有效把握现实的基础上的改革方案才是有效的,具有可行性的。

当部分学者们仍在苦苦寻找政府间事权划分的最佳方案时,另外一些学者已经跳出目标模式开始检视阻碍改革的因素。学者们指出两种制度因素阻碍了改革进程。

其一是现有支出责任和收入分配机制。每一级政府及其附属的行政职能部门都在寻求各自既得利益最大化。② 既得利益部门对改革强烈抵制。政府间职能的调整将打破既有的利益分配结构,影响到既得利益者的利益。虽然各级政府部门都意识到在理论上厘清事权的必要性,但在实际中各级

---

① 周飞舟:《分税制十年:制度及其影响》,《中国社会科学》2006 年第 6 期。
② 国家发改委宏观经济研究院课题组:《公共服务供给中各级政府事权财权划分问题研究(下)》,《经济研究参考》2005 年第 26 期。

政府部门都试图在改革中获得更多的资源和收入，承担尽量少的支出责任。一个明显的例子是中央和地方政府间投资管理权的划分。① 虽然各级政府都清楚划清政府间投资管理权能减少经济过热、重复投资建设，但是1993年的分税制文件以及其后的中央文件都没有明确规定哪一级政府能够参与竞争性领域的投资，哪一级不可以。在事权划分模糊的背景下，每一级政府都要追求GDP增长，创造更多的收入。

其二就是复杂的政府管理体制阻碍了政府间事权划分改革。根据国际经验，只有三层政府的国家比较容易划分各级政府职能，而中国在实际运行中有五级政府。② 不同的省在管理县的体制上存在差异性，而且不同的省、市、地方政府间的职能划分也不尽相同。③ 中国五级政府的管理体制让事权划分的原则和模式变得失效。因此，贾康建议改五级政府为三级政府。④

四、未解决的问题：目标模式之外

一直以来官方和学界都存在一种潜在的预设，即只要找到好的改革方案，改革就能成功，改革的成败主要在于改革方案的好坏，所以大家都把重点放在改革方案的设计上，不断寻找最佳改革方案。改革开放后，官方和学界都意识到改革既有政府间事权划分的必要性和重要性，于是开始寻找最佳改革方案，并且试图理解改革的阻力，从而推动改革得以有效落实。三十多年来官方和学界提出了各式各样的改革方案，也找到了一些改革阻力，然而仍然没有很多改革发生。那么问题出现了：为什么这么多的努力却没有推动改革呢？现有研究中存在什么缺陷吗？

政府间职能划分是一个充满妥协、协商的政治过程，而不只是经济学家

---

① 贾康：《财政改革指向事权划分》，《瞭望》2007年第47期。
② 贾康：《财政的扁平化改革和政府间事权划分》，《中共中央党校学报》2007年第6期。
③ 安秀梅：《中央与地方政府间的责任划分与支出分配研究》，中国财政经济出版社2007年版。
④ 贾康：《财政的扁平化改革和政府间事权划分》，《中共中央党校学报》2007年第6期。

所提出的"经济实验"。当学者们在寻找理想的改革方案和模式时,实际因素,尤其是决定改革步伐和形式的政治因素,被忽略了。首先,寻找目标仅仅停留在政策设计阶段。寻找理想改革方案的学者们假设他们的目标模式是可行的,在问题和解决方案之间有直接的对应关系。他们不担心自己的改革方案是否会被官方接受或者是被完全落实。改革方案设计只是政策设计、政策决策和执行整个改革过程的第一步。不管改革方案设计得多么完美,并不意味着它会被决策者所接受,进而被完全执行。一个国家的社会偏好,而不是经济原则,应该是决定混合公共物品支出责任放在哪一级政府比较合适的核心指导原则。① 而且原则"在相关变量的具体信息缺乏的情况下难以为我们提供确切的答案"②,因此,曼瑟尔·奥尔森(Mancur Lloyd Olson,Jr)说:寻找事权责任划分的理想模式看起来可能并非那么重要。③其次,政府间事权划分是个政治过程。对政府最大的挑战是如何确保方案能够通过决议并被落实。在实践中,政治现实和历史遗产在特定环境下在政府间职能分工上总是起核心作用。威尔夏(Wiltshire)指出:实际上,在澳洲、加拿大和美国现有的政治学和公共管理的文献都认为试图找到精准的标准来划分政府职能从而永久地分配给一级特定政府是徒劳的。④

寻找阻碍政府间事权划分改革的制度因素忽略了改革发生的可能性。从以上分析可以发现,中国政府意识到改革现有政府间职能划分的重要性和必要性,而且在中央文件中也表达了启动改革的决心。自然的逻辑结果

① Ahmad,E.,D.Hewitt,and E.Ruggiero:Assigning Expenditure Responsibilities,in *Fiscal Federalism in Theory and Practice*,Ter-Minassian,T.(ed.),IMF,1997.

② Wiltshire,K.:Administrative Criteria for the Allocation of Functions between Levels of Government in a Federation,in *Towards Adaptive Federalism:A Search for Criteria for Responsibility Sharing in a Federal System*,Grewal,B.S.,K.W.Wiltshire and C.Balmer(eds.),Australian Govt. Pub.Service,1981,p.36.

③ Olson,M.Jr.:The Principle of "Fiscal Equivalence":The Division of Responsibilities among Different Levels of Government,*The American Economic Review*,Vol.59,No.2,1969,p.480.

④ Wiltshire,K.:Administrative Criteria for the Allocation of Functions between Levels of Government in a Federation,in *Towards Adaptive Federalism:A Search for Criteria for Responsibility Sharing in a Federal System*,Grewal,B.S.,K.W.Wiltshire and C.Balmer(eds.),Australian Govt. Pub.Service,1981,p.65.

是政府官员应该已经采取了行动推动改革,然而目前只有少数领域看到一点进展。检视制度因素的文献重点在于讨论障碍在哪、阻力在哪,这些探讨对于推动中国的政府间事权划分改革是有益的尝试。然而现有的文献只聚焦在制度障碍的抽象的、静态的描述,这些不能回答为什么已经认识到改革的重要性仍然没有很多改革尝试。事实上,制度障碍总是存在的,而不仅限于中国,更何况中国的政府间事权划分改革了。问题是如何克服这些障碍和阻力从而推动改革发生,这也是我们最初的目的和问题——如何推动中国政府间事权划分改革。

把焦点放在制度障碍上来解释改革进展慢存在风险,它忽略了行动者的能动性在克服制度障碍和实现变革中的作用,这一主题在制度主义文献中讨论得比较充分。[1] 所有的改革都是被行动者设计和执行的,我们应该问的是为什么强大的行动者没有采取行动,推动事权划分改革,他们对改革持什么态度,他们都做了什么来支持改革或反对改革。制度障碍如何压制了创新者的改革动力,而其中一些改革者如何以及在什么环境下成功反制了制度障碍,成功推动了改革。所有这些问题都有益于理解和推动改革。既然寻找和描述制度障碍只能告诉我们障碍在哪里,而缺乏对于如何打破障碍和启动改革的讨论,那么有必要把我们的注意力从寻找制度障碍转移到审视改革过程。

五、过程视角:理解制度变迁

通过过程视角回到历史中检视改革成功或者失败的过程可以比较清晰地理解和掌握现实困境,细化和具体化各种体制性障碍,把握背后的相关利益群体及各自的行为逻辑。过程视角以政策过程理论为基础,采用人类学研究方法,综合运用行动者网络理论、制度和组织变迁等理论来解读事件发

---

① Peters, B. G.: Learning from Experience about Administrative Reform, in *Lessons from Experience.Experiential Learning in Administrative Reforms in Eight Countries*, Olsen, J.P. and B.G. Peters(eds.), Scandinavian University Press, 1996.

生的整个动态过程。当揭开事件发生过程的"黑箱"①时,我们才能更好地理解改革的推动力是哪些,改革的阻力在哪里,什么样的场景下什么样的行动者策略比较有效,改革过程中相关行为主体和因素如何相互影响,他们的需求是如何引起实际行动的,以及需求又是如何依次被行动所转化的。以政府间关系、制度变迁和治理研究见长的某著名学者指出要理解变迁应该更多地用政治人类学的研究方法,回到历史中多角度地回顾和揭示事件发生的整个过程,尤其是"创造性个体"的能动性,因为现有的研究和描述不足以用理论归纳或者修正已有的理论来为政策制定者提供合适的政策建议。②

过程视角为我们理解改革过程提供了理论指导和方向。首先是政策科学。传统的政策理论中政策决策和政策执行被分为两个独立的部分:政策决策是政治过程而政策执行是行政过程。③ 后来学界意识到政策决策和执行实际上是一个连贯的持续过程④。政策研究学者已经把政治引入政策执行研究。⑤ 从政策设计到议程制定,一直到决策、执行和评估的整个政策过程都充满了"政治"。

其次是制度和组织变迁理论。过程视角感兴趣的是行动者与制度和组织的关系。传统的制度理论关注的是如何维护和保持个体所遵从的制度规范和机制。⑥ 而随着制度变迁主题的提出,更多的注意力开始放在制度与

① Palumbo,D.J.and D.J.Calista:Opening up the Black Box:Implementation and the Policy Process,in *Opening up the Black Box:Implementation and the Policy Process*,Palumbo,D.J.and D.J. Calista(eds.),Greenwood Press,1990.

② Rhodes,R.A.W.:Putting People Back into Networks,in *Governing Networks*,A.Salminen (ed.),IOS Press,2003,p.9.

③ Palumbo,D.J.and D.J.Calista:Opening up the Black Box:Implementation and the Policy Process,in *Opening up the Black Box:Implementation and the Policy Process*,Palumbo,D.J.and D.J. Calista(eds.),Greenwood Press,1990.

④ Elmore,R.F.:Backward Mapping:Implementation Research and Policy Decisions,*Political Science Quarterly*,No.94,1979.

⑤ Stoke,R.P.:*Reluctant Partners:Implementing Federal Policy*,University of Pittsburgh Pres, 1991.

⑥ March,J.G.and L.P.Olson:*Rediscovering Institutions:The Organizational Basis of Politics*, Free Press,1989.

个体之间的关系以探索制度的起源与变迁，个体不再是完全遵从制度规范而可能独立于制度也可能镶嵌在制度中。① 制度变迁的过程为探讨个体与制度间的互动提供了有用的场景。② 下面的问题也许有助于理解制度变迁的过程：既有的制度在变迁过程中起到什么作用？行动者如何应对制度障碍的约束？行动者与制度之间是如何互动的，以及与外界环境是什么关系？

最后，过程视角也从行动者网络理论汲取营养，正如塔拉·芬威克（Tara Fenwick）和理查德·爱德华（Richard Edwards）所指出的："行动者网络理论不是像理论技术样运用的，而更像一种感知力…… 一种更接近现象的方式"。③ 行动者网络理论可以用来解读复杂的过程，在追踪和回顾改革过程时，可以在观察什么、描述什么和分析什么上提供有用的指引。

应用过程视角需要回答两个问题：第一个是为什么要回到历史看改革过程；第二个是如何回到历史中。拉图尔（Latour）为了理解和解释一个科学产品（或者政策、决定甚至一个问题），"我们不用分析最后的成品……相反，我们可以跟随科学家和工程师（相关行动者）回到那个时间、那个地点，看他们如何规划核电站、解开一个宇宙理论、为了避孕修改荷尔蒙的结构，或者分解一个新的经济模型中的数据。我们从成品追踪到产品生产（过程）……不同于把科学技术特征放在黑匣子里，然后去寻找其社会影响力……在匣子关闭变黑之前去解读它不是更简单吗？"④

与其专注于从外面分析黑匣子内的成品，冥想它的各种特征——颜色、质地、重量、功能等，还不如想办法"回到历史中"（通过深度访谈、文献阅读等）尽量重构产品生产过程。"在创新不断积累、边界不明确、组成体的范

---

① Thelen，K.：*How Institutions Evolve：The Political Economy of Skills in Germany，Britain，the United States，and Japan*，Cambridge University Press，2004.

② Heritier，A.：*Explaining Institutional Change in Europe*，Oxford University Press.

③ Tara Fenwick，Richard Edwards：*Actor-Network Theory in Education*，Routledge，2010，p.ix.

④ Latour，Bruno：*Science in Action：How to Follow Scientists and Engineers Through Society*，Cambridge，Harvard University Press，1987，p.21.

围不断波动的情况下,单纯分析成品是不够的"。① 不管这种静态的分析是多么全面,都无助于解释产品是怎么生产出来的,它是如何进一步演变的,以及产品究竟是什么,它具有哪些功能。对于有很多偶然性的复杂情况,这种静态的分析往往导致过于简单化,就像"给流动的河流拍了一张静止的照片样"。② 通过对不同行动者之间的互动过程的描述所展示出来的事件发生的经过,即使是不完整的,也为研究者提供了最切实可行的方法去掌握场景变化的过程。

詹姆斯·C.斯科特(James C.Scott)指出人类活动范围早就超越了语言和文本描述。这些规范化的形式在简化了过程的同时也扭曲了事物的真实面目。所以像教学、导航、驾驶以及烹饪这些活动最好是在实践中学习,詹姆斯把这些固有的地方知识和实践知识称之为米提斯。

"米提斯最适用于很多大体相似、但不完全相同的情况,这些情况需要几乎已经成为实践者第二天性的迅速和娴熟的适应。米提斯也许会有一些经验法则,但是这些规则主要还是通过实践以及成熟的感觉和技巧习得的。米提斯反对将其简化为可以通过书本学习习得的演绎规律,因为现实的环境是复杂的、不可重复的,理性决策的正式程序是不适用的。某种意义上,米提斯处于天资灵感和程式化的知识领域之间,前者没有规则和公式可借用,后者可以通过死记硬背掌握。"③

过程视角认为理解复杂现象,最好是先从多个层面了解基本情况然后再回到历史中看行动者在多个层面是如何互动最后促成关键事件。从关键事件开始看问题,问题就容易理解了。

"如果你能够对一个雕像有多个观点的话,那是因为雕像本身就是三维的,你可以绕着它走来走去。如果有些事情可以从多个角度来理解的话,

---

① Latour, B.: *Reassembling the Social: An Introduction to Actor-Network-Theory*, Oxford UP, 2005, p.11.

② Scott, J.: *Seeing Like a State: How Certain Schemes to Improve the Human Condition Have Failed*, Yale University Press, 1999, p.46.

③ Scott, J. *Seeing Like a State: How Certain Schemes to Improve the Human Condition Have Failed*, Yale University Press, 1999, pp.315-316.

那是因为它是复杂的、杂乱地折叠在一起的、高度组织化的、也是美丽的……"①

过程视角可以帮助我们更加全面深入具体地理解和掌握现实，为下一步的改革提出更可行的方案。过程视角综合运用以上各种理论资源试图解读改革过程，从而更透彻地理解政府间事权划分改革的困境和阻力在哪里，这些阻力是如何阻碍改革的，有什么外在条件推动改革，改革者采取了哪些策略和技巧，改革者和反对者是如何互动的，改革共识如何达成的，改革是如何执行的。

六、顶层设计：构建新的解决机制

政府间事权划分之所以难以推进在于这一问题比较复杂，涉及多种体制的改革，牵涉到多方利益关系的调整。正如习近平总书记所说的，现在留下的改革都是"硬骨头"，涉及深层次的体制改革。顶层设计现在已经成为官方、学界和民间广为使用的词汇，并被寄予厚望，被认为是突破中国发展困局的重要方式。只要顶层设计搞好了，一切问题都迎刃而解。然而顶层设计要设计什么、如何设计、设计怎样能够被落实需要解决。

顶层设计可以从静态和动态两个角度来理解，目前各方的理解主要是从静态的角度来解读，也就是新型目标模式，强调宏观层面的改革方向与方案的制定。官方对顶层设计的权威解说是官方的主要智囊、"十二五"规划的主要执笔人所说，即改革的"主要目标以及先后顺序"。学界对于顶层设计的解读也基本上是基于此认识展开的。吴敬琏指出，顶层设计是一种目标模式，在他看来中国过去是有顶层设计的，也就是目标模式，现在重新重视是由于对历史的淡忘，需要重新强调改革方向。大家基本认同顶层设计是在宏观层面上确定改革的方向和内容，从根本上解决体制性问题。学者们也注意到顶层设计的方案从哪里来，以及顶层设计方案如何落实的问题。

---

① Latour, B. : Reassembling the Social : An Introduction to Actor-Network-Theory, Oxford UP, 2005, pp.145-146.

学者们比较强调对现实的理解和把握,重视基层实验和创新。官方智囊也指出过去已经有很多经验了,需要从更宏观的层面来确定改革内容。通过过程视角理解和把握当前中国的现实不只是为了理解而理解,更重要的是基于理解的基础上提出更加切实可行的改革方案,从而有效地推动变革。顶层设计即是基于对现实的理解和把握的基础上,提出可行的目标。

从顶层设计的理念来看,政府间事权划分应该放在整个宏观体制调整的框架下来看,而不能就事权划分来谈事权划分,政府间事权划分是与政府间财力和财权分配、政府和市场的关系,政府与社会的关系,政府职能定位等问题紧密相关的。从逻辑上来看,先要确定中国的经济发展方向,也就可以明确政府的职能定位,确定哪些交给市场和社会,哪些是政府应该承担的,然后再根据政府间协商确定各级政府应该承担的职能。当然,在具体的操作过程中,这几个领域之间不是单向的关系,而是相互影响的,比如,若不去了解过去某一级政府承担某一项政府职能的效果,是不知道这一职能是否需要由政府承担,有可能这一职能让渡给社会组织会更合适,这又回到政府与市场和社会关系的定位。顶层设计的好处是从更加宏观的层面来规划改革方案,也就是著名学者吴敬琏说的"顶顶层设计"。顶层设计的具体方案有赖于对现实的准确把握。通过过程研究可以填补这一空白。尤其是对于涉及多部门多领域的改革,过程研究更能显现出其优势。比如,政府间事权划分中经常涉及的一个问题是通过省管县的改革来减少政府层级,当时现实中真正阻碍省管县推进的不是地级市,而是省直各部门,他们抱怨和担心的是工作过多、管不过来。尤其是对于河南这样的大省,地级市和县级单位加起来共有近两百个,省政府担心直管一百多个县级单位怕管不过来。如果以现有的政府管理的事务而言,要省政府直接管理这么多县级单位确实很难。但是行政省管县的改革可以反过来倒逼政府与市场的关系的再调整,让政府"瘦身"退出一些不该管的领域,更加"苗条的"政府再来划分省、市、县职能时就比较容易了。当然需要指出的是,这是一个多次循环往复、相互影响的过程,而且在互动的过程中也充满了各方利益的多次博弈以达到一个大家都满意的结果。

另一个是动态视角,在寻找目标模式的过程中构建起新的问题解决机制。顶层设计本身的价值不仅仅是一个宏观目标，更重要的是一套切实可行的协调机制，通过这一健康的工作机制的建立，问题可以在发展过程中协调解决，也就是"制度化"起来。今天在欧美国家政府间事权划分不再是一个研究领域，并不是说他们的事权划分已经很清晰、很合理了，而是说已经有一套行之有效的被各方所接受的机制来处理新增的或者减少的政府职能的划分。况且政府间事权划分本不是固定不变的，随着经济社会发展不断有职能需要政府承担，同时一些职能也逐渐退出历史舞台，我们的顶层设计能够设计到多久以后呢，是不是可以一劳永逸呢？显然，不管如何变化，重要的是有解决机制，现在在中国事权划分之所以是一个重要问题就是没有一套好的机制来解决这个问题。在顶层设计的规划和落实过程，各方通过反反复复的沟通互动，这一工作机制有望建立起来。

总的来说，政府间事权划分虽然更多的是在财税体制改革中讨论的，实际上，事权划分不光是财政的问题，也涉及政府与市场关系、政府层级设置等领域。过往三十多年的事权划分改革研究大多重点关注的是事权划分本身，对于宏观层面的关注比较少，顶层设计概念的提出弥补了这一缺失，而过程研究可以弥补内容和细节的不足。实际上，顶层设计不是过往目标模式的重复，过程研究不是替代目标模式，而是为方案设计提供更加可靠、翔实的基础知识。有了这些基础，方案才具有真正的可行性。过程研究是融合在顶层设计中的，可以说是其有机组成部分，在过程中明确宏观规划，在反复互动博弈的过程中构建新的良性的问题解决机制。所以过程研究是顶层设计的一把必备钥匙，在下一步的研究中，有必要跟踪改革过程展示改革的整体情况，揭示重要行动者之间的关联及互动过程，以及他们对改革过程的影响，而不是独立地去看每一个因素。个案研究或者比较研究，在中央或者地方层面，一些改革个案或者实验，成功的或者失败的，都应该关注。通过检视这些个案，相关的影响因素和推动改革的策略以及让改革顺利执行的方式等都能被揭示出来，这些也可以反过来改善原来的设计方案，最终有助于政府间事权划分改革的研究。

职能整合、协调发展与区域行政改革[*]

——基于推进国家治理现代化建设的若干思考

国家治理现代化建设，事关我国改革开放成败大业。如何科学推进，无疑是摆在我们面前的一项重大而严肃的课题。本节通过考察和分析区域行政中的政府职能整合与协调发展相关性问题，指出有效推进当前我国国家治理体系和治理能力现代化建设，区域行政改革是关键。必须着力提升区域行政协调的有效性，不断加大政府权责整合力度，大力推进现代财政体制改革；加强法制建设，积极完善社会主义市场经济法律机制；合理改革官员政绩考核制度，做好生态文明建设；科学整合政府职能，加快推进服务型政府建设；着力理顺政府行政管理体制，改进政府运行机制，注重城乡统筹发展，完善区域合作制度。

党的十八届三中全会提出推进国家治理体系和治理能力现代化。这对于中国的政治发展，乃至整个中国的社会主义现代化事业来说，无疑具有重大而深远的理论意义和现实意义。如何科学推进国家治理体系和治理能力现代化建设，显然是摆在我们面前的一项重大而严肃的课题。区域行政，作为其中重要一环，其职能整合与协调发展无疑至关重要。为此，笔者不揣浅

* 本文作者邓智华：国家发展改革委国际合作中心咨询研究员，博士后。

陋,试对此问题做一探讨。在进入正题之前,有必要先对相关概念做一解释。

所谓区域行政,是指在一定区域内的政府,为了促进彼此间经济社会更好的发展,对区域内的公共事务进行相互协调,寻求合作共赢,以有效实现社会资源的合理配置和充分利用。其主体主要包括政府和政府间组织,客体则由政府间关系、区域公共服务供给和行政区划变更等构成。区域行政的载体包括区域行政的结构设置、运行机制和相应制度。①

区域行政是伴随着当代经济社会的发展,在理论和实践基础上对传统公共行政作出的延伸和拓展。传统公共行政受行政区划制约,难以突破固有行政区划范围,而区域行政则不同,其以共同利益为纽带,以政府间合作为桥梁,通常可在更大的行政区域范围内实施公共行政治理。它不仅是一种静态的行政机构设置,更是一种动态的公共行政管理过程。

区域行政的目的,当然是为了更好地协调区域经济社会发展,实现区域内产业资源互补、基础设施共享、行政资源整合、管理成本降低,政府间互利共赢,进而形成相互依存、分工协作、共同发展的区域共同体。我国由于长期实行计划经济体制,社会主义市场经济体制还不健全,各种形式的地方保护主义还比较盛行,恶性竞争、行政壁垒等现象还比较严重,统一的市场体系被人为分割,公平竞争的市场环境遭到破坏等等这些的存在,即使区域间有合作的利益空间,也很有可能出现不合作的局面。因此,大力开展区域行政协调与交流,推动区域合作互利与共赢,对于推进我国治理体系和治理能力的现代化建设甚为关键!

历史经验表明,在社会经济发展过程中,当市场遇到问题时人们渴望政府调控干预;但当调控过多时,又希望减少政府干预。我国目前市场经济的发展还不完善,发展的基础也有待充实,发展过程中也还存在诸多不足之处,因此,加强政府宏观调控,加大区域行政资源整合协调发展力度,也是政府职能所在和职责使然。

需要注意的是,政府宏观调控不是为了替代市场,而是要尽可能减少市

---

① 瑞莲、张紧跟:《试论我国区域行政研究》,《广州大学学报(社会科学版)》2002年第4期。

场失灵的程度和范围,充分发挥市场配置资源的决定性作用。凡事市场能做到的,一定要放手让市场去做。随着市场的不断完善,政府应及时退出某些领域。对资源的整合与协调,政府作用并非一成不变,而是随着市场机制的成熟改变而改变的。

从行政机制方面来说,政府在区域资源整合与协调发展中至少起着以下五方面的作用:一是促进市场发育,建立统一公平的竞争市场,使资源在整合与协调过程中拥有一个良好的市场环境;二是加大基础设施投资力度,促进基础设施的整合协调发展,确保区域资源整合与协调发展对基础设施的需求;三是制定正确的产业政策,促进产业结构优化,市场是靠"看不见的手"对资源继续整合与协调,政府这双"看得见的手"则要靠制定正确的产业政策,积极引导和鼓励产业整合与协调发展;四是解决区域内资源整合与协调发展过程中发展不平衡的问题,不平衡体现在城乡差距和地区差距上,当然对资源进行整合协调并不是进行资源利用的均衡化,而是要提高资源利用效率,最大限度发挥资源效用,努力缩小地区之间、城乡之间的差距;五是要保护自然环境和生态环境,对资源进行整合与协调发展的目标之一就是要促进经济、社会和环境的统一、协调、可持续发展,只有这样人们才能在资源整合与协调发展中真正获益。

根据现行我国行政管理的基本模式,结合政府在资源整合与协调发展中的实际需求,推进我国区域行政改革及治理现代化建设,似应着力做好以下几个方面:

一、积极提升区域行政协调有效性,不断加大政府权责整合力度

(一)加大财税政策支持力度,加快推进财政体制改革

一是积极建立利益共享机制,让各级地方政府真正感受到资源整合的

价值和意义,从而有效推进资源整合与利用。实现我国区域整体均衡发展,可从建立基础设施建设专项基金、区域协调发展基金和产业资源整合基金三部分着手。产业资源整合基金的建立,将有利于加强落后地区自身相关产业的整合发展能力,促进其与发达地区产业衔接,进而增强整体竞争能力。需要注意的是,一些地方的产业经过整合可能会受到较大冲击,特别是相对落后地区,还有可能导致经济发展陷入困境。而区域协调发展基金的建立,通过制度化的利益共享机制,采取优惠或补贴等手段,可支持就业培训、文化教育和社会保障等社会民生事业的发展。此外,还可通过相关利益诉求机制,使那些在合作中获益较少的地区,在其利益受损时能享有较为充分的话语诉求权,从而更好地维护自身利益。

二是在科学划分事权关系的基础上,要努力加强各地方政府之间的合作,积极推进各方互惠互利、共赢发展。合理界定和划分各级地方政府的事权和支出责任,不仅有利于政府更好地明确各种责权利害关系,还可有效防止政府间因权责关系不清而造成的互相推诿和"搭便车"等现象的发生。必须坚持以事权为基础,对地方财政支出的方向、规模和责任给予正确的引导,合理划分各地方政府的财政支出范围和经济管理权限,并以法律法规形式明确界定各地方政府事权范围,将其作为政府间财政支出范围划分的依据。

三是加快推进财政体制改革和财政职能转变,积极按照公共财政有关要求,合理界定和划分各级地方政府的事权和支出责任。加快税费改革,取消不合理收费,将部分合理的收费改为税;调整支出结构,特别是调整经常性支出结构,重点增加文化、卫生、教育、社会保障等方面的开支。税收政策在国家经济调控中是一个必要的手段,在一定时期内向某些产业或某些地区实行税收倾斜政策是必要的,但是如果长期如此,就会影响到整个区域经济的发展。因此,各地方政府在制定区域行政协调政策时,要把税收政策重点放在基础设施和基础产业方面,鼓励国内外企业按照区域内相关产业政策要求,积极参与区域资源开发,这对区域发展是十分有益的。将目前按照企业性质、资金来源和地区特征为主的税收优惠政策转变为调整产业结构、配合产业政策的税收优惠政策,将会大大促进区域经济增长。同时,由于区域协调合作的目标是经济互补,其前提条件则是利益的合理分配,因此,各地方政府需要通过协商,确定好合作收益及分配细则,签订好相关利益分配和约束条款。秉着互利双赢、公平竞争和适当补偿的原则,建立各地方政府间健康持久的利益分配机制。

(二)加强法制建设,积极完善社会主义市场经济法律机制

众所周知,市场经济是法制经济。在市场经济体制中,政府必须以法律作为基础和保障,才能干预社会经济生活。随着我国社会主义市场经济体制的建立和日趋完善,加强法律协调区域行政资源整合发展更成为大势所趋。目前,在制定和实施区域行政协调方面的政策过程中存在很大的随意性和自主性。比如一些政策中的"优先安排项目""加大扶持力度""实行政策倾斜"等说法,在制定和实施政策时,就给各级地方政府留下了很大的自由裁量空间。因此,有效整合我国区域行政资源,必须尽快制定和完善破除地方保护主义的法律法规体系:

一是在法律条文上,为使区域行政协调政策更具权威性和稳定性,要严格界定中央、省和市、县的利益协调方式和方法,为地方政府实施区域行政协调政策提供坚实的法律基础和法律保障。

二是充分调动全社会热情,加强普法宣传教育,尤其是对各级地方政府公务员,积极树立全社会强烈的法律意识,做到依法行政。

三是为确保区域政策的一致性和连贯性,必须加快废除与国家法律法规相抵触的带有地方保护色彩的地方性、行政性法规条例。

(三)综合平衡,着力推进官员政绩考核制度改革

官员政绩考核,历来利益错综复杂,牵涉面甚广。推动其考核制度改革,殊非易事。但如果这个问题不能有所突破,那么不仅自主随意干预本地经济活动的各地方政府官员行为得不到有效约束,诸如各自为政、恶性竞争

等地方保护主义行为也难以根除。现行地方政府官员绩效考核指标往往以 GDP 马首是瞻,这就极易造成为保证自身管辖地区经济的发展,地方官员人为阻碍有关生产要素资源的合理流动和自由转移。因此,大力加强和加快推进现行官员政绩考核制度改革,势在必行。大致说来,当从以下四个方面入手:

一是要对干部政绩考核指标体系进行科学、规范、可操作且富有成效的系统设计,其中不仅要关注干部在遵守国家法律法规方面的具体表现,还要考察他们在促进当地经济与社会发展方面的政绩;在经济发展方面,要兼顾经济发展速度、规模、质量与效益等多方面指标,在强调经济效益指标的同时,还要特别注重生态环保等方面的社会效益指标。切实打破"唯 GDP 论",考核干部既要看到他们在区域经济发展中的所作出的业绩与贡献,也要权衡其对周边相邻地区的经济发展和社会进步所产生的影响。否则,地方政府间的恶性竞争问题便难以解决。

二是要改进工作措施,积极引导和鼓励广大群众有效参与干部政绩的考核与评价,充分尊重和听取他们的意见。提得合理的,要积极采纳。

三是要不断改进和完善考核指标体系。增加考核指标中能反映地方政府公共物品供给水平的指标,真正做到对地方政府及其官员职责履行情况及水平的全面了解和真实评价,加快政府职能转变,推进政府行政管理体制改革。

四是要不断创新激励机制,严格按考核结果兑现,真正做到赏罚分明。对那些地方政府官员,因其直接干预企业的生产经营活动而造成严重后果的,决不姑息迁就;此外,还必须要求其承担相应的经济与法律责任。①

(四)积极做好生态文明建设

生态环境的好坏,不仅是人类社会生存和发展的前提和基础,也是人类

---

① 董龙云、史峰、蒋满元:《地方市场分割和地方保护主义盛行的影响分析与对策探讨》,《求是》2008 年第 6 期。

文明是否发达的一种标志和象征。我国生态环境脆弱,环境承载能力低,且区域发展很不平衡。推进国家治理现代化建设,加快区域行政改革,不仅是我国生态文明建设的题中应有之义,也是建设美丽中国的必然要求。大致说来,需要做好以下几个方面的工作:

一是依靠科技创新,加强生态文明建设。加大环境污染治理力度,加强节能减排,实行统一规划、监管和协调,尽量减少主要污染物排放,可探索实行主要污染物排污权交易,将生态环境的外部性转化为企业成本的内部性,引导企业重新审视生态问题,进而主动加强环境保护和建设。

二是积极建立健全生态文明建设考评体系,逐步形成生态文明建设的基本框架。各地方政府要组织一批生态文明建设试点示范项目,争取到2020 年,基本建立起颇具体系的生态文明建设机制,绿色消费观念深入人心,公民环境意识得到显著提高,协调发展能力明显增强。

三是积极创新生态环境管理机制,不断提高生态资源利用效率。鼓励开发利用新能源,支持清洁生产和节能减排项目实施,探索征收环境费税的改革措施,走绿色发展、绿色贸易和绿色税收等以环境保护为出发点和归宿的经济增长之路。可把排污权交易所得资金,用于生态补偿。可采取向使用者、污染者和受益者收取税收、补贴或者押金退还等方式,激励企业不断改进生产技术,转变生产方式,主动保护生态环境。

四是进一步完善环境监管体制,努力实现环保部门机构与职责的法制化。除制定环境监管方面的法规外,还要有关于固体废弃物、矿藏资源、大气和水等专项生态环境法规的制定。在立法的同时,要明确规定环保部门及与之相关部门的职责分工与权限,制定好责任追究制度。

五是积极探索跨地区、跨行业环境管理。治理生态环境,往往需要跨地区、跨行业展开。因此,生态环境的建设必须协调地方政府之间利益,加快推进区域治理现代化建设,必须设置跨地区、跨部门、跨行业的环境协调管理机构,统筹管理生态环境的治理与建设。

六是加大公众参与力度,积极调动全社会参与热情,使人民群众自觉地加入环境保护的行列中去。或直接参与环境保护政策的制定,或监督各种污染环境行为,有效提高环境保护治理效率。

二、科学整合政府职能,加快推进服务型政府建设

由于缺乏有效的合作协调机制和制度安排,在区域行政协调中还存在着诸多问题,如地方保护主义、区域行政不协调等等。这些问题的存在,造成了地方行政资源浪费,使得政府行政效率欠佳,相当大程度上也阻碍了区域的健康快速发展。因此,有必要加快政府职能整合,推动服务型政府建设,切实维护好区域的公共利益。所谓服务型政府,其以为社会和公众服务为宗旨,以公共利益为根本出发点,服务主体是各级政府,服务的对象是公民、社会组织和社会。建设服务型政府即是从理念和文化等软环境入手,促进政府职能转变和组织文化的形成。从此,政府在经济社会生活中不再是处于主导地位的掌舵者,而是参与者、服务者。服务型政府主张"公民优先"理念,注重公民权利,能综合平衡经济社会和环境的协调发展,不以生态环境的牺牲作为经济发展的代价,不再因为各地方政府的自身利益或者官员的个人利益而牺牲公民的基本权益。

推进新型服务型政府建设,大致可从以下两方面入手:

(一)努力理顺政府行政管理体制

进一步消除行政性和制度性上的障碍,实现"权力政府向责任政府转变、大政府向小政府转变、全能政府向有限政府的转变和经济职能向服务职能的总转变"。①

(二)通过制度建设,大力转变政府职能

积极整顿规范市场秩序,创造良好的市场环境,使地方政府真正从微观

———

① 文炳勋:《对区域经济合作中政府干预行为失当的思考》,《湖南城市学院学报》2004年第11期。

经济活动中退出,切实减少对企业不必要的经济干预,为企业融入市场竞争创造条件,促进区域内生产要素的整合,提高区域间产业的专业化分工,推进产业结构调整,进而实现区域资源的优化配置。

具体来说,就是要在行政规则上,依法行政,彻底摒弃行政过程中的"暗箱"操作,依法管理经济和社会事务,提高政府行政效率,树立良好形象;在功能上,要树立为企业提供优良环境、为公民提供优质生活的公共服务理念,真正做到为民服务,实现由"大政府小社会"到"小政府大社会"的转变;在程序上,必须简化办事程序,做到公开透明,将政务向公众公开,公布办事结果,便于公民和其他社会组织监督等;在技术手段上,要尽可能减少传统管理层次,将现代网络信息技术充分运用到政府管理和服务的各个环节上,开发行政人员的综合技能,压缩职位分类,创建工作团队,缩短和简化各种业务程序,使管理走向扁平化和一体化;加强各级政府公共信息综合服务网络平台建设,加快推进"电子政务"建设,实现政府各部门、各行业之间的资源高度共享,有效降低政府办事"门槛",不断提高政府的服务质量和水平。

三、大力改进政府运行机制,确保区域治理现代化建设健康发展

(一)既要重视区域政府间协调发展,又要注重城乡协调发展

新区域主义认为,伴随着经济全球化和区域一体化的产生,必须重视区域性组织的制度建设,通过多元主体参与、自上而下的区域性组织的建立,共同解决区域内各种社会经济问题,强调全面协调发展观,是一种城市或区域管治理论[①]。

[①] 赵家亮:《"新区域主义"的层次特征及对"长三角"城市合作的启示》,《安徽农业科学》2007年35卷第27期。

从国家治理的区域角度来看,新区域主义注重全面协调发展,就是指在重视各城市政府之间协调发展的同时,也注重各城市内部城乡之间的协调发展,城市与乡村连为一体、互为依存,彼此之间相互作用、不可分割,随着社会经济的变化发展而发展。在强调全面协调发展的同时,新区域主义也重视以提高区域竞争力为目标的合作性竞争。这种合作性竞争强调地区之间的内部开放,从而有利于实现区域内资源的优化配置,进而提升区域的整体竞争能力。此外,新区域主义提倡的自上而下、多元主体参与的区域性协调组织,在促进区域经济发展的基础上,某种程度上也能满足不同利益主体的利益诉求。

我国国家治理可以借鉴新区域主义理论,对经济增长、社会进步和环境保护等方面进行综合平衡,全面系统地研究城乡发展中存在的各种矛盾和问题。当前,需着力破除城乡二元结构,积极推进新型城镇化建设。在区域行政协调中应当强调城镇与乡村的合作共赢,使乡村通过合作进入更广阔的市场空间。城市要积极反哺农村,加强农产品和消费市场的开发,延伸产业链条,通过一体化合作,在获得更多资源配置权的同时,充分提高资源使用效率。随着我国新型城镇化建设大幕的拉开,各级地方政府要紧紧抓住机遇,在积极发展自身特色经济的同时,一定要充分认识到由于历史、地理、生态、环境、人才、资本、资源和技术等方面的原因,真正实现国家治理现代化任重道远。

(二)完善区域合作制度

根据国内外区域成功发展的有关经验,应当从区域行政协调机构和制度设置两方面来构建我国的区域合作制度。

1. 区域行政协调机构

根据我国区域目前发展情况,其区域行政协调机构可分为各级政府的协调机构和各种非政府组织。

一是各级政府的协调机构。各级政府要进一步强化政府服务意识,加快转变政府职能,提高政府办事效率,为区域行政协调发展提供良好的环境基础和制度保障。通过统一规划能源、交通、通信和市政等基础设施,协调治理生态环境等问题,地方政府之间加强交流与合作,促进基础设施和公共事业的健康快速发展。根据经济社会和生态环境协调发展的需要,大力培育生产要素市场和商品市场,制定相关产业发展政策,并逐步退出资源配置领域,让市场真正发挥资源配置的决定性作用。

二是各种非政府组织。我国目前非政府组织虽然数量较少,但其作用不可小视。区域行政协调虽说是政府的责任,但也还需要各种非政府组织积极参与并发挥作用。要积极通过建立各种跨行政区的行业协会,并予以相应政策或资金支持,加强城市之间不同产业间的交流与合作,共同促进行业的又好又快发展,同时有效防止和避免行业内部的恶性竞争。此外,为解决共同面临的区域发展问题还可扶持和发展一批民间咨询组织,以提供智力支撑。总之,积极组织和发挥各种非政府组织的中间协调作用,不仅可以促进企业之间的合作与交流,也可推动区域经济、社会的可持续发展。

2. 区域行政协调制度

受行政区划的干扰,区域行政协调常常导致各地方政府之间关系更为微妙和复杂。因此,建立一套科学合理、行之有效的区域行政协调制度,很有必要。在订立制度时,首先必须明确制度订立的目标、方针和政策。针对我国目前经济社会总体发展现状及未来发展的远景目标,当务之急,要在户籍、教育、住房、就业、医疗和社会保障等制度方面,大力加强区域行政协调,共同构建统一的制度措施和实施规范,促进区域行政协调制度框架的早日形成。在户籍制度上,要大胆创新,着力放宽户籍限制,吸引四面八方的各类人才参与区域经济社会发展;教育制度上,要大力进行创新改革,切实提高教育教学质量;住房制度上,要努力控制高房价带来的负面影响,加快推进公共租赁房建设;就业制度上,要鼓励和扶持人们开展创业,提供相应优惠政策支持;社会保障制度上,在不断提高保障水平的同时,积极扩大社会保障覆盖面,确保人人有保障。医疗制度上,在努力做好"病有所医"的同时,尽可能满足人们对基本医疗服务需求。共同协调彼此间的产业政策、财政政策和货币政策等,有效防止和克服各自为政、政出多门和恶性竞争等现象或行为的发生,积极为企业发展营造良好的外部环境。积极在技术研发、人才流动、税收优惠和信息共享等方面协商政策,共同打造区域治理一体化的政策环境。

总的来说,科学推进当前国家治理体系和治理能力现代化建设,事关我国全面深化改革事业之成败。全面把握和分析影响和制约这一进程的相关核心与要素,无疑将有助于我们更好地谋划和推进国家治理现代化建设。

现代国家治理,从中央到地方各个层级,从政府治理到社会治理,各种制度安排作为一个统一的整体相互协调、密不可分。区域行政,作为国家治理的一个重要环节,着力改革和推进其现代化建设,无疑有助于促进我国国家治理体系和治理能力的现代化。在此过程中,必须着力提升区域行政协调的有效性,加大政府权责整合力度,推进现代财政体制改革;加强法制建设,努力完善社会主义市场经济法律机制;合理改革官员政绩考核制度,做好生态文明建设;科学整合政府职能,加快服务型政府建设;改进政府运行机制,注重城乡统筹发展,完善区域合作制度。

所以,推进我国国家治理现代化建设,必须超越任何组织和群体的局部利益,以中华民族和全体人民的整体利益和长远利益为着眼点。集中全党、全国人民智慧,紧紧依靠党组织强大的政治动员能力,严格遵循民主执政、依法执政和科学执政的基本方略,沿着社会主义民主法治的道路,才能真正实现国家治理现代化建设。各地如何因地制宜,创造性地推进区域治理现代化建设,实现党的十八届三中全会提出的国家治理现代化建设的宏伟战略目标,需要我们更为广阔的考察视野,这也是今后努力的方向和目标。

第二篇　发展战略和体制改革

　　一个国家要建设成为世界强国，必须在综合国力上占据世界前列。国家要发展，就必须改革创新，以改革促发展，以发展倒逼改革。改革与发展是一把双刃剑，两者不可偏废。政治经济社会等各项改革中，经济体制改革是基础。实现改革目标，发展战略是关键。本篇编组的相关领域经济体制改革与发展战略的研究著述，可供读者研究参考。

中国经济新常态：
未来十年中国经济大趋势[*]

习近平总书记近期调研时强调："从当前我国经济发展的阶段性特征出发，适应新常态，保持战略上的平常心态。"我们将其称之为"习近平常态"。本节结合习总书记提出的"三期叠加"系统，总结了"习近平常态"的核心特征：一是增长速度的新常态，即从高速增长向中高速增长换挡；二是结构调整的新常态，即从结构失衡到优化再平衡；三是宏观政策的新常态，即保持政策定力，消化前期刺激政策，从总量宽松、粗放刺激转向总量稳定、结构优化。

一、经济增速的新常态：内外红利衰退，
从高速增长向中高速增长换挡

"我国经济不可能也不必要保持超高速。"这是习近平2013年4月8日在同参加博鳌亚洲论坛2013年年会的中外企业家代表座谈时表达的观点。

---

[*] 本文作者管清友：民生证券研究院执行院长、中国经济体制改革研究会高级研究员；朱振鑫：民生证券宏观研究员。

说不可能,主要是一味维持超高速带来的资源、能源、环境压力太大,事实上是不可持续的;说不必要,主要是我们在提出中长期发展目标时就充分进行了测算,实现我们确定的到 2020 年国内生产总值和城乡居民人均收入比 2010 年翻一番的目标,只要年均 7% 的增速就够了。因此不必要追求超高的经济增速。

一个经济体的增长就如同一个人的成长,会经历幼年、青年、中年和老年,经济起飞阶段就如同人的幼年和青年时代,朝气蓬勃、势不可挡,但当经济发展到一定阶段之后,同样会像人一样步入中年和老年,经历自然的"增速换挡"。根据世界银行增长与发展委员会的统计,二战后连续 25 年以上保持 7% 以上高增长的经济体只有 13 个,排除博茨瓦纳、马耳他、阿曼这样的小国,剩余 10 个经济体在前三个十年成功维持高增长,但第四个十年无一例外都出现结构性减速,第四个十年能保持 7% 以上增速的只有中国台湾。而且,张晓晶(2012)发现,这 10 个成功的经济体几乎无一例外经历了危机,包括巴西 20 世纪 80 年代初的债务危机,日本 80 年代末的金融泡沫破灭危机,以及其他经济体 20 世纪 90 年代遭遇的亚洲金融危机。其中遭遇危机后止步不前的有:泰国、马来西亚、印尼和巴西;而经历危机但成功跨越的经济体有:日本、韩国、中国香港、新加坡和中国台湾,它们四十年平均增长率较之未能成功跨越危机的经济体更高。

中国目前已进入高增长的第四个十年,与其他经济体相比,中国已经创造了前三个十年年均增长 9% 以上的奇迹,在第四个十年的最初几年表现也相对更为稳定。但这并不会打破未来中国增长结构性减速的趋势,这也符合经济发展的自然规律。

过去十年的高速增长主要来自两大红利的驱动。从供给端看,内部的人口红利带来了丰富的廉价劳动力,推升了储蓄率和潜在经济增速。从需求端看,外部的全球化红利带来了外需的爆炸式增长和外资的大规模涌入,奠定了外向型增长模式的基础。但目前来看,内外两大红利正在加速衰退,甚至变为拖累,这势必导致中国经济从高速增长向中高速增长换挡。

（一）供给端的新常态：人口红利衰退，储蓄率出现拐点，潜在增速下滑，劳动力比较优势衰失

过去近四十年的时间里，中国人口抚养比从 78.5% 一路下滑至 37.8%，15—64 岁的劳动力人口占比从 57% 上升至 74.5%，在此带动下，国民总储蓄率从 30% 左右大幅攀升至 2008 年的 53.4%。但从 2011 年开始，中国的人口结构已经迎来拐点，劳动力人口比例开始下降，老龄人口占比加速上升。未来十年，计划生育对人口结构的冲击将加速显现，老龄化趋势将愈发明显，劳动力人口占比将降至 70% 以下。人口结构的恶化会从四个方面拉低经济增速。

首先是拉低储蓄率和潜在增速。不论是从传统的经济增长理论还是现实的国际经验来看，储蓄率与经济增速具有显著的正相关关系。而储蓄率又主要取决于人口结构的变化。汪伟（2010）以生命周期理论为出发点，运用中国 1989—2006 年的省际面板数据考察了经济增长、人口年龄结构变化以及它们的交互作用对中国储蓄率的影响，结果发现：人口政策转变带来的抚养比下降导致中国储蓄率不断上升，换句话说，在未来中国人口抚养比趋于上升的情况下，未来的储蓄率和经济潜在增速将有下行压力。

其次是抑制金融资产价格，产生负的财富效应。一般认为，当社会中适龄劳动人口增多时，这部分人会为了将来退休而储蓄或购买金融资产，推高金融资产价格；相反，如果人口出现老龄化，则老年人对金融资产的需求较低，资产价格将趋于下行。柏甘蒂诺（Bergantino）根据家庭资产持有数量构建了家庭对金融资产需求的年龄结构数据，结果也验证了美国人口年龄结构的变化和金融资产价格之间的显著关系，而资产价格的下行将通过财富效应对国民消费和投资增长产生负面影响。

再次是推高劳动力成本，造成供给冲击。蔡昉指出，当前中国劳动年龄人口增长速度逐年减缓，2004—2011 年间，劳动年龄人口增量以每年 13.6% 的速度减少，由于人口流动，农村劳动人口已经是负增长，至 2015 年前后，劳动年龄人口将停止增长；2030 年前，劳动年龄总人口将达到峰值，

中国经济的刘易斯拐点毋庸置疑已经到来,劳动力供求关系随之由过剩转向短缺,社会日趋老龄化、少子化将导致劳动力要素日益稀缺,进而抬高国内的劳动力成本,使中国逐步丧失在劳动力成本上的比较优势。中国相对工资(工资/所创附加值)目前已达到0.37,高于巴西(0.26)、委内瑞拉(0.2)、印度(0.17)、泰国(0.16)等,最低绝对工资达到182.5美元/月,高于俄罗斯(139美元/月)、印尼(132.7美元/月)、墨西哥(121.6美元/月)、越南(49.9美元/月)等,未来的世界工厂将向东南亚、金砖、拉美、非洲国家转移。

最后,从国际经验看,人口拐点往往意味着房价拐点,Bakshi 和 Chen(1999)用美国1900—1990年的数据验证了生命周期投资理论和投资风险厌恶理论,即随着人口年龄增长,对房产的需求将系统性下降。美国劳动力人口占比2006年见顶,2007年房价开始转向;日本劳动力人口占比1992年见顶,1991年房地产泡沫就已经开始破裂。虽然中国51.8%的城镇化率仍远低于美日房价泡沫破裂时的水平,未来城镇化进程带来的刚需能对房价构成一定支撑,但根据北京大学中国社会科学调查中心发布的《中国民生发展报告2013》,全国家庭平均住房面积为100平米,人均30平米。近九成中国家庭全部或部分拥有现住房的产权,超过10%的家庭有两套及以上的住房,奢望房地产市场延续过去十年的辉煌已不现实。

当然,人口结构的变化是个缓慢过程,并不会引发潜在增速的断崖式下行。第一,人口年龄结构变化的同时,人口的素质结构也在变化,劳动力人口的绝对和相对数量虽然都在减少,但随着义务教育和高等教育普及的后续效应加速显现,劳动力人口的素质将明显提高,对冲劳动力数量的下滑。第二,政府的人口政策将加快调整步伐,目前单独两孩已经放开,根据卫计委的预测,近几年每年出生人口将因此多增200万人左右,长期来看,有助于延缓人口老龄化趋势。

(二)需求端的新常态:全球化红利衰退,全球经济从失衡到再平衡,外需和外资从涨潮到退潮

对中国来说,21世纪最初几年是全球化的黄金时代,外需膨胀、外资涌

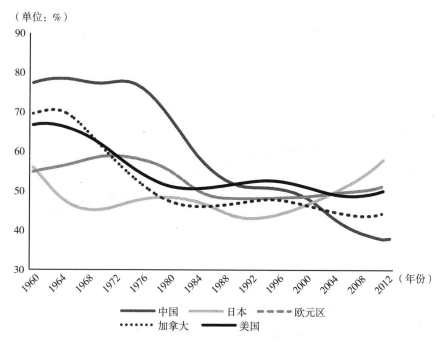

（单位：%）

图2-1　人口抚养比下降为中国带来超越他国的人口红利

资料来源:Wind,民生证券研究院。

入,双顺差成为中国经济奇迹的核心引擎。从贸易渠道看,伴随着发达国家一轮史无前例的加杠杆,其储蓄—投资负缺口不断扩大。再加上中国加入WTO和人口红利带来的出口竞争力的迅速提升,中国迅速崛起为全球第一大出口国。从资本渠道看,发达国家的宽松货币政策尤其是一轮又一轮的QE浪潮,推动全球流动性迅速扩张,外资大量涌入以中国为代表的新兴市场。但金融危机之后,这种趋势已经逐步逆转。

　　第一,贸易再平衡正在加速。从需求角度看,2008年的银行业危机之后私人部门去杠杆,2009年的主权债务危机之后公共部门也开始去杠杆,去杠杆的直接后果是发达国家的储蓄—投资负缺口和经常账户逆差不断收窄。从制度角度看,内需不给力,各国开始加大力度抢外需。美欧搞跨太平洋战略经济伙伴关系协定(Trans-Pacific Partnership Agreement,以下简称TPP)、跨大西洋贸易与投资伙伴协议(Transatlantic Trade and Invertment

（单位：%）

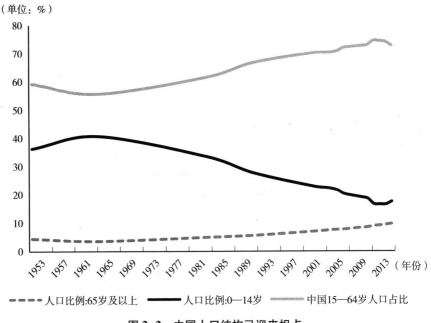

──── 人口比例:65岁及以上　　──── 人口比例:0—14岁　　──── 中国15—64岁人口占比

图 2-2　中国人口结构已迎来拐点

资料来源：Wind，民生证券研究院。

Partnership，以下简称 TTIP）实质是变相的保护主义。未来十年，WTO 红利将逐步消散，取而代之的是所谓 ABC WTO（Anyone But China，意为排除中国在外的 WTO）的巨大挑战。从技术角度看，中国的服务贸易逆差、投资收益逆差以及货物贸易中的能源逆差正在逐步吞噬一般货物贸易日渐萎缩的顺差，未来中国经常账户可能全面陷入逆差。

第二，资本退潮也已拉开序幕。2014 年 QE 逐步退出，2015 年美联储大概率加息，全球流动性拐点到来。伴随着欧美经济的"逆差纠正式"复苏，全球资本将加速回流到中心国家。拉长周期看，2008 年的美元指数很可能已经是个大底部，未来美元升值大周期将加速刺破新兴市场泡沫，中国虽然有资本管制和外汇储备的防火墙，但未来从"资产本币化、负债美元化"向"资产美元化、负债本币化"的转变足以终结外资的单边流入和人民币的单边升值。

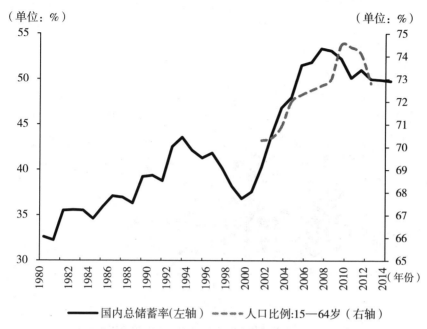

（单位：%）   （单位：%）

——— 国内总储蓄率(左轴)   - - - - 人口比例:15—64岁（右轴）

图 2-3　劳动力拐点已造成中国拐点

资料来源:Wind,民生证券研究院。

二、结构调整的新常态:从结构失衡到优化再平衡

习近平总书记指出:"加快推进经济结构战略性调整是大势所趋,刻不容缓。国际竞争历来就是时间和速度的竞争,谁动作快,谁就能抢占先机,掌控制高点和主动权;谁动作慢,谁就会丢失机会,被别人甩在后边。"

过去十年是结构失衡的十年。从产业结构上看,以加工制造业为主的工业产能严重过剩,而服务业产能却严重不足,看病难、上学难、融资难问题成为困扰国民福利改善的镣铐。从需求结构上看,政府以 GDP 为纲的考核机制引发了各地方政府的招商引资锦标赛,投资和出口超常增长,而消费占比不断下滑。从地区结构上看,东部沿海地区快速崛起,中西部地区发展滞后,大城市尤其是北上广深等特大城市的城市病愈发严重,而中小城市及小城镇相对薄弱。未来十年,必须通过优化结构缓解失衡,当然,这个再平衡

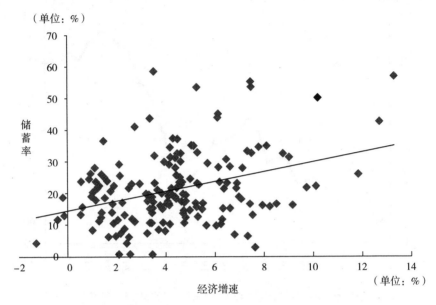

图 2-4　全球各国储蓄储蓄率与经济增速有明显正相关关系

资料来源:IMF,民生证券研究院。

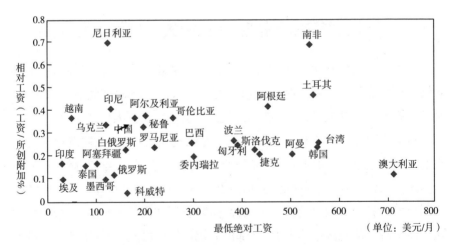

图 2-5　中国在全球出口竞争对手中的劳动力优势已不明显

资料来源:世界银行,民生证券研究院整理。

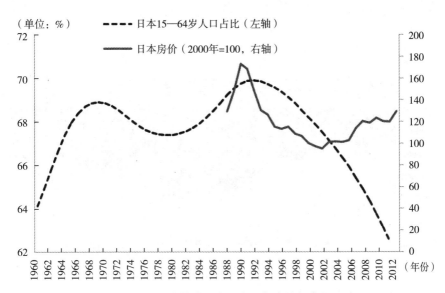

图 2-6　日本劳动力人口占比与房价拐点图

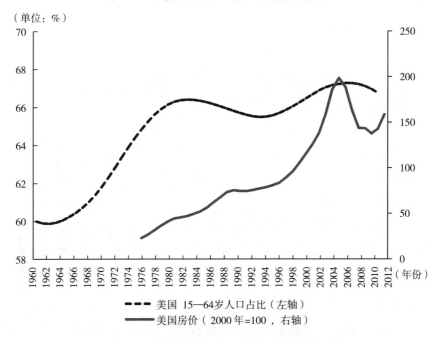

图 2-7　美国劳动力人口占比与房价拐点

资料来源：Wind，民生证券研究院。

（单位：百万美元）

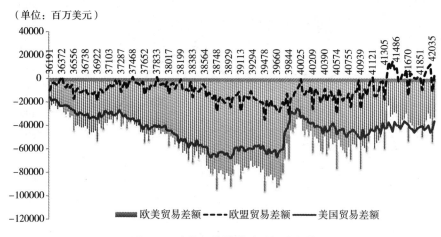

图2-8 欧美经济的逆差纠正式复苏

资料来源：Wind，民生证券研究院。

（单位：百万美元）

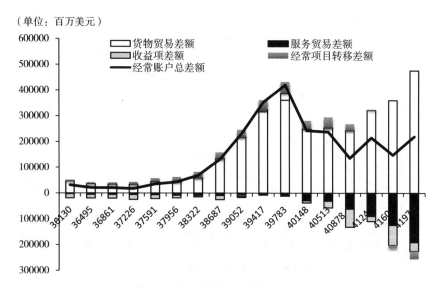

图2-9 中国经常账户顺差趋于收窄，未来可能出现逆差

资料来源：Wind，民生证券研究院。

过程中的阵痛在所难免。

(一)产业结构的新常态:从工业大国转向服务业强国

中国在出口和投资拉动的增长模式下,迅速崛起为工业大国。自1990年以来,工业在GDP中的比重一直维持在40%以上。但金融危机之后,先是需求大幅萎缩,后是4万亿造成严重产能过剩,中国的工业占比开始加速下滑,服务业占比半被动、半主动的提升。到2013年,GDP中的服务业占比已经超过了工业,服务业对经济增长的贡献率(48.2%)也超过工业(46.5%)。未来十年,中国将完成从工业大国向服务业大国的蜕变。

从主观上看,问题倒逼之下,中央将加大力度进行产业结构调整。工业部门的产能过剩与服务业部门的供给不足并存是最核心的矛盾。为此,中央一方面将"以伤筋动骨的决心和代价坚定化解产能过剩。对产能过剩,决不能不作为、把问题往后拖"。另一方面,为了解决"看病难""上学难""融资难"的顽疾,中央必将加速开放以民营医院、民营银行为代表的服务业部门,扩大供给。

从客观上看,伴随着收入和资本存量的增长,中国正在从投资和出口主导型向消费主导型经济过渡。从历史经验看,这必将明显提升对服务业的需求,尤其是商贸物流、互联网金融等生产性服务业。库兹涅茨(Simon Kuznets)在研究现代经济增长与产业结构变动关系中就将人均收入作为产业结构变动的原因,他在解释服务业产生的原因时指出:居民平均收入的增加会加强对娱乐、教育及其他专业服务的需求;钱纳里(Chenery)的"标准产业模型"中,人均国民收入是一个重要的解释变量,其重要结论之一是国内最终需求的构成是影响产业结构变动的主要因素。影响最终需求的重要因素是人均收入水平,因为服务需求收入弹性较高,居民收入提高后,用于服务消费支出显著增加。同时,服务业的迅速发展,必然也会对居民的收入变化产生影响。中国经济已呈现服务化趋势,在提倡大力发展服务业的同时,也要注重其对居民收入提高的作用。理想的状态应该是服务业发展促进居民收入水平的提高,而居民收入水平的提高又促进服务业进一步发展,形成良性循环。

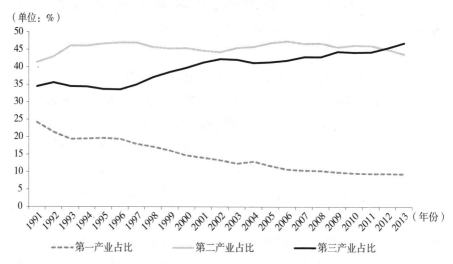

图 2-10　2013 年第三产业占比超过第二产业

资料来源:Wind,民生证券研究院。

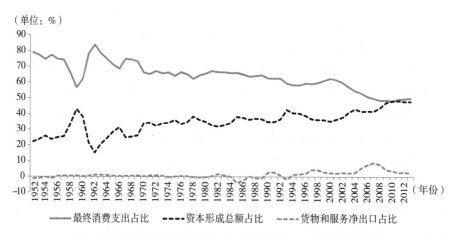

图 2-11　中国开始从投资和出口主导向消费主导型经济转型

资料来源:Wind,民生证券研究院。

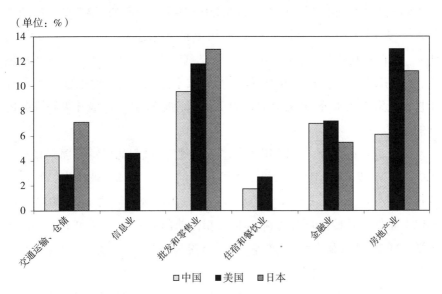

（单位：%）

图2-12 中美日各类服务业在GDP中占比

资料来源:世界银行,民生证券研究院。

（二）质量结构的新常态:从"吹泡沫"到"挤水分",实现有效益、有质量的增长

习近平总书记曾说过:"增长速度再快一点,非不能也,而不为也。"为什么不为? 他也给出了答案:"增长必须是实实在在和没有水分的增长,是有效益、有质量、可持续的增长。"这意味着必须刺破过去 GDP 导向下盲目吹起的泡沫,挤出经济增长的水分。自十八大以来,这种挤水分的动作一刻也没有停止过。

一是投资挤水分。各方数据显示,中国综合产能利用率低下。国务院2013 年 10 月发布的《关于化解产能严重过剩矛盾的指导意见》披露,2012年年底,我国钢铁、水泥、电解铝、平板玻璃、船舶产能利用率分别为 72%、73.7%、71.9%、73.1%和75%,低于国际通常水平。国家统计局网站 2013年 11 月发布的信息显示,全国工业产能利用率为 78%,是 2009 年第四季度以来的最低点。而国际货币基金组织 2012 年 7 月公布的《第四条款磋商工作人员报告》披露，中国综合产能利用率近年来急速下降，2011 年仅为 60%。产能利用率低下意味着存在大量过剩产能。新政府通过收缩非标融资、信贷窗口指导等方式切断产能过剩领域水源、加速去产能，实际上相当于挤出投资中的水分，使稀缺的资源更多地投向有利于转型升级和服务民生的领域。

二是消费挤水分。2013 年以来，"八项规定"掀起的反腐浪潮狠狠打击了"三公"消费，铺张浪费、无益于人民福祉的消费"水分"被挤出。紧接着的扫黄则有效挤出了非法消费的水分。根据国家统计局的统计，2013 年限额以上餐饮企业收入同比下降 1.8%，相比前两年的 19.7% 和 12.9% 大幅下滑。随着"小苍蝇"和"大老虎"的不断落马，中央已经表明决心：反腐不会只是一阵风，而是未来十年的新常态。

三是出口挤水分。从 2013 年 5 月的外管局 20 号文开始，中央严打隐藏在经常账户下的套利资本流入，虚假贸易的水分被大幅挤出。2013 年初，隐藏着大量套利贸易的对港出口大幅飙升，增速一度高达 93%，但一年之后，这个数字变成了 -44%，出口套利现象得到有效遏制。这个过程中，中央同样顶住了出口大幅放缓甚至负增长的压力，展现出非凡的决心。

（三）区域结构的新常态：从各自为战到协同发展，打造一弓双箭格局

改革开放以来，每届领导层都会在区域发展中寻求突破，例如沿海经济特区的设立、推动浦东新区和西部大开发、重点建设滨海新区等。但在经济增长的黄金时期，区域经济实际上未成为发展重点。当前国内外形势发生深刻变化，新一届领导再一次把区域发展提升为国家战略。核心思路是打破过去的"一亩三分地"思维，顶层设计、协同发展。正如习总书记所说："区域一体化乃大势所趋。"在区域一体化的基础上，从点到面，逐步实现"一弓双箭"的战略布局。

"一弓"指贯穿我国东部一线的东北老工业振兴基地、京津冀经济圈和21世纪海上丝绸之路,这片"弓"型区域基本涵盖了我国经济最发达的地区;"双箭"指横贯我国东西部地区的丝绸之路经济带和长江经济带,两支箭连接了我国广袤且资源丰富的中、西部地区。"一弓双箭"基本涵盖了我国所有省区市,向东连接东北亚、东南亚、澳洲,向西连接中亚、中东、欧洲,不仅是国内经济发展的重要引擎也是对外开放的重要窗口,在政治、经济、外交战略上均具有重要意义。

"一弓双箭"战略上各有侧重。京津冀经济圈的政治战略比较明显,首先要解决的是首都的安全和环境问题;丝绸之路经济带和海上丝绸之路的外交战略更为突出,目的是解决中国的外交战略突破问题;而长江经济带和东北老工业振兴基地则更侧重经济效益,希望能够成为托底中国经济、推动稳定增长的快速抓手。新一届领导的区域战略明显不同于以往的各自为战、粗放发展,而是强调"全国一盘棋",着力优化结构、协同发展。

(四)金融结构新常态:打破金融垄断,让利实体经济

金融混业趋势逐步形成。第一,简政放权,牌照放开,业务交叉。银行业垄断的局面即将打破,首家民营银行或将落户上海自贸区。证券业牌照管制逐步放开,民营资本等各类符合条件的市场主体均可出资设立证券经营机构,券商、基金等可以交叉持牌。金融机构业务交叉、互相渗透。第二,融资方式变化倒逼金融机构分化。根据《金融业"十二五"规划》,股票和债券融资占社会融资规模比重将显著提高。这将导致银行、信托等金融机构的高速增长时代结束,证券、私募等行业进入快速发展期。根据证券业2014—2020年发展规划,总资产规模按照年均20%—30%增速,2020年或将超过10万亿。

金融机构推动实体经济转型升级的作用更加重要。第一,金融行业享受政策红利,盈利高企。2013年金融类上市公司利润占全部A股上市公司

的比重超过 55%,但上市企业数量占比不足 2%。金融机构的快速发展并没有解决,反而加重了实体企业融资门槛高、成本高、负债高等问题。未来金融机构的角色必须有所调整,通过加快利率市场化、机构改革、业务创新为实体经济让利。第二,资本市场是国企改革的重要战场。国有企业通过资本市场,可以跨区域、跨行业引入民资发展混合所有制,通过并购重组来进行产业或技术的整合,通过股权激励、员工持股来完善治理结构,通过市值管理来优化股东价值,推动传统产业的转型升级,满足新兴产业的投融资需求。

资本市场结构深度分化,体现在主板和创业板市场分化、传统产业和新兴产业板块分化、估值分化、交易分化。宏观经济处于合理区间,波动趋缓,以传统产业为主的主板市场难有明显的投资机会,低估值、业绩下滑、交易清淡,蓝筹股逐步失去弹性。以新模式、新业态、新产业为代表的创业板,以及具有成长潜力的新三板公司,有望成为经济转型升级的领军者,部分企业市场关注度高、估值长期处于高位,交易活跃。未来,伴随创业板首发、再融资以及新三板转板制度的陆续推出,资本市场各层次的功能更加明晰化,创业板、新三板、场外市场等服务于中小创新型企业的作用更加强化,债券市场的融资功能凸显,期货、大宗商品、衍生品等市场的金融创新将加快推进。

三、宏观政策的新常态:前期政策消化期, 从西医疗法到中医疗法

习近平总书记指出:"如果我们继续以往的发展方式,我们会有更高的增长率。但是,在宏观经济政策选择上,我们坚定不移推进经济结构调整,推进经济转型升级,宁可主动将增长速度降下来一些,也要从根本上解决经济长远发展问题。"

过去十年,中国经济的潜在增速处于上行通道,经济下行基本是周期性波动,决策者更倾向于从需求端入手,通过"大投资""宽货币"实现总量宽松、粗放刺激,弥合产出缺口。这种思路类似于西医疗法,一生病就要吃止

疼药、打抗生素,对疼痛的容忍度低。从积极的一面讲,西医对症下药、药劲猛,在治理危机时见效速度快。但是,从消极的一面讲,这种疗法治标不治本,而且是药三分毒,长期使用西医政策必然会产生不利的副作用,甚至造成严重的后遗症。从历史上看,凯恩斯主张的干预政策虽然带领各国迅速摆脱战后萧条,但却间接导致了滞胀困境,里根和撒切尔的新自由主义虽然成功克服了滞胀,但却为之后的全球金融危机埋下了种子。同样道理,中国的4万亿虽然保住了经济增速,但却导致了今天严重的产能过剩和债务风险。

未来十年政府将采取一种全新的中医疗法。面对病痛,不再是简单的头痛医头、脚痛医脚,而是休养生息、增强身体的免疫机能,凭借自身力量克服病痛、消除病根。也就是说,面对经济下行的压力,政府不再寄望于通过"放水""刺激"等需求管理手段抬高经济增速,而是如习近平总书记所说:"保持战略上的平常心态",着力通过促改革和调结构消化前期政策,发掘经济的长期增长潜力。

(一)财政政策的新常态:从挖坑放水到开渠引水,从建设型财政到服务型财政

十八届三中全会明确提出加快转变政府职能,其中重要内容就是转变财政职能。过去是建设型财政,政府在投融资过程中发挥主导作用,财政资金大量投向"铁公基"等基础设施建设。但这种模式已经遭遇瓶颈。按照财政部的测算,从现在到2020年城镇化带来的投资需求约为42万亿元,仅靠财政存在巨大缺口,而且可能加剧效率低下、权力寻租、政府债务等风险。因此,未来随着政府加快简政放权、转变职能,财政也必须从"挖坑放水"式的建设型财政向"开渠引水"式的服务型财政过渡。

"开渠"旨在解决财政资金来源问题,未来迫于经济转型升级的需要,政府将不断通过结构性减税支持重点领域和产业的发展,比如扩大中小企业所得税减免,扩大出口退税范围,继续推进营改增等等。税收开源空间有限,完善政府的举债融资机制势在必行。总体的思路是"开正门,堵歪门"。

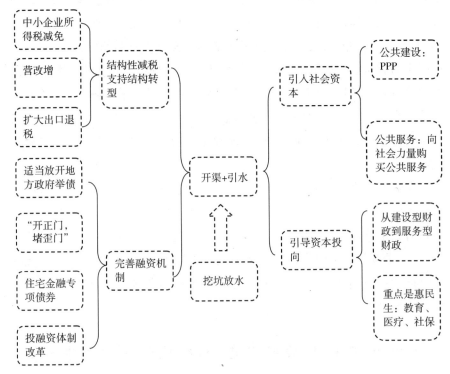

图 2-13　财政政策的新常态

资料来源:民生证券研究院。

"开正门",适度扩大地方政府举债权限,引导地方政府以市场化原则在资本市场发行地方债;"堵歪门",加强对银行同业业务和影子银行监管。一方面,有助于解决融资平台政企不分、预算软约束造成的实体融资成本高和期限错配风险,缓解对私人部门金融资源的挤出效应以及对金融市场的扭曲作用。另一方面,地方债务融资规范化,成本降低,有助于弥补新型城镇化的巨大融资缺口。未来,将会逐步剥离融资平台的政府融资功能,修改预算法,披露地方政府真实的资产负债表和财政收支表,完善地方政府融资机制。

"引水"有两层含义。一是搭建平台和渠道,引入更多的社会资本参与公共建设和服务。基础设施建设方面,政府主导的大规模刺激不会再现。

十八届三中全会明确提出"允许社会资本通过特许经营等方式参与城市基础设施投资和运营",事实上就是国际上流行的公私合营(Public Private Partnership,以下简称PPP)。2014年4月,国务院常务会宣布向社会资本推出首批80个基础设施建设项目,PPP模式已经进入实质推广阶段。未来政府将从示范项目入手,继续扩大地方试点,地区性的PPP中心也将陆续跟进。公共服务方面,政府亲力亲为的格局也将逐步改变。未来公共服务将更多的由社会主体提供,政府负责出资向社会力量购买服务。2013年9月发布的《关于政府向社会力量购买服务的指导意见》可以看作纲领性文件,明确了到2020年在全国基本建立比较完善的政府向社会力量购买服务制度的目标。

二是引导财政资金和社会资本的投资重点从经济建设向服务民生转移。近年来,我国财政支出中与民生关系最为密切的社保、医疗、教育占比持续提升。2014年,中央财政支出预算中上述三项支出占比已从2010年的15.3%大幅攀升至19.1%。但从国际经验来看,未来仍有很大提升空间。欧盟的医疗卫生、教育、社保在政府支出中的合计占比为47.8%,美国联邦财政支出中社保、医疗保险、医疗补助合计占比为48%。

(二)货币政策的新常态:从宽松货币到稳健货币,从总量宽松到结构优化

经济增速换挡的新常态之下,货币政策的分析框架和调控思路也在发生适应性的改变。过去总量宽松的货币政策已经不再适用,中国当前需要的是稳健的货币政策框架。所谓稳健,即"保持政策的连续性、稳定性,既不放松也不收紧银根"。货币政策不能大幅宽松,因为中国经济减速属于结构性的潜在增速下移,并非周期性产出缺口,盲目松银根容易引发滞胀;货币政策也不宜过度收紧,因为经济结构调整的过程中,传统行业存在下行压力,但新的经济增长点尚未大规模形成,货币政策必须维持适度,避免经济出现"硬着陆"。

2012年第三季度以来,央行基本放弃了直接的总准备金率和存款利率

调控,取而代之的是精细化的正、逆回购操作。央行通过频繁公开市场操作,对货币政策进行预调微调,发挥货币政策的逆周期调节作用,熨平周期性的产出缺口。实际上,央行自 2013 年年初推出常备借贷便利(Standing Lending Facility,以下简称 SLF)和短期流动性调节工具(Short-term Liquidity Operation,以下简称 SLO)以来,货币政策通过不同期限的搭配使用,通过正、逆回购和 SLF、SLO 等多种公开市场操作工具调控流动性的手段已是愈发精细和娴熟。

政策工具的变化最终是为经济结构调整和转型升级的政策目标服务。过去总量宽松的政策之下,资金大概率流向房地产、地方融资平台和产能过剩行业等资金黑洞。现在,在盘活存量、用好增量的原则下,央行已经通过信贷管控、同业和非标监管彻底堵死了上述通道。因非标规模萎缩,金融机构沉淀在银行间的流动性通过正回购主动上缴至央行。央行可以利用这个"钱袋子",通过定向宽松,支持再贷款促进信贷结构优化,鼓励和引导金融机构更多地将信贷资源配置到"三农"、小微企业、现代服务业相关等重点领域和薄弱环节,实现"总量稳定、结构优化"的目标。

总而言之,货币政策的新常态是:政策基调从过去的宽松货币转向稳健货币,政策工具从过去的总准备金率和利率调控转变为精耕细作的公开市场操作,由此在保持"总量稳定"的基础上引导资金流向,实现"定向宽松、结构优化",更好地为实体经济的转型升级服务。

(三)供给管理的新常态:从浅水区改革到深水区改革

如前所述,中国目前的经济减速不是简单的周期性现象,自然不能单纯依靠逆周期的需求管理,更重要的是打破供给端的瓶颈,寻找新的增长动力。增长动力哪里来?习总书记上任之初就给出了明确的答复:"只能从改革中来。"2012 年 12 月 7 日,距离十八届政治局常委亮相不到 21 天,习近平第一次离京调研选择了重走小平路,宣示对攻坚深水区改革的信心。时隔一年之后,中央全面深化改革领导小组成立,习近平亲自出任

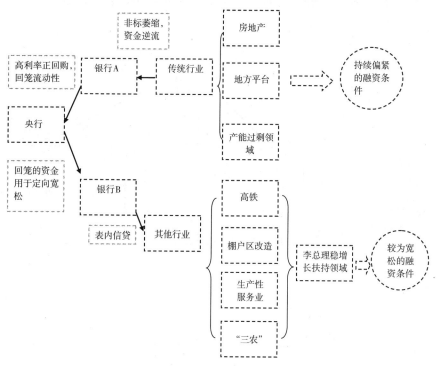

图 2-14 货币政策的新常态

资料来源:民生证券研究院。

组长。

改革的核心是从制度层面打破未来十年经济增长的供给瓶颈,对冲潜在增速的下行压力。第一是改革基本经济制度,提高全要素生产率,包括国资国企改革(理顺国企与出资人以及国企内部的关系,提高国企运行效率)、财税体制改革(理顺中央和地方政府关系,降低企业税收负担)、行政管理体制改革(简政放权、强化市场)和涉外经济体制改革(从贸易开放到投资开放,从制造业开放到服务业开放,探索负面清单管理)四大关键领域。第二是改革人口和户籍制度,改善劳动力供给,包括放开"单独两孩",逐级放宽户籍限制等。第三是改革金融体系,改善资本供给,包括理顺价格(利率和汇率市场化)、健全市场(多层次资本市场建设,新国九条)和深化开放(推进资本账户开放和人民币国际化)等。第四是改革土地制度和城乡管理体制,改善土地供给,重点是建立城乡统一的建设用地市场,推进要素平等交换和公共资源均衡配置。

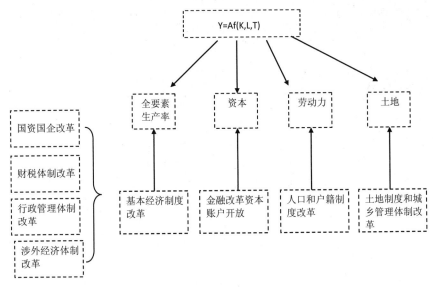

图 2-15　供给管理的新常态

资料来源:民生证券研究院。

关于促进我国经济
可持续发展的战略思考[*]

—— 架设改革创新之桥，跨越"中等收入陷阱"

经过35年波澜壮阔、极不平凡的改革开放历程，按照世界银行的划分标准，我国已经步入中等偏上收入国家行列，实现了历史性跨越和突破。但是，展望2014—2049年（建国100周年）的新35年，我国近年来经济增长呈现出原有增长动力显著减弱的态势，若应对不力会在相当程度上面临跌落"中等收入陷阱"的风险，亟须通过积极贯彻落实党的十八届三中全会决定精神，加快架设改革创新之桥，才能实现我国现代化征程中新的历史性跨越。本节提出具体可采取五个方面的战略措施：一是全面深化改革，跨越"制度体制陷阱"；二是依靠人力资本投资和产业结构升级，跨越"技术创新陷阱"；三是缩小社会差距，跨越"社会危机陷阱"；四是提升外向型经济发展水平，跨越"国际收支失衡陷阱"；五是在加快生态文明制度建设的同时，积极发挥财税金融工具的作用，跨越"生态陷阱"。

经过35年波澜壮阔、极不平凡的改革开放历程，我国经济获得了年均

* 本文作者黄剑辉：国家开发银行研究院副院长、教授。

9%—10%的快速增长,截至2013年,我国GDP总量达到56.88万亿元,人均GDP达到约6800美元,按照世界银行的划分标准,我国已经步入中等偏上收入国家行列,实现了历史性跨越和突破。但是,展望自2014—2049年(建国100周年)的新35年,我国近年来经济增长已呈现出原有增长动力显著减弱的态势,如若应对不力在相当程度上将面临跌落"中等收入陷阱"的风险,具体表现为面临"制度体制陷阱""社会危机陷阱""技术创新陷阱""国际收支失衡陷阱"和"生态陷阱"等五个方面的现实挑战,亟须通过积极贯彻落实党的十八届三中全会决定精神,加快架设改革创新之桥,才能实现我国现代化征程中新的历史性跨越。

一、我国经济增长的原有动力已显著减弱, 面临跌落"中等收入陷阱"风险

(一)十一届三中全会以来的各项改革开放成果已遭遇新的发展瓶颈

首先,家庭联产承包制已难以适应现代农业的发展要求。1978年十一届三中全会确立了改革开放政策,逐步建立和完善了家庭联产承包这一农村的基本制度。家庭联产承包责任制是农民的自发创造,符合当时生产力水平较低的小农经济发展规律,极大地刺激了农民的积极性,农业生产效率大幅提高。但随着生产力水平的不断发展,家庭联产承包责任制的局限性开始显现并制约了我国现代农业的发展:一方面,家庭联产承包制将农民局限在自己所承包的土地上,对属于公共部分的农业基础设施和农业科技投入明显不足,农业信息化发展严重滞后;另一方面,家庭联产承包制对土地使用权形成了分割,不利于农业机械化和产业化的发展。

其次,向市场化转型尚不彻底,政府作用也亟须更好地界定。1992年党的十四大提出"市场在社会主义国家宏观调控下对资源配置起基础性作用",明确了我国改革的方向是从计划经济向市场经济转变。这一系列改

革的成果是,通过以建立现代企业制度为核心的国有企业改革和鼓励非公有制经济发展,形成了市场经济的微观基础;通过建立和完善统一开放的市场体系,形成了市场经济的中观运行机制,使资源配置方式转到市场主导的基础上来;通过转变政府职能,建立以间接手段为主的宏观调控体系,形成了市场经济的宏观管理架构。这一时期,政府借助国有企业直接介入和干预经济活动,在资源紧缺的环境下达到了集中力气办大事的效果,对经济发挥了较强的拉动作用,但也抑制了市场竞争,压抑了市场主体的投资积极性,降低了要素配置效率。

最后,加入世界贸易组织(WTO),显著促进了制造业的发展和出口,但对促进国内服务业作用有限。2001年加入WTO并参与全球资源再配置,延续和放大了我国1978年以来改革开放的红利。市场化水平的提高与市场空间的放大双重因素叠加,使得我国在工业制成品领域大规模生产的比较优势得到充分发挥,极大地促进了我国贸易的发展。但我国服务贸易无论在数量、增速和全球排位上,都低于货物贸易的发展。从2002—2013年,我国货物出口从3256亿美元跃升22100亿美元,位列全球第一;服务贸易出口从394亿美元跃升至2106亿美元,连续12年逆差且逆差总额仍在攀升[①]。服务贸易发展落后的原因一方面与我国经济发展阶段有关,另一方面也与WTO主要基于传统的贸易形态,对服务业的开放程度较低有关。近年TPP、TTIP、服务贸易协定(Trade in Services Agreement,以下简称TISA)等新型贸易规则的出现,也从侧面反映出WTO所存在的不足。

(二)要素驱动型的经济增长模式已难以为继

新古典增长理论的索洛经济增长模型认为,劳动力、资本(包括资金、土地和其他自然资源)的要素投入以及技术进步是经济增长的三大源泉,当经济达到均衡状态时,人均产出增长速度只取决于技术进步。过去我国长期依赖要素投入拉动经济增长,如今劳动力、资金和环境成本已经进入上

---

① 数据来源:中国商务部。

升通道,要素驱动型的经济增长模式已难以为继,将经济增长的驱动力从要素投入转向技术进步势在必行。

首先,"刘易斯拐点"①已经出现,劳动力成本上升趋势难以逆转。从劳动要素投入的角度来讲,我国经济长期持续增长一个最重要的推动力来自庞大且价格低廉的劳动力供给,即"人口红利"效应。近年农民工工资逐年上涨,"民工荒"现象不断出现正是"刘易斯拐点"到来的特征性表现。另一方面,我国15—59岁的劳动年龄人口比重在2012年首次下降,当年的劳动年龄人口的绝对数也减少了345万人。劳动力的负增长会降低经济的潜在增长率,对经济增长的贡献将由"红利"转为"负债"。

其次,金融市场环境发生改变,实体经济融资成本显著上升。改革开放以来资本形成对经济总产出的贡献率超过其他要素,是推动我国经济增长最为重要的因素。支撑持续和大规模资本投入的原因是我国的高储蓄率和管制下的低利率。如今这一情况正在发生改变:一方面,劳动人口数量的下降和老龄人口比例的升高将降低储蓄率,资金的供给面临下滑压力;另一方面,获得廉价资金的制度环境发生改变,利率市场化已进入存款利率市场化的收官阶段。近期货币基金、理财产品的高收益率从一个侧面提前反映了存款利率市场化后的融资环境。如果仍然维持原来粗放型的资金要素投入方式,资金边际报酬率将递减至资金成本边界,从而使经济增长变得不可持续。

最后,资源环境瓶颈约束日益突出,产业结构亟须转型升级。由于高投入、高消耗、高污染的传统发展方式没有根本改变,我国在经济快速增长的同时,生态、环境、资源矛盾更是日益突出,成为制约发展的瓶颈。我国是世界上水泥、钢铁等资源消耗的第一大国,但重要的资源、能源严重依赖进口,如铁矿石、铜矿和原油等的对外依存度均已超过50%且仍在上升。与此同时,依靠增加资源投入和粗放型经济增长方式使得我国环境承受能力达到了极限,大面积的雾霾天气、沙尘天气及水污染等意味着环境资源已被透支

---

① "刘易斯拐点"是指在二元经济结构中,农村剩余劳动力向非农产业转移的过程中,劳动力从过剩向短缺的转折点。

利用,亟须转变经济发展模式和加快产业的转型升级。

二、"中等收入陷阱"的成因分析

"中等收入陷阱"是 2007 年世界银行在《东亚经济发展报告》中首次提出,后来被广泛引用。世界银行将各经济体按年人均国民总收入分为低、中、高 3 组,据其 2010 年 8 月的最新标准,低收入为年人均国民总收入 1005 美元或以下,中等收入为 1006—12195 美元,高收入为 12276 美元及以上。其中,在中等收入标准中,又划分为"中等偏下收入"(996—3975 美元)和"中等偏上收入"(3976—12276 美元)[①]。本节中的"中等收入陷阱"指"追赶型"的发展中国家迟迟未能从中等偏上收入向高收入突破的过程。形成"中等收入陷阱"的原因主要是处于低收入阶段的国家在进入中等收入阶段后,原有的成本优势丧失,又不能实行持续的制度改革和技术创新,无法形成新的竞争优势。具体表现在"制度体制陷阱""社会危机陷阱""技术创新陷阱""国内外收支失衡陷阱""生态陷阱"等五个方面。

第一,制度体制变革滞后,形成"制度体制陷阱"。低收入国家追赶发达国家的过程中,受益于全球化及低廉的人力和资源成本,社会制度不一定经历了与其生产力水平相适应的变革。在这些国家从中等收入水平向高收入水平突破的过程中,旧的制度对生产力的禁锢作用越发突出,成为这些国家经济发展的主要障碍。

第二,贫富等几大差距并存,导致"社会危机陷阱"。在从农业社会向工业社会过渡的中等收入阶段,劳动力供应充足,多数工人仍然处在简单重复劳动阶段,工资水平较低,而这一时期资本积累速度相对较快,逐渐拉大城乡、贫富差距。与此同时,落后的社会管理体制不能及时疏导和缓和社会矛盾,教育不平等造成贫富差距在代际之间固化,社会垂直流动的渠道被无形阻断,进一步激化各阶层之间的冲突,造成社会动荡甚至政局更替。

第三,技术创新滞后,形成"技术创新陷阱"。教育不公平的后果是人

---

① 来源:世界银行网站。

力资本积累不足,进一步导致自主创新的缺乏和技术水平的落后,使这些中等收入国家在具备一定的工业基础后,向高技术领域的发展面临巨大困难。高技术产业具有提高居民收入、降低贫富差距的作用,因此,技术落后又间接导致消费力的不足,产业结构从工业向服务业的转型升级也十分困难。

第四,高度依赖国外资金及市场,形成"国际收支失衡陷阱"。以拉美国家为代表的"进口替代"战略以及以东亚国家为代表的"出口导向"战略造成中等收入国家对国际市场和国际资本的高度依赖性,容易陷入"国际收支失衡陷阱"。"进口替代"战略的目的是发展本国工业以替代进口产品,但其早期阶段通常是从建立最终消费品工业开始,这导致中间产品和生产机器等资本品进口的加大,反而恶化了国际收支。"出口导向"战略加剧了国内经济各部门和各地区经济发展的不平衡,降低了其应对外部冲击的能力,从 1997 年亚洲金融危机和近期美国量化宽松政策退出对新兴国家货币的冲击可见一斑。

第五,空气、地下水、土壤等受污染严重,形成"生态陷阱"。随着工业化、城镇化的加速,我国以煤炭为主的能源结构以及汽车大量进入家庭后所排放的大量尾气,加上农村地区农药、化肥的大量使用,导致近年来我国城乡广大地区的空气、地下水、土壤等受污染日趋严重,如不能尽快扭转这一趋势,我国将逐步面临环境资源的"刚性约束",经济社会将难以可持续健康发展。

三、跨越"中等收入陷阱"的国际经验借鉴

(一)跨越"中等收入陷阱"国家或地区的主要经验

国际上公认的成功了实现了从中等收入向高收入跃升的日本和亚洲四小龙,其中日、韩经济规模较大,对我国更具有参考意义。日本从中等收入国家跨入高收入国家用了 19 年(1966—1985 年),韩国用了 18 年(1977—1995 年)。日本和韩国之所以能够较为成功地跨越"中等收入陷阱",既源于两国成功地实现经济发展模式和产业的转型升级,特别是实现了从模仿

到自主创新的转换,也得益于较好地平衡了利益分配,控制收入差距扩大,为跨越"中等收入陷阱"提供了较为稳定的社会环境。

(二)跌入"中等收入陷阱"国家的主要教训

以拉美国家为代表的许多经济体早在20世纪60年代末和70年代初就达到了中等收入国家水平,然而直到今天仍然停留在中等收入水平,无法实现向高收入经济体的跨越。拉美国家陷入"中等收入陷阱"的主要原因在于制度落后及发展战略的选择失误。以土地制度为例,拉美国家在从低收入向中等收入转变的过程中,传统的农业和土地制度没有进行根本性改造,土地过度集中在少数人手中,这是导致拉美国家贫富差距以及城市贫民的一大主因。在这一时期,拉美国家推行"进口替代"的工业发展战略,随后,受"新自由主义"思想的影响,实行完全的商品市场和资本市场开放。由于"进口替代"战略需要实行贸易保护政策以保护国内脆弱的工业,过早的开放政策最终导致工业化的失败与国际收支的失衡、外债高企。

表 2-1　跌入"中等收入陷阱"的国家的教训

	产业结构转型	经济管理体制	社会政治特征
巴西	实施"进口替代"战略,工业化主要依靠外国的资本和技术支持,技术陈旧落后,科研投入低	过早实施经济自由化改革,贸易自由化政策摧毁本国工业	土地高度集中在少数大地主手中,收入分配极不均衡,政局不稳定
阿根廷	实施"进口替代"战略,忽视出口,国际收支恶化	经济管理混乱,盲目实施与美元的固定汇率制度及贸易自由化政策	基础教育投入少,政局不稳定
墨西哥	实施"进口替代"战略,忽视出口,国际收支恶化	实施新自由主义经济改革,重效率而轻公平	劳动者报酬低,贫富差距和城乡差距大
马来西亚	对外贸易不平衡,金融体系存在系统性风险,技术创新缓慢	经济体制僵化,资本和人力资源等要素外流严重	官商勾结,政治制度僵化

注:作者制作。

四、架设改革创新之桥，跨越"中等收入陷阱"

制度经济学认为制度变迁是经济增长的决定性因素。内生增长理论认为技术进步可以来自于劳动力和资本的投入：劳动力在教育、培训、边干边学的过程中形成人力资本积累，而在物质资本投入过程中的研发活动形成发明和创新。这从经济学原理上，给我国通过深化改革和创新，跨越"中等收入陷阱"明确了方向和思路。

表2-2　跨越"中等收入陷阱"的国家或地区的经验

	产业结构转型	人力资源和科技	社会均衡发展
日本	通过各种保护与优惠政策来促进战略产业的技术进步与快速成长	注重高等教育和中等职业教育，实施"科技立国"战略培育自主创新能力	通过《国民收入倍增计划》增加居民购买力；保护和扶持农业
韩国	1990年以前，产业结构转变主要是工业替代农业；1990年以后，主要是服务业替代工业及工业的内部结构调整	注重特殊高级技能人力资源的培育，推进教育服务均等化，确立"科技立国"战略	建立民主法治体制，通过税收改革缩小收入差距；通过"新社区运动"缩小城乡差距
新加坡	实施"第二次工业革命"，促使制造业发展朝着高附加值、高技术方向转变，重视总部经济建设	重视教育培训，采取了开放的人口政策吸引优秀人才	教育几乎免费
中国台湾	大力发展农业，重点发展以电子通讯、高端机械、航空、高级材料、生物工程和环保产业为代表的策略性工业，并加快促进以生产型服务业为重点的服务业发展	注重工程教育与职业培训，制定长期科技发展战略	实行土地制度和民主政治改革，普及和发展教育，平衡居民收入，重视社会福利

（一）全面深化改革，跨越"制度体制陷阱"

制度体制改革通过改善要素配置效率、降低管理成本，提升全要素生产力，从而实现经济增长。党的十八大提出的"全面深化改革"为我国跨越"制度体制陷阱"指明了方向。户籍、社保等人口政策改革，解除了挟制人口流动的最后一道枷锁，劳动资源的配置效率将再次提高；利率市场化等金融政策改革，能够促使资金利用效率提高，抑制高成本低收益产业的发展；土地政策改革，能够更好地发挥土地资源的使用效率，加快农业现代化生产，提高农民生活水平；全面提升开放型经济水平，能够再一次在全球范围内重新配置生产要素，提升全要素生产效率。

（二）依靠人力资本投资和产业结构升级，跨越"技术创新陷阱"

我国资本密集型产业的自主创新能力不足、缺乏核心的技术优势和竞争力，是影响未来经济增长的稳定性和质量的关键因素。人力资源是技术创新活动的主体，多数中等收入国家都存在高技术人才短缺的问题，这要求从教育、培训等多层次投入以培育人力资本。对于发达国家来说，产业结构升级是技术创新活动的结果，而中等收入国家利用后发优势，从发达国家接受知识和技术转移，推动产业结构升级成为"技术创新"的载体，一方面实现了技术水平的跨越式发展，另一方面通过"干中学"培育了高技术人才。

（三）缩小社会差距，跨越"社会危机陷阱"

社会主义的本质是共同富裕。收入、城乡、地区三大差距的持续扩大，既不符合社会主义的本质要求，也违反社会公平原则，影响社会稳定。社会差距的扩大也影响和制约了我国经济的可持续发展。我国人均收入水平进入中等国家水平后,主要的增长动力转为技术进步和居民消费。在这个阶段,经济增长将改变过度依赖于投资增长的传统方式,转向依赖消费需求的释放。收入、城乡、地区差距的扩大或长期持续,将对扩大消费形成明显的约束。因此,缩小社会差距具有明显的帕累托改进效应,缩小一个点的差距可能比增加许多点的投资对经济的拉动作用更有效。

(四)提升外向型经济发展水平,跨越"国际收支失衡陷阱"

与拉美国家相比,我国的储蓄率水平较高,投资更多地依靠内部融资,国际收支账户双顺差且资本账户受到管制,看似与"国际收支失衡陷阱"距离很远。但随着人民币国际化的进程加快、自贸区放开资本账户的试点推进,我国不可避免将更广泛和深入地融入全球金融市场。

为降低外部冲击的影响,需要协调内外部经济发展,全面提升外向型经济的发展水平。一是努力转变对外贸易增长的方式。在出口结构上,鼓励具有自有知识产权、自主品牌的商品和服务出口,控制资源型、高耗能、高污染产品的生产和出口,扩大新技术产品和附加值高的产品出口。在进口结构上,优先进口国内发展必需的、重要的、紧缺的高新产品、高新设备、高新技术和具有战略性的资源,实现战略物资进口来源的多元化、方式的多样化和渠道的稳定化。二是努力提高利用外资的质量和水平,将利用外资与提升国内产业结构和技术水平相结合,同促进区域协调发展和提高企业自主创新能力相结合。

(五)在加快生态文明制度建设的同时,积极发挥财税金融工具的作用,跨越"生态陷阱"

面对严峻的环境污染问题,党的十八大及十八届三中全会明确提出要"加快生态文明建设",并提出要建立系统完整的生态文明制度体系,实行最严格的源头保护制度、损害赔偿制度、责任追究制度,完善环境治理和生态修复制度。除抓好制度建设和政府监管外,还应引入财税、金融工具,通过征收资源税、消费税、环境税和实施差别化的信贷政策,从供给端促进能源供给方式、工农业发展方式、交通出行方式和居民生活方式的转变。

加快推进我国特色新型工业化进程：
现实挑战与战略选择[*]

加快推进特色新型工业化进程，既有现实紧迫性也有长远战略意义。本节在深刻阐述我国传统工业化道路的特殊性和主要弊端的基础上，从国际环境、国内形势两个视角深入剖析"十三五"时期加快推进特色新型工业化面临的严峻形势，尤其是着重指出强势政府与弱势群体两种现象亟须引起高度重视，最后结合我国实际情况明确提出了"坚持转（方式）调（结构）并重，强化五大支撑"的总体思路，并从长期对策、近期建议两个层面提出了具体看法。

首先看一组数据和事实：2013 年，雾霾波及全国 25 个省份，100 多个大中型城市，全国平均雾霾天数达 29.9 天，创 52 年来之最。雾霾发生频率之高、波及面之广、污染程度之严重前所未有。PM 2.5 指数爆表，白天能见度不足几十米，中小学停课，航班停飞，高速公路封闭，公交线路暂停营运……①雾霾大面积集中爆发正在警示着我们，需要对传统工业化道路和

---

* 本文作者王双正：国家发展改革委价格监测中心，高级经济师。
① 《2013 年全国遭史上最严重雾霾天气 创 52 年以来之最》，《经济参考报》2013 年 12 月 30 日。

发展模式进行深刻反思。实践证明，工业化是现代化建设不可逾越的重要阶段。当前很多地方提出和实施了"工业立市（县）""工业兴市（县）""工业强市（县）"的发展战略，把主攻工业、决战园区作为快速发展本地经济、实现富民强市（县）的关键切入点和重要突破口，取得了明显成效，但总体上我国工业经济发展中不平衡、不协调、不可持续问题依然突出，传统工业粗放式发展模式的弊端已经凸显并对经济社会发展产生了诸多不利影响，上述提及的雾霾大面积集中爆发就是很好的例证。因此，加快推进特色新型工业化进程，既是实现工业转型升级、提高工业发展质量和效益、从工业大国向工业强国转变的战略选择，也是加快转变经济发展方式、推动经济结构转型升级、促进国民经济持续健康发展的客观要求，既有现实紧迫性也有长远战略意义。

一、我国传统工业化道路的特殊性及其主要弊端

从发达国家产业结构演进规律来看，西方工业化进程依次经历了初期的先轻工业化（以轻工业为主导）、中期的再重工业化（以重工业为主导）、后期的发达的工业化（以服务业为主导）三个阶段。而我国特殊的国情条件、时代背景决定了我国工业化过程的特殊性，先后经历了 1949—1978 年的重工业优先发展、1978—2000 年的轻工业发展和 2001 年以来的重新重工业化几个时期，走出了一条与西方发达国家不同的特殊的工业化道路。新中国成立以来，在传统高度集中的计划经济体制下，我国实行优先发展重工业战略，大搞"三线"建设，形成了比较完整的工业体系和国民经济体系，迅速增强了我国的国防实力和经济实力。但这种传统工业化道路也逐渐暴露出一些弊端和后果，主要表现在：

第一，以牺牲农业的方式为工业化提供资本积累是不可持续的。作为资本、技术密集型产业，重工业发展需要巨额的资金投入，并主要通过工农产品"剪刀差"的形式，依靠农业为工业化提供大量的资本积累。据有关测算，从 1953 年实行农产品统购统销到 1985 年取消统购统销期间，国家通过工农业产品价格剪刀差无偿从农民手里拿走了 6000 亿—8000 亿元资金。

同时,在很大程度上造成了工农业比例严重失调,尤其是农产品、轻工业消费品长期短缺,凭票限量供应是那个年代真实的生活写照。

第二,过分追求数量和速度的粗放型增长方式,必然造成资源浪费和污染严重。长期以来,我国工业和经济增长主要依靠增加生产要素投入、扩大生产规模,而非主要依靠科技进步、提高劳动者素质、改善经营管理等,只求数量和速度,不求质量和效益,已经造成了能源资源消耗较多、环境污染严重。2013 年我国能源消费总量达 37.6 亿吨,分别比 1978 年、1990 年、2000年、2005 年增长了 5.6 倍、2.8 倍、1.6 倍、59.3%。长期以来,我国形成了以煤炭为主导的能源消费结构,煤炭消费占比大体保持在 70% 左右,这与我国"富煤、贫油、少气"的能源储存结构有较大关系,但与欧美发达国家大力倡导的以高能效、低排放为主要特征的低碳经济相比,尽管我国能源消费结构有所优化,但仍然不合理,能源利用效率低下,对于经济持续健康发展形成严峻挑战。另据有关资料显示①,2012 年我国消耗了全世界 20% 的能源,单位 GDP 能耗是世界平均水平的 2.5 倍、美国的 3.3 倍、日本的 7 倍,同时高于巴西、墨西哥等发展中国家;我国每消耗 1 吨标煤的能源仅创造1.4 万元人民币的 GDP,而全球平均水平是消耗 1 吨标煤创造 2.5 万元GDP,美国的水平是 3.1 万元 GDP,日本是 5 万元 GDP。目前,我国经济增长仍然受到传统工业化模式和粗放型增长方式的惯性影响和冲击,总体上还处于数量增长、规模扩大和靠加大投入、资源要素驱动的发展阶段。

表 2-3 1978—2013 年我国能源消费总量及构成情况

年份	能源消费总量(亿吨标准煤)	构成(%)			
		煤炭	石油	天然气	水电、核电、风电
1978	5.7	70.7	22.7	3.2	3.4
1990	9.9	76.2	16.6	2.1	5.1
2000	14.6	69.2	22.2	2.2	6.4

① 王秀强:《院士建议发展核电 中国单位 GDP 能耗达世界均值 2.5 倍》,《21 世纪经济报道》2012 年 12 月 2 日。

续表

年份	能源消费总量(亿吨标准煤)	构成(%)			
		煤炭	石油	天然气	水电、核电、风电
2005	23.6	70.8	19.8	2.6	6.8
2010	32.5	68.0	19.0	4.4	8.6
2011	34.8	68.4	18.6	5.0	8.0
2012	36.2	67.1	18.4	5.3	9.2
2013	37.6	67.5	17.8	5.1	9.6

资料来源：根据《中国统计摘要(2013)》有关数据整理而成。

第三,造成我国城市化建设明显滞后于工业化。通过采取带有明显城乡二元分割特征的户籍制度等一系列措施,限制了农民向城市和非农产业的流动和转移,造成我国城市化建设明显滞后于工业化,形成了典型的城乡二元经济结构。数据显示,全国城镇化率、工业化率分别由1949年的10.64%、12.57%上升到1978年的17.92%、48.20%,二者差距由1.93个百分点扩大到30.28个百分点。目前"工业化超前、城市化滞后"的现象仍未根本改变,2010年我国两率比值是1.09(即城市化率/工业化率=51.3%/46.8%),明显低于全球平均值1.95(50.9%/26.1%),更低于工业化发达国家——美国4.1、法国4.11、英国4.09、德国2.64和日本2.48的水平,也低于"金砖五国"中的巴西3.22、俄罗斯1.97、南非1.38和印度1.15的水平[1]。

二、当前我国加快推进特色新型
工业化面临的严峻形势

进入新世纪新阶段,党中央、国务院高度重视加快推进特色新型工业化进程,从2002年党的十六大报告"新型工业化"概念的提出,到2007年党的十七大报告提出"坚持走中国特色新型工业化道路",再到2012年党的十

---

[1] 周其仁:《中国的工业化超前》,《城市化滞后》,中国企业家网,2012年5月。

八大报告强调要走"四化"同步协调发展,以及 2013 年党的十八届三中全会提出"要形成新型工农城乡关系",并突出强调"加快生态文明制度建设",由此可见加快推进我国特色新型工业化框架和思路越来越明晰,并先后出台了一系列重大政策措施,取得了显著成效。尤其是"十一五"时期以来,我国工业经济经受住了 2008 年国际金融危机严峻冲击,多种所有制形式相互促进,民间投资领域和范围不断扩大,东中西部协调互动发展,高技术制造业、装备制造业规模不断扩大,节能减排和淘汰落后产能工作取得显著成效,产业集中度不断提高,工业产品出口竞争力明显增强,实现了总体实力显著增强和结构调整成效明显的良好态势。

表 2-4　有关重要文献涉及新型工业化的主要论述汇总

重要文献名称	涉及新型工业化的主要论述
党的十六大报告 (2002 年 11 月)	走新型工业化道路,坚持以信息化带动工业化,以工业化促进信息化,走出一条科技含量高、经济效益好、资源消耗低、环境污染少、人力资源优势得到充分发挥的新型工业化路子。
"十一五"规划纲要 (2006 年 3 月)	按照走新型工业化道路要求,坚持以市场为导向、企业为主体,把增强自主创新能力作为中心环节,继续发挥劳动密集型产业的竞争优势,调整优化产品结构、企业组织结构和产业布局,提升整体技术水平和综合竞争力,促进工业由大变强。
党的十七大报告 (2007 年 10 月)	加快转变经济发展方式,推动产业结构优化升级,要坚持走中国特色新型工业化道路。
"十二五"规划纲要 (2011 年 3 月)	坚持走中国特色新型工业化道路,适应市场需求变化,根据科技进步新趋势,发挥我国产业在全球经济中的比较优势,发展结构优化、技术先进、清洁安全、附加值高、吸纳就业能力强的现代产业体系。
党的十八大报告 (2012 年 11 月)	坚持走中国特色新型工业化、信息化、城镇化、农业现代化道路,推动信息化和工业化深度融合、工业化和城镇化良性互动、城镇化和农业现代化相互协调,促进工业化、信息化、城镇化、农业现代化同步发展。
党的十八届三中全会 《决定》(2013 年 11 月)	必须健全体制机制,形成以工促农、以城带乡、工农互惠、城乡一体的新型工农城乡关系,让广大农民平等参与现代化进程、共同分享现代化成果。

注:作者自己整理。

目前,我国总体上进入工业化中期阶段,已成为全球第二大经济体和制造业大国。但也要清醒地看到,当前我国加快推进特色新型工业化仍面临着以下严峻形势的挑战:

(一)国际环境

第一,世界经济不确定性仍然较大,尤其是全球生产方式变革和产业结构调整步伐明显加快,对于我国进一步增强民族工业整体竞争力形成较大压力。

目前世界经济继续缓慢复苏,主要发达经济体内部分化明显,其中美国房地产、就业市场持续改善,经济增长仍将保持持续温和复苏;受安倍经济学政策效应显现,尤其是财政货币政策刺激,日本经济复苏有所加快;欧元区经济正逐步摆脱经济衰退,有望实现温和复苏;而新兴经济体和发展中国家受外部需求不足、资本外流加剧、结构调整缓慢等多种因素影响,经济增速有放缓迹象,并面临着货币贬值、通胀加剧、金融市场波动等各种风险,对世界经济增长拉动作用有所减缓。据联合国 2013 年 12 月发布的《2014 年世界经济形势与展望》报告预计,2014—2015 年世界经济形势好于 2013年,其增速分别为 3%、3.3%,尽管高于 2013 年约 2.1%的增速,但明显低于2008 年国际金融危机爆发前三年 4.9%的平均增速。与此同时,全球范围内围绕资源、市场、人才、技术等关键要素竞争更加激烈,美国等发达国家极力推进"再工业化""绿色新政",实施扩大出口战略,并引发了全球要素重组和产业结构调整步伐加快,国际产业转移和跨境贸易投资纵深发展,这对于我国实施"走出去"战略,增强工业尤其是制造业竞争力提出了新的要求和挑战。

第二,近年来国际市场约束越来越突出,主要表现在民族工业遭遇反倾销、反补贴和国际市场大宗商品价格剧烈波动等几个方面。

据商务部统计,2013 年我国已经连续 18 年成为全球遭受反倾销调查(71 起)最多的国家,连续 8 年成为全球遭受反补贴调查(14 起)最多的国家,已经成为贸易保护主义的最大受害国。贸易摩擦的手段呈现日趋多样化的特点,贸易摩擦的形式从反倾销向多种贸易保护手段扩展,除传统的反补贴、反倾销、保障措施外,"337"调查(2013 年为 19 起)、环保、质量安全、标准、技术性贸易壁垒手段等成为新热点①。随着经济全球化进程加快,我国部分大宗商品对外依存度不断上升,2013 年我国大豆、食用植物油、原油、铜矿砂及其精矿、铁矿石及其精矿、棉花、天然橡胶进口量分别达 6340 万吨、810 万吨、2.8 亿吨、1007 万吨、8.19 亿吨、415 万吨、247 万吨,分别比 2005 年增长了 1.4 倍、30.4%、1.2 倍、1.5 倍、2.0 倍、61.5%、75.2%,部分商品对外依存度已经超过 50%,有的甚至接近 80%,国内外市场联系更加密切,国际市场价格通过金融市场、进出口贸易、市场预期等途径传导到国内,并对国内市场供需和价格波动产生较大的影响。

(二)国内形势

第一,能源资源需求刚性上升、部分行业产能过剩和生态环境破坏态势严重,已对加快推进新型工业化形成强有力的倒逼机制。

当前,我国人口多、底子薄、人均资源匮乏的基本国情没有改变,人均耕地、林地、草地面积和淡水资源分别仅相当于世界平均水平的 43%、14%、33% 和 25%,主要矿产资源人均占有量占世界平均水平的比例分别是煤炭 67%、石油 6%、铁矿石 50%、铜 25%,石油、铁矿石、铝土矿、铜、钾盐等大宗矿产品对外依存度均超过 50% 的警戒线②。经济长期较快发展导致资源刚性需求持续增长、供需矛盾不断加剧。2013 年,我国能源消费总量 37.6 亿吨标准煤,比 2005 年增长 59.3%;我国用水总量达 6170 亿立方米,其中工业用水量为 1444 亿立方米,分别比 2005 年增长 9.5%、12.3%;2013 年全国批准建设用地 801.5 万亩,比 2005 年增长 32.2%。这里有三种现象更需要引起重视,一是资源枯竭型城市转型发展。目前我国资源型城市有 118 个,

① 金辉、梁倩:《社科院报告:中国遭遇反补贴调查数量全球第一》,中国新闻网,2012 年 5 月。

② 本书编写组编著:《〈中共中央关于制定国民经济和社会发展第十二个五年规划的建议〉辅导读本》,人民出版社 2010 年版,第 151—152 页。

占全国城市总数 662 个的 18%,总人口达 1.54 亿人,其中 69 个被确定为资源枯竭型城市。作为基础能源和重要原材料的供应地,这些城市为国民经济建设作出了重大的历史性贡献,但目前普遍面临着经济和产业结构失衡、接续替代产业发展乏力、生态环境破坏严重、信访维稳压力较大等诸多难题。二是煤炭资源开发造成耕地破坏严重。在山西、内蒙古、河南、安徽、山东等地,煤炭资源开采带动地方经济快速发展的同时,也造成了地表塌陷、耕地破坏、水土流失等问题。据报道,2008 年年底陕西榆林市因煤炭开采形成的采空区面积达 419.41 平方公里,其中损毁耕地 2.7 万多亩,林草地近 7 万亩;2009 年年底,山东济宁因采煤造成土地塌陷 35 万亩,且以每年 3 万多亩的速度不断递增。三是重金属污染事件时有发生。资料显示,2008 年以来,全国已发生百余起重大污染事故,包括砷、镉、铅等重金属污染事故达 30 多起;目前全国耕种土地面积的 10% 以上已受重金属污染;华南部分城市约有一半的耕地遭受镉、砷、汞等有毒重金属和石油类有机物污染;长三角有的城市连片的农田受多种重金属污染,致使 10% 的土壤基本丧失生产力,成为"毒土"①。

另据统计,2012 年年底我国钢铁、水泥、电解铝、平板玻璃、船舶产能利用率分别仅为 72%、73.7%、71.9%、73.1% 和 75%,明显低于国际通常水平。以钢铁行业为例,2013 年钢材产量首次突破 10 亿吨,达 10.7 亿吨,同比增长 11.4%,而 2013 年钢铁行业收入利润率仅为 2.16%,企业亏损面仍高达 23.4%;截至 2013 年年末,全国重点大中型钢铁企业资产负债率达 69.4%,与近十年来行业效益最好的 2007 年年末相比,企业资产负债率上升了 12.3 个百分点。这些行业产能过剩仍呈不断加剧的态势,逐渐成为我国经济运行中的突出矛盾和诸多问题的根源,如能源资源瓶颈加剧、生态环境恶化、财政收入下滑、金融风险积聚等,也必然倒逼企业转型和产业升级,着力提升以产品质量、标准、技术、人才为关键要素的核心竞争力。

第二,部分产业集群缺乏科学合理规划、产业链条不完善且处于价值链

---

① 孙彬等:《我国 10% 耕地遭重金属污染,东北黑土地或消失》,《经济参考报》2012 年 6 月 11 日。

低端、企业自主创新能力不强、软硬件环境有待完善等,产业核心竞争力和持续竞争力亟待增强。

　　一些地方政府对产业集群发展缺乏整体规划和引导,盲目搞园区建设、铺摊子、上项目,缺乏优势主导产业支撑和龙头企业带动,产业链不完善,导致地区分割、资源浪费严重。尽管同一产业领域的很多企业在同一园区内聚集,但企业规模普遍较小,相互协作和配套能力不够,没有形成紧密的上下游、产品系列精深加工和相互协作的配套关系,有的产业集群以贴牌生产为主,产品技术含量和附加值较低,缺乏自主创新能力和自主知名品牌。目前,我国企业研发投入规模总体偏低,产学研结合不紧密,重引进、轻消化吸收和再创新的问题尚未根本解决,因共性技术、关键技术缺乏导致产业技术创新能力不强。据统计,2013 年我国 R&D 经费支出由 2008 年的 4570 亿元增至 11906 亿元,增加了 1.61 倍(如图 2-16 所示),但占 GDP 的比重仍明显偏低,仅为 2.09%,大约 1/3 的省(区)还达不到 1.0%,与美国 3%左右的水平相比仍有较大差距,而且 80%以上的 R&D 经费集中在试验发展,基础研究和应用研究支出所占比重偏低,不同行业之间、地区之间研发投入强度差异较大,江苏、广东、北京、山东、浙江、上海等 6 省(市)R&D 经费支出占全国的比重接近 60%,其他 20 多个省(区、市)比重合计仅为 40%左右。另外,产业集群社会化服务体系明显滞后,如资产评估、人才培训、项目咨询、

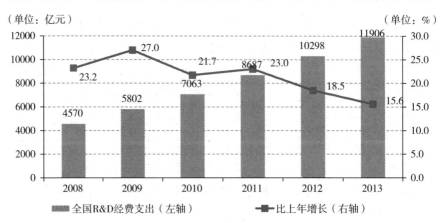

图 2-16　2008—2013 年全国 R&D 经费支出及增长情况

产品检测、信息网络、物流配送等中介机构，水电路等配套设施建设跟不上，也会对产业竞争力提升形成较大制约。

第三，相当一部分开发区（或工业园区）出现的三个"两难并存"问题亟待破解。

就业难和招工难并存。目前我国人口老龄化趋势在加速，劳动力供需偏紧状况有所加剧，总量性压力和结构性矛盾突出并存，突出表现为劳动力供给与企业用工需求不匹配、劳动者技能与岗位要求不适应，尤其是实用型、技能型人才明显缺乏，供需双方在对学历要求、专业需求、单位性质、能力素质等方面也存在不匹配、不对接的情况，高校毕业生、就业困难人员、农村转移劳动力等重点群体就业问题依然十分突出。与此同时，招工难由东向西、由南向北，从沿海蔓延到内地，据对 2013 年第四季度全国部分省市人才市场供求情况统计分析表明，用人单位需求集中在制造业，贸易、批发和零售业，信息传输、计算机服务和软件业，建筑业，房地产业，金融业，占比分别为 20.61%、13.89%、8.75%、6.45%、5.33%、4.85%，合计接近 60%（如图2-17 所示）。各技术等级均处于需求人数大于求职人数的状况，岗位空缺与求职人数的比率相对较高的是高级工程师、技师和高级技师，2010 年岗位空缺与求职人数的比率分别为 2.34、1.88 和 1.76。这里特别指出的是，随着刘易斯拐点的临近，"人口红利"逐步消失趋势已开始凸显。据统计，2013 年年底全国 60 岁及以上人口占 14.9%，其中 65 岁及以上人口占9.7%，分别比 2000 年全国第五次人口普查时上升了约 4.6 和 2 个百分点。同时，城乡人口格局出现重大变化，2011 年城镇人口数量首次超过农村人口，到 2013 年年底城镇人口已达 73111 万人，占总人口比重达 53.7%，超过农村人口比重约 7.5 个百分点，这将对基础设施建设、城乡发展规划、基本公共服务提出了更高的要求和挑战。

土地供给不足和闲置浪费并存。"十一五"以来，全国每年建设用地需求在 1200 万亩以上，每年土地利用计划下达的新增建设用地指标只有 600 万亩左右，缺口 50% 以上。很多地方已经招商引资进来的工业签约项目，但因工业园区没有土地而只能"守株待地"。而与之形成鲜明对比的是，部分企业圈地、圈地、炒地行为以及企业粗放生产经营、停产半停产、破产倒闭等导致

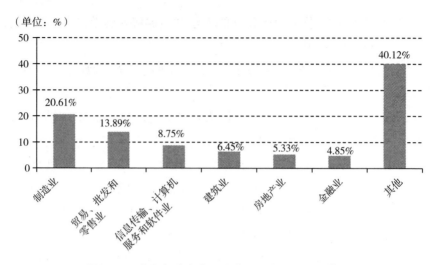

图 2-17　全国部分省市用人单位需求行业分布情况

部分开发区(或工业园区)工业用地大量闲置、土地利用效率低下。据国土资源部 2011 年对全国 64 个地级以上城市例行督察发现,有 43 个城市 918 个项目存在土地闲置,涉及面积 8.84 万亩;另据国土资源部 2012 年对 460 个开发区、工业园区规划及用地情况督察发现,460 个园区实际规划土地面积 1144.8 万亩,其中不符合土地利用总体规划 361.95 万亩,占比达 31.6%。

中小企业融资难和民间资金投资难并存。目前我国已有 1100 多万户中小企业,占全国实有企业总数的 99% 以上。中小企业融资难既是世界性难题,也是长期困扰我国经济持续快速发展的老问题。目前,大多数商业银行出于资金安全、融资成本和风险的考虑而不愿贷款给中小企业,超过 50% 的中小企业认为融资是其面临的比较困难或非常困难的问题,尤其是小微型企业融资状况更为窘迫。而与此同时,在一些传统垄断行业和领域,仍然存在着制约民间投资进入的"玻璃门"或"弹簧门"问题。截至 2011 年年底,全国民营企业有 964 万家,从业人员突破 1 亿,普遍面临原材料涨价、劳动成本上升、融资难、税负重、市场准入未放宽和权益保障缺乏六大困境。民间投资若达不到 20 万亿元,GDP 增长 7.5% 的目标将很难完成①。

①　卢彦铮、保育钧:《GDP 增长 7.5% 须民间投资 20 万亿元》,财新网,2012 年 4 月。

三、强势政府与弱势群体：推进新型 工业化亟须高度重视的两种现象

"十三五"时期加快推进新型工业化、实现工业转型升级仍然面临新情况、新问题，亟须引起高度重视和切实解决。

（一）部分地方政府已陷入了过度竞争的招商引资： 负面影响不容忽视

不容否认，许多地方大力开展招商引资、引大项目、上好项目，在促进增长、培植税源、扩大就业等方面发挥了重要作用。但也要看到，在现行政绩考核和升迁体制下，一些地方政府为了追求所谓的经济政治利益最大化，为了大干快上发展工业，纷纷建立和不断扩张各种经济开发区或工业园区，并以此为平台和载体通过压低地价、降低门槛、税收优惠、财政补贴或奖励、完善配套设施等手段，展开全方位的招商引资竞争并呈白热化倾向。有的地方甚至采取"全民招商"的做法，年初给市县各部门分解下达招商引资目标任务，并成为考核地方政府官员政绩的硬指标。

从各地情况分析来看，招商引资过度竞争已不可避免地带来了一些负面影响，比如过分压低地价必然浪费土地资源，直接导致大量耕地被征占并逐步逼近18亿亩红线；一味地降低门槛必然造成部分制造业低水平重复建设，严重破坏当地生态环境，很可能出现大量企业关停并转和产能过剩；过多过滥的税收优惠或财政补贴政策，必然影响市场公平竞争和企业投资积极性；尽管起初往往依靠低廉的要素成本和资源禀赋吸引外部企业进入，但各种必要的公共服务、园区文化等软环境建设跟不上，随着大量企业进入和集聚而相关成本随之较快上升，一旦企业尚未真正扎根于当地经济网络，缺乏与当地社会文化背景、人际网络关系等方面的适应与融合，很可能导致移入企业再次转移到其他地方，甚至可能造成当地产业"空洞化"倾向。

（二）逐渐被边缘化的弱势群体：大量失地农民、农村留守人员的生产生活亟须保障和改善

目前在推进项目建设、征地拆迁过程中，一些地方政府强征强拆、随意降低补偿标准，引发了大量农民上访甚至群体性事件，农民土地合法权益如何保护也应引起高度重视。据专家测算，目前我国失地农民累计不少于4000万人，仅"十一五"期间每年新增失地农民约200万人，"十三五"期间还将持续。据抽样调查，有60%失地农民生活困难，没因失地影响基本生活的只占30%；有81%的失地农民对未来生活表示担忧，其中担忧养老占72.8%、经济来源占63%、医疗占52.6%①。

与此同时，还有相当一部分农村地区，大量青壮年进入城镇和非农产业打工，留在家里种地的往往是老人、妇女和儿童。据中国农业大学一项针对农村留守人员状况的调查显示，目前全国有8700万农村留守人口，其中包括2000万留守儿童、2000万留守老人和4700万留守妇女②。而近几年外出农民工数量和收入增长较快。据国家统计局《2013年全国农民工监测调查报告》显示，2013年全国农民工总量达到26894万人，以从事制造业、建筑业和服务业为主，占比分别为31.4%、22.2%、34.1%，合计超过85%；2013年我国外出农民工月均收入2609元，比2008年大幅增长94.7%（如图2-18所示）。"种田一年不如打工一月"是当前农业比较利益低下的生动写照，一些地方甚至出现了弃耕抛荒、毁田烧砖、违规建房等现象。"明天谁来种田"已经成为目前普遍关心的一个沉重话题，如果这个问题得不到很好的解决，势必影响工业化的进程和效果。

---

① 张元福：《中国失地农民累计不少于4000万人》，人民网，2011年3月。
② 兰菊：《中国农村留守妇女4700万　独撑家庭生存状态堪忧》，《人民日报》2010年7月13日。

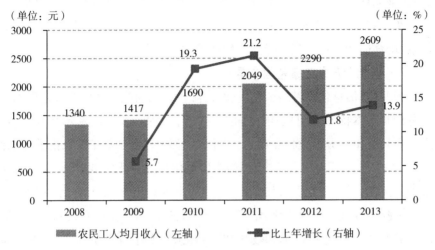

图 2-18　2008—2013 年全国农民工收入增长情况

四、"十三五"时期加快推进我国特色新型工业化建设:总体思路及政策建议

(一)总体思路

"十三五"时期是全面深化改革的关键阶段,是全面建成小康社会的"最后一公里"。加快推进我国特色新型工业化,必须坚持在"五化"深入发展和全面深化改革中统筹谋划,在全面建成小康社会的目标任务中找差距、寻短板,关键是如何在强化"五个支撑"上做文章,坚持转方式和调结构并重,坚持改造提升传统制造业和培育发展战略性新兴产业并重,加快推进能源生产和利用方式变革,使市场在资源配置中起决定性作用和更好发挥政府作用,在转方式、调结构中推动工业转型升级,提高产业核心竞争力。

1. 软硬环境支撑是基础条件

发展环境优劣直接决定着一个地方经济发展的速度、质量和效益,以及发展的活力和后劲。作为工业化的重要平台和载体,各级各类经济开发区

（或工业园区）要从注重以"四通一平"（通水、通电、通路、通讯、土地平整）为主要内容的基础设施硬环境建设，逐步向以转变政府职能、健全公共服务体系、培育创新文化为基本导向的软环境建设转变。

2."五化"统筹支撑是根本导向

工业化、信息化、城镇化、市场化、国际化是当前我国经济社会发展的总体背景和基本特征，我们必须全面把握"五化"深入发展的新形势新任务，它们之间既相互促进又相互制约。"十三五"时期关键是在深入推进"两化融合""三化同步"上狠下功夫，即推进信息化与工业化深度融合，以信息化带动工业化，以工业化促进信息化，促进工业转型升级；在工业化、城镇化深入发展同步推进农业现代化，坚持工业反哺农业、城市支持农村和多予少取放活的方针。而毫无疑问，市场化和国际化则是加快推进我国工业化、城镇化和农业现代化的重要途径和手段。

3.优势特色支撑是有效途径

以凸显地方特色和比较优势的产业、企业和产品为关键切入点，构建区域性特色"工业板块经济"，是加快推进新型工业化、提升区域整体竞争力的有效途径。尤其是欠发达地区要主动地、有条件地、有选择地承接国际和东部沿海发达地区产业转移，坚持承接产业转移和培植本土产业相结合，逐步培育壮大产业集群，关键是做好如何"实现有效对接"和"增强本地根植性"两大问题，同步实现量的扩张和质的提升。

4.自主创新支撑是关键所在

逐步改变分散的投入体制和管理体制以及各自为战的创新模式，制定促进技术转移、成果转化的激励政策；建立以企业为主体、市场为导向、产学研相结合的技术创新体系，优化基础研究、应用研究、试验发展经费投入结构，加大对民营企业自主创新的科技投入的支持。以重大技术突破和重大发展需求为基础，促进新兴科技和新兴产业深度融合，加大科技成果转化和产业化推进力度，把战略性新兴产业培育发展成为整个国民经济的先导性、支柱性产业。

5.资源要素支撑是重要保障

基于劳动力、土地等生产要素的比较优势正在逐渐削弱，部分地区能源资源瓶颈制约已经凸显,因此"十三五"时期必须真正使市场在资源配置中的"基础性作用"转变为"决定性作用",既要采取措施切实提高煤电油运气、劳动力、土地、资本、技术等资源要素支撑能力,促进生产要素合理有序流动和资源优化配置,又要严格控制高耗能、高排放和产能过剩行业过快增长,强化节能、环保、土地、信贷、安全等指标约束,促进能源资源集约节约和综合利用。

（二）政策建议

1. 长期对策

一是切实转变政府职能和优化发展环境。目前我国以 GDP 为核心的政绩考核指标体系正在逐步改变,建议根据不同区域的主体功能定位实施差别化政绩考核评价体系,坚持社会管理与经济发展并重,加大资源消耗、环境损害、生态效益、产能过剩、科技创新、安全生产、新增债务等指标的权重,从根本上约束地方政府官员的投资冲动与 GDP 偏好。进一步简政放权,加大行政审批制度改革力度,尤其是省市两级政府要主动下放管理权限,规范和创新行政审批方式,大幅精简行政审批事项;真正转变招商引资方式和机制,政府要变"主导"为"引导",即从招商引资中的主导地位中逐步淡出,并转到为招商引资优化环境、提供服务和营造创新创业氛围上来。与此同时,加快完善现代市场体系,建立公开、开放、透明的市场规则,探索改革现有市场监管体系,着力清除市场壁垒,反对地方保护、垄断和不正当竞争,发挥市场对技术创新方向、生产要素价格、资源整合配置的导向作用。

二是加强和创新工业管理体制和调控机制。进一步强化工业管理部门在制定和实施发展规划、产业政策、行业标准、推进信息化等方面职责,加大规划实施、政策协调、监测评估和信息发布工作力度;创新工业园区管理体制、运行机制和建设模式,抓好现有各级各类工业园区的定位、整合、扩容和提升,把工业园区建设与城市基础设施建设结合起来,促进产业功能和区域功能有机协调,着力把工业园区打造成工业新城和城市新区。探索健全以国家重大战略和发展规划为导向的工业经济运行调控体系,加强工业产业政策与财政、货币、价格、投资等政策手段协调配合,加大结构调整、节能减排、产业升级、自主创新的工作力度,减缓工业经济周期波动影响并防范区域性、行业性风险。

三是调整优化工业发展的生产力布局。抓住新一轮全球产业结构调整机遇,综合考虑能源资源、环境容量、运输半径、消费市场等各种因素,按照区域主体功能定位优化重点产业在东部沿海和中西部地区布局;统筹考虑工业布局规划与城市、交通、土地、环保、物流等相关规划,科学编制开发区(或工业园区)发展规划,并与城市发展规划、小城镇和村庄规划、土地利用规划有机协调;实行统一的市场准入制度,严格执行投资项目用地、用水、节能、环保、安全、技术等市场准入标准,有效遏制盲目扩张和重复建设,并有序推进城市钢铁、有色、化工等企业环保搬迁,力促企业向园区集中、资源向优势企业集中。

2. 近期建议

一是着力解决资源环境和生产要素瓶颈制约。加快生态文明制度建设,实行资源有偿使用制度和生态补偿制度,划定生态保护红线,完善环境治理和生态修复制度。认真落实《产业结构调整指导目录》(2013 年修订版),大力发展战略性新兴产业和循环经济,并推动能源生产和利用方式变革,实施节能改造、重金属污染防治、资源综合利用等重点工程,进一步提高"两高一资"行业的能源消耗、环境保护、资源综合利用等方面的准入门槛;重点完善县域金融体系和政银企对接机制,健全中小企业金融服务和信用担保体系;加强农民工培训基地和公共就业服务信息网络建设,提高农民工技能水平和就业能力;强化土地利用总体规划和市、县、乡镇发展规划的整体控制作用,严格落实工业和经营性用地招拍挂出让制度,积极开展存量土地盘活和闲置土地清理工作,最大限度地为重点基础设施、重大工业项目用地需求提供保障。

二是着手培育工业企业核心竞争力。充分利用国际国内两个市场、两种资源,鼓励通过企业兼并重组、业务流程再造、产学研合作、内部资源整合等方式,加强制度创新、技术创新、管理创新和商业模式创新,力争在研发设计、品牌经营、企业文化、产业链整合等方面形成核心竞争力,加快培育一批科技创新能力强、市场发展前景好的中小企业和民营企业,着力扶持龙头骨干企业做大做强,发展壮大一批具有自主知识产权、主业优势明显、国际竞争力强的大型企业集团。

三是努力打造优势特色产业集群。东部沿海地区要积极推进产业集群由加工制造型向创新型转变,中西部地区要主动承接发达地区产业转移,并以工业园区为载体,以产业链条为纽带,培育一批优势特色鲜明、自主创新能力强、生态环保、服务平台完备的现代产业集群。加强对产业园区发展的规划引导和协调服务,加快发展金融、信息、物流等生产性服务业,加大对水电路气、公共服务平台、污染集中治理等基础设施的建设力度,促进各类产业集聚区规范有序发展。

战略性新兴产业政策
改进与产能过剩治理[*]

　　面临新一轮科技与产业革命的国际竞争,我国战略性新兴产业发展政策在取得积极成效的同时,也存在一些值得关注的问题。不恰当的扶持政策容易造成产业结构的两极分化的现象。对于开放的发展中大国而言,产业分化还将破坏技术进步的内生机制,造成高端产业和低端产业的广泛产能过剩,且难以自我修复。这一结论对于中国目前多产业层面的产能过剩问题具有重要启示。

　　当前,国际经贸格局深度变化,新一轮科技与产业革命加速来临,各国都在抢抓新兴产业战略机遇,力争在新一轮国际洗牌大潮中处于优势地位。国内方面,中国正处于应对"三期叠加"和跨越"中等收入陷阱"的关键时期,经济发展正在向更加注重质量效应的"新常态"转型。在此背景下,发展战略性新兴产业与化解过剩产能成为经济发展转型、产业结构调整最重要的两个发力点。但很少有人将战略性新兴产业与过剩产能联系起来考

*　本文作者王冬:江苏省委改革办公室,博士;孔庆峰:山东大学经济学院教授、博士生导师。

虑。实际上,中国战略性新兴产业在发展积极作用的同时,也存在一定不足,不但影响扶持效果,而且是当前产能过剩形成的重要原因。下一阶段,只有对战略性新兴产业政策进行改革创新,才能够从根本上化解产能过剩问题,形成良性互动的产业发展体系,促进科技进步加快发展,抢占新一轮科技革命发展高地。

关于产能过剩的认识,目前存在一定片面理解。如果一个经济体的多数行业甚至是主导产业发生较为严重的产能过剩,那么接下来的经济增长就很容易滑入减速通道,甚至会爆发经济危机,陷入长期的衰退与萧条。但也应该从其他角度认识产能过剩。一些时候,产能过剩并不像想象的那么可怕。在经济发展中,不是供大于求便是供不应求,供求绝对平衡的情况却很少见,即便是最发达的市场经济体,也难以避免经济波动和产能过剩的产生,只不过在绝大多数情况下,完善的市场价格机制能够使得经济波动不偏离均衡太远。另一些时候,产能过剩甚至是有利于发展的。局部行业的产能过剩现象甚至可能是经济结构调整的前兆,比如落后产能出现过剩,会导致资源流出并寻求进入更高生产效率的行业,从而带来产业升级和经济长期繁荣发展。还有一些时候,产能过剩是可望而不可即的状态,在后发展国家,较低的人均收入和人均 GDP 意味着较低的储蓄率和投资水平,产品短缺而远非过剩,他们对于产能过剩可望而不可即,因为他们有着更加难以应对的贫困难题。

目前,尽管中国仍处于发展中国家的发展阶段,但却正在经历较为广泛和严重的结构性产能过剩问题,如若处理不当则可能酿成更为严峻的危机。对此,国家高度重视,于 2013 年 10 月 15 日印发《国务院关于化解产能严重过剩矛盾的指导意见》,根据行业特点,分别提出了钢铁、水泥、电解铝、平板玻璃、船舶等行业的分业施策意见,各地也纷纷出台相应落实措施,然而化解过剩产能将可能是一个较为长期的治理过程。

关于产能过剩的产生机制,目前还未形成一致认同的观点。成名理论多是以发达国家为研究对象,主要有三种观点:一是信息不对称论,二是寡头垄断论,三是凯恩斯主义倡导的有效需求减少论,这些理论对于发展中国家适用性不强。针对发展中国家的产能过剩问题,林毅夫曾提出的"潮涌现象"提供了研究的新视角,并具有一定解释力和较为广泛的影响力,认为"在以投资拉动、不断进行产业升级的发展中国家中,后发优势带来的对处于发展方向上有前景产业的社会共识,将一次又一次地出现,也会引致一波又一波的投资潮涌,因而成为一个讨论快速增长的发展中国家经济中不可忽略的因素。"然而,林毅夫的"潮涌现象"也存在较为明显的解释力局限。首先,林毅夫等人没有明确指出发生"潮涌现象"式产能过剩所必须具备的三个条件,即经济开放、发展中国家和经济大国。因为,只有发展中国家才具有后发优势,只有经济开放才能利用后发优势实现快速的产业升级,最后,只有经济大国才会在经济开放的条件下影响世界供求关系造成产能过剩。然而,即便中国符合了这三个条件,发生产能过剩的行业也并非仅限于"下一个有前景的产业"。当前国内从传统优势产业到高端新兴产业都产生了不同程度的产能过剩,如果对产业结构进行高、中、低三等简单的技术层次划分,"潮涌现象"所能够解释的显然应该是中等产(行)业的产能过剩,但中国实际上却是在高等和低等产行业同时发生了产能过剩现象,这显示难以用"潮涌现象"和其他既有理论解释。

为此,本节拟在开放的发展中大国条件下,从产业结构对资源配置效率的影响角度,解释跨越高、低端产(行)业的产能过剩现象。本节主要观点为:在经济开放条件下,发展中国家能够利用后发优势实现较快的发展,资源禀赋结构实现较快的升级,但产业结构升级由于受到升级中固定成本的限制变得不那么具有弹性。为此,国家往往通过出台产业政策予以推进,但扶持过高产业的不当政策却往往事与愿违,不但不能促进产业结构升级,反而会造成产业结构分化,并产生产能过剩现象,最终阻碍经济的增长潜力。

一、新兴产业扶持不当与产业分化现象

(一)战略性新兴产业的扶持不当问题

2010年,国务院常务会议审议通过《国务院关于加快培育和发展战略性新兴产业的决定》,2012 年,国务院印发《"十二五"国家战略性新兴产业发展规划》,同时组织有关部门编制了节能环保、新一代信息技术、新能源等 7 个产业发展规划以及物联网、集成电路、航空、航天等一系列细分领域的专项规划,形成了系统完整的规划体系,明确了发展目标和重点任务。目前,全国大部分省市都设立了战略性新兴产业专项资金。战略性新兴产业呈现良好发展势头。然而,从战略性新兴产业运行情况看,近几年的产业扶持政策也存在一些不足。

从扶持的主体看,以政府主导为主,市场作用发挥不足。改革开放后,中国的市场功能虽然不断完善,但政府对于高技术产业的扶持却从未放松,至 2001 年加入 WTO 后,国别政策被迫变得更加自由化,财政政策和货币政策也变得更加规范,而产业政策相对更容易把握,因此产业政策推进力度实际上在不断扩大。由于新兴产业具有战略性和正外部性,所以政府引导行为存在合理性,当前大部分省市都设立了战略性新兴产业专项资金,除此之外,还有不少其他名目的产业、科技专项引导资金,也有相当部分投向战略性新兴产业,体量非常大。然而,政府在强势主导的同时,市场的作用却没有充分发挥,数量不多的创投基金、天使投资基金还有不少是政府主导的,不利于发挥市场机制在应对新兴产业不确定性和复杂性方面的优势。

从扶持的方式看,专项引导资金以直接补贴为主。各地的战略性新兴产业专项资金大都通过项目评审的方式,向符合条件、经过专家评审论证的企业进行一次性直接投放资金补贴。这种产业扶持方式在中国已经较为成熟,具有节约费用、投向准确、公开透明的好处,一般为地方政府所惯用。而且,从经济学的角度来讲,直接补贴也是较为理想的补贴方式。但是,实际运行中,项目式直接补贴也存在突出弊端,一方面,由于评审专家对于筛选出的项目没有承担连带责任的义务,导致评选打分慎重性不足,有时甚至会因为管理不善容易出现寻租现象;另一方面,直接补贴的资金一般由企业自由支配,对企业的经营行为缺乏有效的约束和指导,可能导致引导资金使用效率不高。

从扶持的对象看,各地缺乏特色,呈现重复建设问题。在国家出台七大战略性新兴产业后,各地纷纷出台政策贯彻落实中央精神,基本上都是围绕国家的七大战略性新兴产业进行产业布局,甚至到市县一级,也都锁定这些产业加以扶持,缺少结合当地实际的深入谋划。中国幅员辽阔,各地资源条件和产业基础都有明显差异,不依据现实条件,盲目跟风,只会导致"橘生于淮北为枳"的不良效果和全国重复建设的严重浪费问题。

(二)政府不当扶持的理论分析基准

1. 自由贸易政策下的均衡

假设经济中只存在两种生产要素,资本(K)与劳动力(L),但存在众多产业,每一种产业对应一种技术函数,$Y_i = F_i(K,L)$,其中i代表产业,i=1,2,3,…。进一步假设生产函数为C-D生产函数,则

$$Y_i = A_i K_i^{\alpha_i} L_i^{\beta_i} \tag{2-1}$$

其中$\beta_i = 1 - \alpha_i$,如此,产业可以理解为一条按照α_i由低到高顺序排列的频谱。因为,α_i为资本所得在总产量中占到的份额,份额越大,说明产品资本密集度越高,我们以此衡量产业的技术水平。经济开放的一般均衡条件是:

$$DRS = DRT = FRT \tag{2-2}$$

其中DRS为国内消费边际替代率;DRT为国内生产边际转换率,即以另一商品表示的商品机会成本;FRT为国外边际转换率,即一国的边际贸易条件。当不存在政策扭曲时,国内商品价格比与消费边际替代率一致,边际成本比与国内边际转换率一致,共同的要素价格比(工资率/资本率)与各产业中劳动对资本的边际替代率一致。

$$\gamma_i = \frac{\partial F_i}{\partial K_i} = \alpha_i A_i L_i^{\beta_i} K_i^{-\beta_i} \tag{2-3}$$

$$\omega_i = \frac{\partial F_i}{\partial L_i} = \beta_i A_i L_i^{-\alpha_i} K_i^{\alpha_i} \tag{2-4}$$

$$\frac{\gamma_i}{\omega_i} = \frac{\partial F_i}{\partial K_i} \Big/ \frac{\partial F_i}{\partial L_i} = \frac{\alpha_i}{\beta_i} \cdot \frac{L_i}{K_i} = \frac{\gamma *}{\omega *} \tag{2-5}$$

其中,γ_i为i产业的资本边际回报率,ω_i为i产业的劳动边际回报率,

$\gamma*$ 代表世界的资本回报率,也就是资本的国际价格,$\omega*$ 代表劳动力的国际价格。开放条件下,按照 H-O-S 定理,$\dfrac{\gamma_i}{\omega_i} = \dfrac{\gamma*}{\omega*}$ 为固定值,此时国内要素充分利用,$\dfrac{K_i}{L_i} = \dfrac{K}{L}$,与此相对应的 α_i 产业即为本国比较优势产品。

$$\alpha_i = \frac{\gamma^* K}{\gamma^* K + \omega^* L} \tag{2-6}$$

按照比较优势理论,本国会专业化生产并出口这一类具有比较优势的产品,进口并消费那些不具有比较优势的产品。

2. 内生性结构升级

为了研究方便,我们将上述表达式写成集约形式。令 $k = \dfrac{K}{L}$,则代数式 (2-6) 表达为:

$$\alpha_i = \frac{\gamma^* k}{\gamma^* k + \omega^*} \tag{2-7}$$

开放条件下,本国是国际价格的接受者,ω^* 和 γ^* 也保持相对稳定,不发生变化。产业结构要实现内生性结构升级必须使得 k 增加,关注人均资本存量的增加是一个历久弥新的问题。按照新古典增长理论,$\Delta k = sy - (n + \delta)k$,其中,$n$ 为人口增长率,$n = L/L$,δ 为资本折旧率。如果没有外生的技术进步,经济系统最终会收敛到稳态增长率,此时 $\Delta k = 0$,产业结构也不再发生变化,储蓄率的提高不能成为产业结构持续升级的动力。新古典增长理论的重要结论是,外生的技术进步是经济增长的唯一动力来源。

在内生增长理论的世界里,经济学家依然关注人均收入的提高,但经济学家不再把技术进步作为外生变量,而是研究技术进步的内生机制,更加关注技术的学习函数。内生经济增长理论的核心思想是,经济能够不依赖外力推动实现持续增长,内生的技术进步是保证经济持续增长的决定因素。由此我们得到:

结论 I:技术进步不仅是经济持续增长的最终动力,也是产业结构内生升级的动力来源。

（三）不当扶持导致的产业分化现象

一些内生经济增长理论将技术的内生增长建立在非完全竞争和非规模报酬不变的假设基础上，例如"干中学"作为技术进步的重要方式，意味着产业结构对于技术进步同样具有影响作用。因此产业结构固化成为一些国家经济开放的疑虑，而贫困化增长理论更是为发展中国家的开放战略敲响了警钟，这些理论表明，内生性经济扭曲在发展中国家极为普遍。因此发展中国家的政府往往期望通过政策扶持来实现技术进步和产业升级。政策干预的方式多种多样，我们研究最为直观的一种政策扶持——补贴，因为其他形式多样的政策扶持方式大都可以完全或部分地转化为补贴方式。

1. 稳态均衡的补贴情况

在稳态增长条件下，$\Delta k = 0$，没有技术进步和政策干预不会内生地实现产业结构升级，此时，政府往往通过直接补贴高端产业的生产来实现产业结构调整。这种通过市场机制起作用的政策干预首先会导致被补贴的高层次产业发展，也就是原先单一的产业结构（α^*）被打破，$\hat{\alpha}$产业被政府扶持发展起来，因为扶持的产业符合升级规律，所以$\hat{\alpha} > \alpha^*$。但由于经济原本已经维持在稳态增长上，既然新兴产业$\hat{\alpha}$的投入资本劳动比更高，要维持人均资本存量不变（$\Delta k = 0$），就需要没有受到政策扶持的产业结构$\bar{\alpha}$趋于下降。这是因为，政策的补贴干预相当于改变了扶持产业的要素价格，使得到补贴的企业优先按照补贴价格配置要素，此后，未得到补贴的企业再在剩余的生产要素中安排生产。被补贴的产业的资本劳动力比为：

$$\frac{\hat{K}}{\hat{L}} = \frac{\hat{\alpha}}{1-\hat{\alpha}} \cdot \frac{\omega^*}{\gamma^*} \tag{2-8}$$

未得到补贴的企业面临的资源禀赋结构相当于变为$\bar{K} = K^* - \hat{K}$，$\bar{L} = L^* - \hat{L}$。由于$\hat{\alpha} > \alpha^*$，所以，$\frac{\hat{K}}{\hat{L}} > \frac{K^*}{L^*} > \frac{\bar{K}}{\bar{L}}$，由公式（2-7）可以推出$\bar{\alpha} < \alpha^* < \hat{\alpha}$。由此得到：

结论Ⅱ:稳态经济增长中(人均资本存量不变),对高端产业的政策扶持会导致产业结构的分化。受到扶持的产业得到发展,就意味着没有受到扶持的产业会向更低端的产业蜕化。

2. 存在增长的情况

当 $\Delta k > 0$ 时,经济系统中的人均资本存量存在增加的趋势,自新古典增长理论的发展开始,经济学家就认为,要在长时期维持这一结果,只有存在持续的技术进步。结论Ⅰ显示,也只有存在持续的技术进步,才会出现内生的产业结构升级。即便如此,政府仍然可能实施积极的产业政策,以期促进产业结构实现更快的升级。

我们首先假设在 $\Delta k > 0$ 时,存在一个潜在的产业升级状态,即按照经济自由发展,产业结构会从 α^* 升级到 $\tilde{\alpha}$,此时,$\tilde{\alpha} = \dfrac{\gamma^*(k + \Delta k)}{\gamma^*(k + \Delta k) + \omega^*} > \alpha^*$。现在要继续施加产业政策对部分产业进行扶持,因此有扶持产业 $\hat{\alpha}_i$,使得 $\hat{\alpha}_i > \tilde{\alpha}$。此时会有两种不同的情况,一种是扶持产业高出比较优势产业过多,或扶持力度过大,使得没有被扶持的产业所面临的资源禀赋结构恶化,即 $\dfrac{\bar{K}}{\bar{L}} < \dfrac{K^*}{L^*}$,如此会有 $\bar{\alpha} < \alpha^* < \hat{\alpha}$,与结论Ⅱ中出现的情况相似,尽管人均资本存量有所增加,但是政策的扶持仍然使得一些产业过快升级的同时,另一些没受到扶持的产业向更低端演变。还有另外一种情况,即扶持产业没有超出潜在升级产业很多,或扶持力度不是很多,使得没有扶持产业所面临的资源禀赋结构比没有政策干预时要糟糕,但却没有比人均资本存量增加前更糟糕,即 $\dfrac{K^*}{L^*} < \dfrac{\bar{K}}{\bar{L}} < \dfrac{\tilde{K}}{\tilde{L}}$,此时 $\alpha^* \leqslant \bar{\alpha} < \tilde{\alpha} < \hat{\alpha}$。被扶持的产业和没有被扶持的产业都在升级,只不过被扶持的产业升级更快。但产业结构的分化现象依然存在。

结论Ⅲ:在人均资本存量增加的情况下推行产业扶持政策,仍然会造成产业结构分化,但会以两种不同的形式存在,一种是一部分产业升级,一部分产业蜕化;另一种是所有产业都实现了产业升级,但得到扶持的产业升级更快。

二、产业分化的技术进步效应

（一）外生性技术进步与产业结构变迁

考虑没有政策扭曲的稳态均衡始终有 $k = k^*$：当 $k > k^*$ 时，$sy < (n + \delta)k$，$\Delta k < 0$，最终使得 $k = k^*$；当 $k < k^*$ 时，$sy > (n + \delta)k$，$\Delta k > 0$，最终使得 $k = k^*$。以下考察存在政策扭曲的情况。

1. 资源配置次优

政府为了扶持不具备比较优势和国际竞争力产业的发展，通过补贴等政策对扶持产业的生产要素价格进行了扭曲，使其以较低的价格得到了资本，价格并没有充分反映要素的稀缺性。因此 $DRS \neq DRT$，帕累托最优条件不再成立，政策性扭曲带来了福利损失是必然的。在没有政策性扭曲时，国内企业都聚集于一类产业，即具有比较优势的产业，此时能够带来效用最大化。当政策扶持暂不具备比较优势产业的发展的时候，我们考虑一种极端情况，即国家将所有资源全部配置到扶持的产业，专心发展扶持的产业。此时，因为扶持产业的要素投入比例与国家的资源禀赋结构存在偏差，所以存在闲置的劳动力①。这些闲置或半闲置的劳动力就是资源的浪费，逐利的本能一定会在扶持产业之外，出现劳动密集产业，因为闲置劳动力的边际成本接近于零。这种分化的产业结构是一种次优的资源配置方式，能够在一定程度减少效率损失。当经济中政策扶持非常小时，这种资源的次优配置接近于帕累托最优。由此可见，扶持政策的力度越大，效率损失越大。

2. 持续的产业蜕化

因为政策性扭曲会产生效率损失，所以人均资本存量的变动项上还要考虑到因扶持不具备比较优势产业而损失掉的人均资本存量。按照上述资源次优配置效应阐释，损失大小与政策扭曲（政策扶持）的程度呈正相关关

---

① 实际中更可能是隐性失业的情况。

系，假设为线性关系 $\chi = \xi(\hat{\alpha} - \tilde{\alpha})$ ，如此 $\Delta k = sy - (n+\delta)k - \xi(\hat{\alpha} - \tilde{\alpha})$ 。因此，一旦存在政策扭曲，稳定均衡状态将被打破，$k < k^*$ ，而且将出现 $\Delta k = sy - (n+\delta)k - \xi(\hat{\alpha} - \tilde{\alpha}) < 0$ ，这意味着要维持扶持产业的稳定发展，人均资本存量会持续降低。而与此相应，在经济到达稳态均衡时推行扶持政策，将意味着没有被扶持的产业将向更加低端的产业持续蜕化。当经济中的剩余资源被耗尽时，扶持产业无法维系，扶持政策也即宣告失败。

3. 技术进步的关键作用

以上是产业政策扶持不成功的结论，主要原因在于稳态均衡被持续降低的资源效率所打破，产业结构退化。然而，扶持政策成功与否的关键在于能否促进技术进步。持续的技术进步是推动产业升级和经济发展的核心内容，技术进步、产业升级与经济发展是互为因果的关系。如果技术进步和产业升级快，产业分化的程度就能得到缓解，反之则情况相反；同时，两极分化的产业结构也会对技术进步和产业升级产生影响，如果产业分化能够促进技术进步和产业升级，那么产能过剩等结构失衡问题就能够自我修复，否则就可能导致长期的经济危机。

（二）产业分化的内生技术效应

如果扶持政策能够带来更快的技术进步，那么即便存在短期的产业分化和效率损失，从长期来看，产业升级和经济增长更具潜力，扶持也是值得的。然而，事实上扶持高端产业的良好期望并非容易实现。一旦政府直接干预资源在行业间的配置，产生产业分化，那么技术进步即将面临四方面的阻碍效应，产业分化现象和结构失衡问题并不能产生自我纠正的效应，而是朝向恶性循环的方向发展。

1. 产业间技术外溢效应弱化

对于高端产业扶持所产生的技术效应，概括地说，可能存在两点事与愿违的技术效应。第一，政府偏好于扶持高端产业，很大程度上是受到"高端引领思想"的影响，认为高端产业的发展对于整体的产业结构优化有带动作用,这是技术的行业间溢出效应。然而,行业间的技术溢出也只是体现在相似和相近的行业之间,高端产业的技术外溢顶多只能对中端产业奏效,对低端产业是很难实现的,就像"手术刀"技术很难对"剃头刀"技术产生外溢效果一样。没有中端产业的发展,低端产业就没有出路,高端引领也只能成为无端引领的空话。因此,高新产业过度扶持带来的产业分化,相当于弱化了产业间技术外溢效应。第二,技术进步是一个经济的概念,而非一个纯技术的概念,只有将新的技术引入生产当中,并且促进生产效率的提高,才可以说实现了技术进步,技术本身的复杂化但没有提高生产效率或没有获得收益都不能算是技术进步。由此,发展中国家违背比较优势去扶植过于高端的产业,短期内难以具有市场竞争力,不成熟的产品销不出去,不能转化成效益,就没有实现技术进步。

2. 产业内技术外溢效应弱化

在发展中国家,劳动密集型产业是国家的比较优势产业,但随着资源禀赋结构的升级,比较优势产业相应升级,在新的比较优势产业上,经过技术外溢效应能够更快掌握国际先进技术水平,实现更快技术进步。然而,一旦产生产业分化,情况就大相径庭了。第一,对于高新产业而言,发达国家往往实施高技术限出等政策,技术的外溢效应相比后发优势产业小得多。第二,对低端锁定的传统产业而言,干中学技术进步最终会使得比较优势变成绝对优势产业,在低端产业上领先国际技术水平,然而由于没有持续的产业升级,也很难发挥后发优势,阻碍较快的技术进步溢出效应。第三,中端产业是政府和市场都不倾向发展的产业,属于国内发展的空白产业,自然无法产生国际技术外溢的好处。

3. 与产业升级相悖的技术进步偏向性

按照结论I,内生性产业升级最终取决于技术进步,不论这种技术进步是偏向资本的,偏向劳动力的,还是中性的,都会带来人均资本存量的提高,从而促进产业结构随着资源禀赋结构内生的提高。但从技术对产业结构的影响角度来考虑,由于更高层次的产业意味着更多的资本投入,则资本偏向型的技术进步更有利于产业结构的升级。当政策性扭曲使得人均资本存量不断降低的时候,劳动力的价格不断降低,资本的价格不断提高,这会使得在生产中更多地使用劳动力来替代资本,与之相对应的生产技术也会向着偏向劳动力的方向发展。这在一定程度上也是对产业结构升级的阻碍,使得产业扶持的目标难以实现。

4. 创新激励机制遭到损害

政策性扭曲不但会造成资源配置效率的降低,而且还会加大寻租的空间。由于政府掌握政策扶持的权利,获取政策扶持的产业(企业)会由此获得非正常利润,因此寻租空间变大了,寻租费用是无法转化成生产的,完全是一种资源的浪费。然而,最坏的影响还在于政策干预对创新激励机制的损害,鼓励了政策性投机行为,从而挫伤了创新行为。当一个经济体缺乏创新的动力时,那么经济格局也就面临固化,经济发展就此停滞。

三、产能过剩形成机制

在产业分化的基础上理解发展中国家的产能过剩,有利于探寻产能过剩的形成机制,并由此对症下药。以中国为例,要解释中国的产能过剩问题,需要同时能够解释高端产业的产能过剩现象和传统产业的产能过剩现象。以下从供求方面展开讨论,毕竟产能过剩是一种供大于求的现象。

(一)高端产业产能过剩

1. 高新产业投资的羊群效应

从供给方面分析,投资的羊群效应将产生过度供给。前文讨论了发展中国家政府对于高新产业具有天然偏爱,并在实际操作中通过补贴等政策影响资源配置,从而达到扶持效果。然而,这种扶持政策却很容易产生一哄而上的投资羊群效应。第一,从发展中国家政府的角度考察,中央政府为确保资源朝向政府预期的方向流动,并最终实现扶持效果,往往会依据国际经验选择出最有希望突破的几个产(行)业进行扶持,毕竟对于发展中国家而言,全面赶上发达经济体的高技术产业机会太小,在个别高新领域突破的概率更高,尤其是发展中大国,举全国之力扶持个别行业并非难事。而在此之后,中央政府通常期望以点带面促进全面科技进步。第二,从地方政府的角度考虑,中央政府制定的发展规划是全国各地的风向标和指挥棒,政策扶持性高新产业占比成为衡量地方经济发展水平的重要指标,由此地方政府进一步通过中观政策扶持和微观经济指导鼓励发展国家确定的新兴产业,资源进一步聚集在为数不多的行业。第三,从企业方面看,政策的扶持和政府的干预必然导致软的政策约束,即便在企业已经观察到行业过度投资的情况下,企业仍然会以更快速度追加投资,以期成为政府扶持的重点和"大而不倒"的行业龙头,看似非理智的企业投资行为实则是特定制度下的理性选择。最终,高新产业的投资羊群效应带来了几个产(行)业的过度发达,对于开放大国而言,还将带来全球行业的供过于求。

2. 后发国家的市场劣势

从需求层面分析,市场劣势意味着需求不足。第一,技术成熟度不高。高新产业的技术进步基本要依靠研发创造才能实现,由于发展中国家的科研基础和创新体系滞后于发达国家,因此研发能力很难在短期超越发达国家,高新产业的技术水平往往会落后于发达国家,而且同在新兴产业竞争,发达国家对于技术保护程度也会更高。因此,发展中国家的产品质量与市场竞争力相对更弱些。第二,成本过高。由于技术成熟度不高,一些核心技术又不得不依靠发达国家,所以成本很难降低。而成本过高显然是市场推广的重要阻碍。第三,产品应用领域尚待培育。在扩大生产的同时,还需要不断扩大新产品、新技术的应用领域。然而,发展中国家的国内市场难以支撑高端消费,因此在市场拓展上相较发达国家也难具有优势。

(二)低端产业产能过剩

1. 技术革新引发需求升级

随着技术进步与商业创新的不断推进,即使是传统产业,也面临产品升级换代的压力,这主要是技术革新带来的需求升级。按照产品周期理论,当一种产品进入标准化生产以后,技术进步的空间就很小了,然而接下来不久,就会涌现出功能更佳的新产品将传统产品取代。所以,即便在传统产业,要想保持市场份额,也需要进行不断的技术改造和产品升级。

2. 传统产业低端锁定

按照前文理论分析的结果,政府对于高技术产业的过度扶持会造成产业的结构分化。大量的资本被破坏市场机制的扶持政策配置到盈利能力差的高技术产业,导致可供市场配置的劳动资本比长期锁定在一个较低的水平,传统劳动密集型产业升级停滞,产品结构单一。当资源禀赋结构无法支撑需求期待的传统产业产品升级时,传统产业也就面临落后的过剩产能。

(三)与自由开放经济的比较

1. 产出集中度更高

自由开放经济条件下,一国会专业化生产本国具有比较优势的产业,这似乎意味着产出结构相比产业分化的情况更加单一。实际上并非如此,产品多样化是技术进步的重要表现形式(罗默,1987),而技术进步又是与产业升级伴随发生的,因此在更高产业化程度上的产业将有更多细分的行业和产品。在自由开放经济条件下,厂商将在比较优势产业里自由选择行业和产品。而相对于分散的市场决策,政府为了确保扶持的成功率,必然会在更高产业层次中选定几个行业进行扶持,产业分化一旦导致产业蜕化,可供企业分散决策选择的行业和产品也将减少。因此,政策扶持的力度越大,带来的产业蜕化程度越大,造成的产出结构反而越集中,而非更加分散。

2. 内需抑制更多

首先,持久收入降低。前文对于资源配置次优效应的分析表明,扶持政策的力度越大,效率损失越大,而效率损失将直接导致人均收入水平的降低。持久收入消费理论认为,从长期来看,消费支出取决于持久性收入,所以当人均收入水平持续降低的时候,消费需求将随之减少到更低水平。其次,财富转移效应。在政策扭曲的开放经济体中,存在被扶持产业和自由发展产业两类产业。假定资本和劳动力在两个产业可以自由流动,补贴资金只补贴给企业,那么产业的分化意味着要素价格只体现出非扶持产业面临的要素稀缺性,如此,劳动力价格被人为地压低,资本的价格被人为地抬高了,也相当于劳动力对资本拥有者进行了补贴,劳动性收入与资本性收入的比值不断降低,收入分配差距不断拉大。按照边际消费倾向递减规律,当出现劳动补贴资本的财富转移时,整个经济体的消费需求便会降低,内需不足会加大外需倚重程度,同时会加重产能过剩情况。

3. 外需波动更大

面临内需不足,过剩的产能只能更多地倚重外需,但由此产生的内销行业补贴外销行业的"抽内补外"效应会进一步加重产能过剩。在任何开放经济体,不可贸易部门和进口替代部门也都占有一定比重,尤其是中国这样一个处于发展中的农业大国,对于出口行业的政策补贴,实际上是在打击进口替代行业和不可贸易部门的发展。劳动密集型产业的不断扩展,单一结构产品的出口扩张,最终会影响世界价格的走低,恶化中国的贸易条件,还容易引来反倾销反补贴等贸易摩擦,加大外需的波动性。

4. 实体经济和虚拟经济结构失衡

当内销企业因为要补贴外销企业背负沉重的税费负担时,经营条件也就随之不断恶化了。与此同时,外贸企业的利润也因为贸易条件的恶化开始缩减。在这种情况下,企业将从实体经济部门集体撤资,进入虚拟经济部门。而此时,政府为了维持政策扶持下的经济运行,对于房地产类的虚拟经济泡沫也完全可能任其发展,毕竟"土地财政"能有效扩大财政收入,但这相当于用居民购房的资金补贴被扶持行业的发展。过多的资本脱离实体经济,进入虚拟经济形成泡沫,就相当于降低了实体经济部门可用的资源禀赋结构,从而内生性产业结构升级和技术进步被隔断,产业蜕化和技术停滞现象更加严重。

四、产能过剩的讨论与政策思考

中国目前正面临新一轮产能过剩,尽管尚属结构性产能过剩的性质,但在新兴产业和传统产业均出现的产能过剩现象必须引起重视。对此,在化解此轮产能过剩的策略和措施上需要讨论一些方向性问题:中国目前更需要管理需求还是管理供给? 战略性新兴产业政策实施以来产生了很大积极作用,在内外条件改变的基础上其演进方向在哪? 政府在促进技术进步和产业升级中如何能起到更有效的作用?

(一)需求管理与供给管理讨论

按照本节的逻辑,如果中国存在对过高产业的不当扶持,从而导致了产业分化现象和产能过剩,那么采取需求管理的方法无疑是饮鸩止渴,短期或许能够缓解症状,但事后结果或许更糟糕。所以,对于当前的产能过剩问题,应该主要采取供给管理的方法予以根治。

反观中国的快速发展成就能够发现,中国经济成功的经验并不在于扩大了需求,而在于解放了生产力,放弃调整需求满足供给的观念,改为松绑供给配合需求的思路。试想在重工业优先发展时期,为了扶持重工业的发展,只得管控需求实行计划指令分配制度,如果没有供给方面的松绑,即使需求再大恐怕也难以推动经济转型。而且,经济一旦开放,面临的需求不再囿于国内,而是整个世界,需求管理手段也难以奏效。而中国面临的国际需求环境正在恶化,据 WTO 秘书处统计,1995 年 1 月 1 日至 2010 年 12 月 31 日期间,贸易伙伴国对华共发起了 43 起反补贴调查,其中 29 起采取征收惩罚性关税等反补贴救济措施。尤其是 2007 年以来,在全球经济衰退背景下,贸易摩擦频繁爆发,中国已成为反补贴案件的首要涉案国,中国被发起反补贴调查和采取反补贴措施的数量几乎每年都占全球反补贴案件总数的一半以上[1]。

因此本节认为,供给管理是解决此轮产能过剩的关键,也是需要长期推进改革的举措。而需求管理,如国际市场多元化、扩大内需等手段,则属于短期应对措施。供给管理的关键在于生产性鼓励政策的改革,核心是战略性新兴产业政策的进一步完善。

---

[1]　数据转引自张晓涛:《国外对华反补贴发展趋势与应对策略》,《国际贸易》2012 年第 1 期。

（二）战略性新兴产业政策演进思路

本节关注的战略性新兴产业应具有三个主要特征：一是具有更高的生产效率，能够相较传统产业更好的实用资源，这意味着更高的稳态均衡；二是具有广泛的技术外溢效应，即对其他产业的科技进步具有带动作用；三是具有非完全竞争性，政策干预能够使得本国企业获得垄断高额利润，从而加快人均资本存量的提高。具有这些特征的产业，政策扶持是值得的，人均资本存量不会因为政策干预而减少，反而会上升。

然而即便如此，在扶持过程也需要注意几点：第一，扶持的力度应有上限。由于该产业暂不具备国际竞争力，所以需要政策性补贴。但补贴的幅度太大，又会造成较大经济扭曲，产生产业蜕化的恶性循环发展，因此建议政策扶持的力度以不产生产业蜕化为最高幅度。第二，产业层次应该协调发展。作为发展中国家，最应当关注的是下一个比较优势产业的发展，也就是中高端产业的成长。结合前文分析，一旦产生产业分化现象，科技进步的内生机制便会受到阻碍，因此如果一定要扶持高端产业，最好能够促进产业层次协调发展。第三，地方政策应该因地制宜、分散决策。只有地方因地制宜地采取产业政策，才能规避投资的羊群效应，而且政策也会更有实效。因此应该消除以新兴产业产值论英雄的地方政府绩效观念，不论"白猫黑猫"，能够提高资源利用效率、提升人民购买力水平的经济增长才是好的发展模式。第四，从产业生产补贴向促进科技创新转变。建议综合利用国际技术外溢、R&D 研发投入和"干中学"三种内生性技术进步的主要渠道，从发达国家引进资本偏向型的技术进步，并同时提高自主创新能力；建议以人才国际化战略推进创新驱动战略，培养引进国际高层次人才，建立各类依托企业的创新载体平台，加大中国高校、科研机构的人才流出，智力成果加速向生产领域转化。第五，减少无偿性直接补贴，探索能够撬动社会资源、发挥市场机制、指导企业经营的扶持新方式。

（三）创新体系与产业升级配套政策思考

我们前期的研究发现,由于企业的转型升级中存在变迁固定成本,将很大程度上影响企业的转型决策,并阻碍产业升级和技术进步。针对此类的市场失灵,政府应该发挥重要作用。具体而言,在促进科技进步和产业升级方面,政府的功能主要在于三点:第一,破除违背市场规律的旧体制、旧政策,充分发挥市场在创新激励方面的作用。政府配置的公共资源,配置效率的高低对于政府的正向奖励激励和反向惩治激励都明显不足,所以应该破除行政垄断,建立以市场机制为核心的创新激励机制。第二,补贴科技创新的正外部性。科技创新的主体应该是经济主体,而不是政府和非营利组织,但科技创新具有明显的正外部性,一项重要的科技成果应用,会提高整个社会的福利水平。所以必须加大产权保护,降低市场交易成本,保障创新成果按市场机制转化,结合使用处理外部性的两种方法:科斯手段和庇古手段。第三,提供创新性公共投入。政府促进科技创新和产业结构升级的最主要方法就是提供创新性公共投入,加大公共品供给,减少因公共品不足导致的市场创新激励方面的失灵。

中国企业国际化战略中的
竞合机制研究[*]

随着中国企业国际化进程的纵深发展,中国企业的国际市场竞争力显著增强,同时,在海外市场拓展中也暴露出了无序竞争的问题,损害了国内企业整体利益甚至国家的利益。鉴于此,本节拟从同质企业之间、国企与民企之间的竞争与合作等分析视角,研究中国企业国际化战略中无序竞争的深层原因,以及我国各级政府、企业应采取的相应策略,试图探索、引导并构建适应国际化战略的企业竞合机制,逐步打造我国企业的海外市场核心竞争力,提升我国企业国际化发展的运作水平。

中国企业国际化战略是适应当前全球化竞争需要的重要手段,也是推动我国企业战略转型,满足全球化竞争需要的主要途径。当前,我国企业国际化发展中存在竞争无序的突出问题。如何构建竞争与合作的运行机制,是中国企业实现国际化战略的基础保障。

---

* 本文作者吴维海:国家发展改革委国际合作中心城市发展研究院副院长、博士;尹圣靖:南开大学硕士研究生。

一、中国企业国际化战略的现状

近年来,中国企业在国际市场的表现较为突出。2013 年,我国境内投资者对全球 156 个国家和地区约 5090 个境外企业进行了直接投资,累计实现非金融类直接投资 901.7 亿美元,同比增长 16.8%,超过日本成为全世界第二大对外投资来源国。其中,中国内地对中国香港、东盟、欧盟、澳大利亚、美国、俄罗斯、日本七个主要经济体的投资达到 654.5 亿美元,占同期中国对外直接投资总额的 72.6%,同比增长 9.1%。中国地方企业对外直接投资 329.7 亿美元,同比增长 16.9%,占 36.6%。中国对外承包工程业务累计签订合同额 11698 亿美元,完成营业额 7927 亿美元。整体来看,我国企业出口产品和海外工程等综合质量、技术含量等有了较大提升。

尽管我国企业国际化战略取得了较好的业绩,但是,毋庸否认,我国企业在国际化战略实施过程中,仍然存在许多理念、运营、策略等方面的问题或缺陷,主要表现在:

(一)缺乏统筹一致的国际化战略

部分国内企业在实施海外项目时缺乏系统化、统筹化的综合筹划,没有制定企业战略与全球布局相配套的实施方案、预测模型,对外项目审批主要依赖企业高管的个人经验和感觉。许多企业注重具体业务的表象,关注财务报表的短期改善,没有将海外业务运作纳入全产业链的高度,进行协同效应和核心竞争力的设计。一些企业集团属于多业务线条,这种方向更多是自发的、机会导向性的,子公司在海外市场拓展过程中缺少集团层面的中长期战略支撑与推动,更缺乏量化的论证作为决策的依据。

(二)管控简单粗放

我国企业普遍存在战略执行力薄弱的问题,主要体现在:缺乏对企业战略落实的监控手段,以及对海外并购的全生命周期缺乏有效管理。从战略到执行计划缺乏精细化的手段和监控工具。许多企业还没有建立起一套成熟的业务管理模式。一些企业在设定海外发展宏观目标之后,集团总部没有协同相关的业务部门将目标分解到年度计划,部门之间相互割裂的运作削弱了战略执行力。

(三)缺乏多元和包容的跨文化人才管理机制

我国企业实施国际化战略过程中缺乏懂外语、了解本地风俗文化和市场需求、精通国际法规准则和管理的全球化人才。尽管近年来,中国企业在海外公司逐渐开始聘用有海外教育背景或工作背景的中国人,但是真正的外国人才还不多。

中国企业"走出去"的障碍与问题,除了中外企业之间的比较优势与竞争之外,中国企业之间的国内同行业海外无序竞争尤为突出,如:玩具业、纺织品业、摩托车业等国际市场的价格战,2010年因北车集团在土耳其机车招标项目恶意压低南车集团投标价导致项目被韩国企业夺走,北车集团受到国资委严厉批评。2011年4月,中国最大的两家电信设备企业华为和中兴在欧洲发生专利权冲突。华为在欧洲起诉中兴通讯侵犯其商标专利知识产权,中兴随即提起反诉。中企海外愈演愈烈的无序竞争损害了相关企业和国家利益。

二、海外无序竞争的主要成因

中国企业之间海外出现的无序竞争主要分为两大类:一类是同质企业竞争,另一类是国企(特别是大型央企)与民企的竞争,他们产生的原因和危害也有所不同。

(一)同质化企业竞争

中国许多行业或企业的海外竞争,基本符合多厂商古诺模型的主要

特点:

一是国际市场保持开放且需求在短期内基本保持恒定。

二是企业有独立的出口经营权和决策权,并且同行业厂商成本曲线基本相同。

三是同行业的所有产品和服务基本是同质的。

四是单个厂商出口量在中国同类商品出口量中占有较小份额,他们在出口中搞合作或串谋的收益很小,所以以单个企业利润最大化为目标选择出口的数量。

根据多厂商古诺模型,由于中国企业产品或服务高度同质化,随着国际化企业数量的增加,行业逐渐饱和,企业只能通过降价来竞争,直至完全竞争价格,此时企业只能获得零利润。此时若古诺均衡产出大于国际市场需求,则导致了国际市场供求关系变化,进一步引起出口价格不断降低,从而引发贸易条件恶化、贸易摩擦频繁、附加值流失严重、行业整体利益受损、国家社会福利下降的悲剧。如,中国目前大量的海外工程公司,他们提供的服务高度同质,主要为工艺技术较成熟的基建类项目,其优势主要来源于中国廉价的劳动力资源,中国海外工程建设项目竞标过程中中国企业之间恶意压价、暗中破坏现象时有发生。又如中国的稀土产业,中国生产的稀土占据全球97%以上的市场,但是由于中国稀土生产企业高度分散且稀土作为原材料产品又高度同质化,导致稀土生产企业之间竞争激烈,企业往往以略高于开采加工成本的价格获得价格优势大量出口稀土,使得全世界许多国家和公司关闭自身的稀土采掘业而转向从中国进口,导致中国的稀土资源被大量"贱卖",而江西、内蒙等重要稀土产区却面临资源流失、环境破坏等粗放式生产带来的大量生态治理成本。

根据可变成本的古诺均衡模型,如果企业成本曲线不同,则企业的均衡产量和市场份额与其边际成本成反比,即企业边际成本越低,其均衡产量就越大,市场份额也就越大。通常企业压缩自身成本的方式有技术更新、管理提升以及新市场开拓等,但是现阶段中国企业研发能力普遍较弱,且一些企业在业务发展选择中投机性较强,往往存在"跟风"投资现象,因而其成本的压缩很大程度上依靠一些不正当手段,企业通过不正当竞争压缩成本的方式主要有两类：

一类是"搭便车"行为，一种方式是生产研发"搭便车"，部分企业通过采取假冒和仿冒等侵犯他人知识产权的方式降低产品和售后服务质量，降低自身的研发成本和配套服务成本，大量生产同质化产品，此时由于总体产量上升和产品质量下降，导致国际产品市场供需的失衡，最终不仅导致企业利润的减小，还使中国产品和服务的国际声誉受损，影响中国企业和产业的在海外长期发展。"搭便车"的另一种方式是市场搜寻"搭便车"。国际市场的开拓因为涉及政治、经济、文化、宗教以及消费习惯等多方面的考察，搜寻成本相对较高，当一家企业成功开辟某一国外市场时，该企业单位产品出口总成本中会附加较高的市场搜寻成本，但若其他企业通过该企业免费或低成本地掌握了目标国市场信息，并且借用该企业的营销渠道进行出口，那么后进入企业的单位出口成本就会低于先进入者。这样就会出现当一家企业花费大量人力物力资源开拓某国外市场后，因为产品基本没有差异，使更多的本国企业蜂拥而入，引起出口量猛增，国外市场很快就饱和甚至超饱和。"搭便车"的最终结果是企业基本不会研发创新和拓展市场，供大于求、过度竞争的现象难以从根本上得以缓解，外贸产业规模受现有市场需求波动的影响较大，并且如基础设施建设、大型设备等行业，因为产品或建设项目的存续期较长，现有市场容易饱和，不利于保持企业的快速平稳发展。例如2008年金融危机后，由于欧美市场对一般消费品需求大幅下降，导致中国长三角、珠三角等以外贸加工为主的地区经济发展受到很大制约，多地出现出口企业倒闭现象，很大程度上就是因为上述原因。

另一类行为是外部性行为，许多中国企业由于经营意识、经济实力等多方面原因，在海外投资过程中唯利是图，在提供就业、医疗保障、生态环境保护等方面不履行企业社会责任，甚至偷盗、走私、商业贿赂等犯罪行为时有发生，严重损害了我国企业自身和国家的国际形象。一些国内外贸生产企业通过降低污染治理、资源损耗、社会保障、劳工待遇、公共建设等方面本应该由生产者承担的生产成本和社会成本，使其单位产品出口总成本降低，更加剧了市场的竞争混乱。这种外部性行为使得环境污染加剧、资源过度开发、社会福利损失，与此同时，长期通过违法行为维护低成本，会导致企业片面依赖廉价资源和廉价劳动力而忽视在技术、管理、人才、市场等方面的进步与革新,失去长远发展的原动力,也使市场产品同质化和低水平无序竞争的现象更为严重。

(二)国企对民企的掠夺性竞争

掠夺性竞争通常是指原厂商以低于成本的价格损害对手,迫使他们退出市场,待竞争对手退出市场后再行提价的一种策略性行为。这种情况在中国企业"走出去"过程中大多出现在国有企业中。

国有企业在海外许多竞争性领域同民营企业展开竞争,从中央到地方各级政府运用各种形式的财政补贴、税收优惠等政策鼓励投入大量资源,在对外部市场和宏观经济形势没有进行正确判断评估的情况下,"拍脑袋"做决策,在不具备相应条件的情况下盲目推动企业"走出去",在短期内迅速扩大国有企业海外投资规模,导致许多地方出现了国外投资或者贸易项目一哄而上、相互拆台、压低价格的现象,给国有企业海外投资带来了巨大风险和损失,也使民营企业参与国际化竞争的难度大增,这与十八届三中全会"建设统一开放、竞争有序的市场体系"的目标是不相符的。产生这一现象的原因与国有企业的融资成本、公司治理结构以及政府干预下绩效考核机制有关。

国有企业海外掠夺性定价成因分析,主要观点如下:

首先,根据芝加哥学派的观点,企业施行掠夺性定价政策受到企业融资约束的影响。国内外学者还进一步发现,企业投资、盲目扩张与企业的自由现金流及融资约束也有很大相关性。当企业投资现金流来源主要依赖内部现金流时,企业投资受企业经营绩效、投资绩效影响较大,过度投资现象不明显;但是当企业外部融资环境较好、融资约束较小时,企业的投资行为与经营绩效、投资绩效的关系不显著,容易出现过度投资、盲目扩张的现象。这种现象在国有企业海外发展中尤其明显。

近年来在国家鼓励"走出去"的政策支持下,国有企业除了自上而下地获取预算外资金外,还有其他方式可以获取预算外资金支持,具体表现在:

一是在股权融资上,现在许多国有企业均是股份制上市公司,除了国有独资公司以外,在其他组织形式的公司制企业中,国有股权比重较高。在高价配股或增发时,一方面放弃配股权不用担心股权稀释;另一方面,由于配股或增发新股的价格远远高于每股净资产,非流通股股东还可以按照"同股同权"原则分享社会公众股配股等带来的每股净资产的增长。因而,配股或增发新股使非流通股股东不仅不会遭受任何损失,还可以获得额外的权益增长,这使得国有企业有更大的动机采取股权融资方式募集资金。另外,由于我国上市公司资源稀缺,上市公司数量通常是衡量地方经济发展的主要指标之一,因而地方政府通常会在税收方面给予国有上市公司较大优惠,使得国有上市公司有更多的资金来源进行海外扩张。

二是在债权融资上,国有企业因为其自身规模较大且有政府财政担保,评级较高,使银行敢于降低对企业的信用审查和贷后管理,并且有国家专项补贴、贴息等支持,使其与一般企业相比融资成本低廉。另外,在国际资本市场上投资者也倾向于以国家信用为担保的大型国有企业,而国际资本市场资金成本相对于国内较低,且以美元计价的国际资本对于海外投资使企业能够规避人民币升值带来的汇率风险。另外对于规模庞大的大型国企来说,下属公司数量众多,公司融资审核的链条较长,企业管理层客观上也很难监管每个下属企业的融资行为。

三是在企业内部现金流上,大多数跨国国有企业分布在金融、电力、冶金、能源、交通、通信、部分装备制造和高技术行业等关系国家安全和国民经济命脉的重要行业和关键领域,形成了国有垄断。在这些行业中,跨国国有企业依靠垄断力量从国内消费者身上获取垄断利润,且利润率保持长期稳定,使其拥有充裕的自由现金流用于海外投资。

现阶段大多数企业国有企业治理结构不完善,规范的董事会建设处于探索之中,现代企业中普遍存在的委托代理问题在国有企业中愈发明显,股东没有动力或无法有效监督管理层,管理层的收益与企业盈利的相关性不大。学界研究基本达成共识,管理层的显性薪酬待遇和隐性的在职消费是企业规模的增函数,因而在企业国际化过程中管理层有动力通过大量的海外投资使企业规模和业务范围扩大,以实现自身利益的最大化而非经营效益的最大化。

其次,国有股东的利益导向和考核标准综合了经济因素、政治因素、社会因素等众多方面因素,在国有企业实际决策中,国有股东往往处于绝对控股地位,即使非绝对控股的国有公司也存在国有股东地位高于非国有股东的现象,而中小股东往往缺乏监督董事会决策的权利,因此导致国有股东凭借其控股地位作出出于其他非经济目的盲目决策,过度追求规模扩张,随之带来资产负债率过高、经营、投资绩效偏低等突出问题。

再次,国资管理机构对国资分类监管、考核和激励机制不健全,应由企业自主决策的事项由政府指导、控制、监管的仍然过多。过去很长一段时间,我国施行了官员强调政绩的晋升及考核制度,而因为轮岗、调动、退休等制度的存在,政绩考核更多地强调短期(一般为3—5年)内辖内各项工作的规模及速度。这种逻辑也适用于国有企业,"走出去"战略自2000年首次被提升到国家战略的高度以来,随后的十六大、十七大及十八大都对其进行了扩展和深化。在这种政策环境下,对于许多国内竞争力较强的国有企业,能否有效地"走出去"成为衡量政府部门和官员特别是负责经贸、国资等部门官员及国有企业的海外部门及管理人员政绩的重要指标,在一些外贸发达地区和一些较早涉及国际化业务的国有企业,甚至成为考量地方政府和国有企业一把手的核心指标。如:中铁建承包麦加轻轨项目。这是中国在中东市场承建的首个铁路建设项目,项目合同由中沙两国元首亲自签约,时任铁道部长多次到麦加视察项目进展情况。但是项目从签订之初就不符合国际工程建设承包惯例。合同签订之初工程只处于概念设计阶段,建设合同中的法律条款和施工标准和技术规范等没有明晰,项目前期工程造价阶段和项目估值阶段采用国内价格估价,低估了原材料、劳动力及保障服务等方面的成本,同时对中东市场没有进行深入分析,对当地政治、文化、法律、宗教等环境没有清晰的认识,对客户需求也没有理解到位,在施工后,工程遇到了拆迁难、标准变化、工程量增加、工期缩短等问题,成本急剧上升,由于该项目的政治意义,中铁建不得不继续投入大量的资源来保证工期按时完成,造成了41亿元的巨额亏损。

虽然许多国有企业已经建立起了外部的企业综合指标考评体系和内部

员工绩效考评体系,但是符合市场规律的激励机制尚未完全建立,在实际操作中,政企不分问题仍然存在,员工薪酬、工作量和工作业绩尚未完全挂钩,并且由于相关规定限制,使一些国有企业人员的薪酬低于市场上同行业企业同类型人员的薪酬,这种情况在国企高管层尤其突出;现代化的人事管理制度也没有详细制定,多数国企员工没有清晰的职业发展路径,上升通道狭窄。这些问题都会导致从领导到基层员工在企业国际化进程中不作为或者乱作为的现象时有发生。

民营企业海外竞争中政策劣势分析,具体如下:

相对于国有企业,国家政策存在许多不利于民营企业海外投资的政策。第一,在对外项目审核方面,民营企业在对外直接投资项目审批、投资额度审批、外汇管理等关键环节都处于劣势,在自营进出口权方面也受到有关部门的管制;第二,一国海外投资的资金主要来源于该国国家进出口银行,而我国进出口银行贷款则主要针对国有大中型企业开展的海外投资项目给予扶持,民营企业很难获得进出口银行贷款,在海外投资中缺乏资金支持;第三,国有企业海外投资作为国际政治经济交流的一部分,其在信息收集方面得到政府支持较多,许多政府外交政策、政府合作意向等信息通常是国有企业首先知晓而民营企业信息收集方面受政府支持较少,增加了民营企业海外投资的风险。因为国企所具有的资金优势、规模优势和政策优势导致许多行业民企在"走出去"过程中被国资"挤出",使中国企业国际化进程缺乏效率和内部竞争,因此,此类竞争需要引起更高的重视。

三、构建中国企业国际化战略竞合机制的对策与建议

为了降低中国企业之间的海外无序竞争,提升中国企业走出去的质量,针对两类不同无序竞争成因,差异化地推动构建我国企业海外市场的竞合机制:

对于同类企业无序竞争,需从优化企业自身发展结构的角度加以解决。英国经济学家拉奥提出的"技术地方化理论"从技术创新的角度对发展中

国家企业的对外直接活动进行了指导,其中重要一点是:发展中国家的技术创新往往集中于小规模生产技术的发明和应用,而且这些技术在小规模生产条件下具有更高的经济效益。我国企业正处于参与国际市场竞争的初级阶段,我国企业走出去过程中可以率先形成以针对各点的小规模技术创新,这样不仅节省了企业的研发成本,还能在中短期内实现企业差异化发展、协同化发展。

(一)规范企业成本,促进转型升级

各地要深化改革地方政府和官员考核模式,综合考察地方经济发展的经济效益、环境效益和社会效益。政府需要通过提高工人最低工资标准、社会福利企业认缴比例以及开征环境税、资源税等方式来使企业的成本真正反映整个社会付出的成本,倒逼企业进行产业升级,淘汰落后产能,通过产业整合实现规模经济,真正打造出一批能够在国际市场上有技术竞争力的优质国际化企业,降低成本扭曲带来的国家资源及环境的损失,也为企业长远发展提供坚实的动力。

(二)引导企业加强研发,从全产业链分工构建产业联盟的角度提升差异化水平

中国企业可以针对国际市场形成自身的全产业链分工,不同类型的企业在政府指导和行业协会组织下进行有序地转型创新,并且通过相互参股、产业链融资等方式实现利润的合理分配,在外贸、对外投资及工程建设中做到全产业链输出,通过各环节高端化和精细化的生产服务及全产业链的协同,打造新的"中国制造"标准,使中国企业在国际化过程中的整体议价能力得以上升,实现利润最大化。例如中石油通过出台《中国石油天然气集团公司境外项目物资采购管理办法》对境外物资采购、物资分级、供应商管理等作出了规范,统筹海外项目供应链管理,在降低自身采购成本同时也带动了国内石油专用管材、普通钢材、通用机械设备等制造商通过采购系统参

与海外竞争,形成全产业链的国际化协同发展。又如东风日产在国际化过程中把生产零部件质量过硬、性价比高的供应商举荐到雷诺日产全球联盟,加入全球产业链,并且派遣工程师指导供应商进行技术改进,为中国汽车零配件生产参与国际竞争创造了良好的条件。

(三)加强国家行政法规和行业协会的监督和自律

针对中国企业研发活动的"搭便车"现象,国家应在知识产权管理中针对企业技术研发过程中的知识产权侵权行为进行严格审核和惩罚,在国际知识产权公约和其他国际条约的基础上,与主要贸易国家和地区签订针对中国企业海外商标权、专利权保护的国际协定,完善专利有偿使用机制,保障企业研发活动所带来的收益。在海外项目信息搜索、市场开拓过程中,相关职能部门及行业协会应当进行严格监控,在投资审核等方面进行适当管控,防止"一窝蜂"投资现象的出现。企业在进入海外项目过程中,同企业相关人员及海外相关机构人员签订具有国际法律效力的保密条款,行业协会也应当在此过程中对涉嫌泄露商业机密的相关人员采取限制从业或者终生禁入等惩罚措施,保护企业海外投资信息的收益权。先入企业也应当采取有效的市场化措施,例如与所在国政府或企业签订长期合同或独占协商协议等现代商业合作中的合法手段维护自身权益。

对于国有企业与民营企业之间的无序竞争,需进一步改进国有企业的管理机制,加大国家对于民营企业走出去的政策支持力度。

1. 要转变政绩观,优化政绩考核体系

各级政府及有关部门要树立正确的政绩观,正确认识"走出去"战略的真正内涵和意义,不要盲目推动国有企业进行大规模和高速度的海外投资,而是要真正做到高质量的"走出去"。随着国企改革的不断深化,国有企业分类监管、分类考核的思路不断明确,盈利能力、投资收益等指标逐渐将成为竞争类国有企业的重点考核指标。对于在国有企业海外投资经营中有突出贡献的人才,应当按照市场标准给予有竞争力的薪酬和通畅的内部上升渠道。政府及相关部门对国有企业海外投资信息和经营情况进行评估和管

控,从一定程度上对国有企业投资无序、经营低效的情况加以遏制,同时能够通过优秀的管理人才发挥出国有企业在规模、资金、技术、人才等方面的优势,使国有企业成为我们企业"走出去"的领军者。

2. 大力发展混合所有制经济,完善国有企业公司治理机制

在国际化竞争中,因为国际贸易间各种规则的制约,国内政策对国有企业的支持作用有所下降,加之国外特别是西方发达国家市场体系和法律体系较为完善,且国有企业海外业务通常占比较小,有充分的抵御风险能力,因此国有企业国际化进程正是推行混合所有制经济的重要"试验场"。国有企业国际化进程中,应当吸取民营资本、国际资本等非公有制资本通过换股、参股、控股等形式加以融合,进一步推动产权多元化与股权分散化。国有企业在海外投资过程中,可以不追求绝对控股,而是以国内企业联合控股、AB 股结构设计等多种形式掌握公司的控制权,在某些国际化程度或科技含量较高、一时无法做到高效管理的行业,可以以参代管,按照市场要求建立职业经理人制度;构建高效率的治理机制,大力加强股东大会、董事会及监事会建设,例如限制"内部人"董事的数量及权利,增加独立董事的席位,提高外部董事比例等,抑制国有大股东控制下的盲目海外投资行为,实现国有资产的保值增值。

3. 拓展中央银行对民营企业"走出去"的窗口指导机制

一是提高中国进出口银行等政策性银行金融支持民营企业"走出去"的能力,扩大政策性银行在境外开展进出口金融业务的国家范围,特别是在一些市场前景好、中国企业开始进入投资,但金融资源匮乏的欠发达国家和新兴市场国家。政策性银行先行先试,在控制风险的前提下研发针对民营企业海外投资的股权融资、并购贷款、项目融资、出口应收账款质押贷款、境外资产抵押贷款等适应经济全球化的离岸金融工具,为商业银行进一步跟进提供政策指引。

二是鼓励商业银行等金融机构为"走出去"企业提供全方位金融服务。加快商业银行全球授信系统的建设,鼓励商业银行在民营企业对外投资比较集中的区域,尤其是境外经贸合作区、工业园区所在地设立支行或办事处,为境外民营企业提供本地化金融服务。

　　三是充分利用出口信用保险,扩大保险的作用范围。提高出口信用保险的覆盖面和渗透率,加强与国际再保险公司合作,提升抵御风险能力。增加政府出台相应的补贴措施,引导鼓励民营企业在出口和对外投资中投保。

　　四是建立海外产业投资基金,进行专业化投资。针对特定的区域(国家)、特定的市场设立股权投资基金,直接对民营企业境外的项目和公司或者联合民营企业对海外其他项目或公司进行股权投资。设立对外并购基金,通过股权并购,在国际上获取知识产权、品牌、市场份额和资源。

第三篇　财税金融政策与改革

　　我国金融体制改革逐渐步入全球化轨道，与国际市场对接，以适应对外开放的需要。这是国家实力的体现。财政金融体制改革是国家经济体制改革、推进治理现代化和实现新型城镇化的关键和保障。本篇一组论述金融改革与开放的研究成果可供读者参阅研判。

财政世界的治理：
底线法则与防火墙建构[*]

十八届三中全会的《中共中央关于全面深化改革若干重大问题的决定》将现代财政制度视为国家治理的基础，并将改革的战略目标确立为把权力关进制度的笼子里、发展成果惠及全体人民以及发挥市场的决定性作用。基本的直觉理念和以往改革的经验教训表明，新一轮财政改革要想上正轨和取得长期成功，致力于底线法则建构并使其制度化为财政防火墙极为重要，两者正是井然有序的民主财政治理的核心成分和先决条件，理应置于改革议程的优先位置。本节确认和澄清了三项基本的底线法则——预算授权、国库单一账户（Treasury Single Account，以下简称TSA）和立法机关对TSA资金动用的监控，前一个聚集预算改革的核心本质，后两个指向政府现金管理系统。本节还讨论了朝向底线法则的改革面临的挑战和合意的选择。

一、追寻底线

过去三十多年中，作为政府导向的改革①的关键组成部分，中国推动了

---

* 本文作者王雍君：中央财经大学财经研究院院长、教授、博士生导师。

① 本文将改革分为两类：旨在强化市场机能的市场导向改革，以及旨在强化政府机能的政府导向改革。

范围广泛、内容丰富的公共财政改革。这些旨在提高政府治理能力的改革覆盖中央和各级地方政府,核心部门①和数目庞大的支出机构直接或间接参与其中。改革的范围覆盖了公共财政的四个核心领域:税收制度、政府预算与支出管理、政府间财政关系以及政府会计与财务管理②。为推动和指导改革,一系列相关法律、法规和文件也被建立、实施和修订。与公共财政改革相关的主题也一直是大量文献关注的热点。政府出台的相关政策甚至在付诸实施前就被媒体密切跟踪和报道。改革者和学者则不时提出雄心勃勃的改革目标,这些目标大多指向对政府能力要求极高的领域,例如引入绩效预算和权责发生制政府会计。这些改革明显地超越了传统的"财政管理"概念,在很多方面已经扩展到本节所界定的"财政治理"领域。2013 年 11 月召开的十八届三中全会作出的《中共中央关于全面深化改革若干重大问题的决定》,明确地将新一轮财政改革的战略目标锁定为提高国家治理能力和促进治理体系的现代化。财政治理概念已经呼之欲出,有必要对其略加澄清。

自古以来,国家即利用两类财政措施实施治理:建构财政制度和改进财政决策——重点是支出决策和税收决策。治理概念已经频繁出现在文献中,但其确切含义至今缺少广泛共识。本节并不追溯这些文献,而是直接给出一个简明扼要且较少争议的定义:治理就是作为一个整体的社会用以应对其挑战和难题的系统方法。"系统"方法的两个基本维度是国家权力和公共政策,两者构成治理的两个支柱。无论如何,国家就是通过权力和政策实施治理的。在财政世界中,除了政治权力的至上性外,国家最重要的权力就是财政权力。财政权力——汲取资源和开支公款——本身也是权力的核心部分,同时又对政治权力的运作起着生死攸关的支撑作用。但权力并非一切:除非将权力的约束和引导转化为一套积极作为的公共政策,否则,公

---

① 预算过程中的两类基本角色可分别界定为核心部门和支出机构。前者代表政府整体审查、批准预算,监督预算执行以及确保对公共支出的法定控制;后者的财政角色是预算申请、执行以及开支公款从事运营。核心部门主要包括立法机关、政府高层、财政部门以及审计部门。核心部门与支出机构(预算单位)之间的角色、动机、目标和利益通常是冲突性的。

② 处理政府间财政关系的制度安排通常称为财政体制。这是两个相关但含义不同的概念。政府间支出责任(事权)划分、收入划分和转移支付,构成政府间财政关系的三个支柱。

民和社会就难以从国家治理中充分获益。据此,区分"权力基点的治理"和"政策基点的治理"非常重要:前者旨在促成安全政府范式,后者旨在促成能动进取型政府范式,即"发展型治理"。

财政治理因而可以恰当地界定为选择财政制度(规则)和制定财政决策,用以约束权力和政策的过程。一般地讲,公共政策只有纳入财政决策过程才会可行和有效:没有财政过程(本质上是政治决策过程)的资源支撑,公共政策将成为理想、希望而并非现实。以此视之,财政治理包含权力与政策两个基本维度:通过建构财政制度约束和引导财政权力与公共政策。"好政府"不仅应该是能动进取的,还应该是安全的——权力滥用的机会被压缩到最低程度。

政策基点的财政治理涵盖政策制定与政策执行(实施)。两者间存在基本差异:政策制定指向"治理",政策执行指向"管理"。"财政治理"因而与"财政管理"区分开来:后者应被理解为旨在促进既定政策目标的过程。概括地讲,财政治理着眼于以财政制度建构实现对权力和政策的约束与引导,财政管理着眼于财政资源的充分和有效利用,以此促进既定的政策目标。权力需要被限制源于一个简单明了的事实:掌权者易于滥用权力榨取租金(腐败)。政策需要被约束则源于另一个事实:政策本身创造了资源需求,而资源是稀缺的和有限的。

纵观过去三十多年的财政改革(其他改革亦大抵如此),管理范式明显地取得了主导地位。这些改革很少过问:管理取向的改革如何才能升级到治理取向的改革? 财政善治的底线应画在哪里? 现代国家的一个令人惊异的特征在于:国家不仅拥有巨大权力,还利用财政制度调控巨大的资源。财政权力和财政资源的结合赋予国家以巨大优势,使其能够完成个体无法完成的集体任务。另一方面,两者的结合也为那些热衷于利用权力与资源谋取狭隘利益的人,创造了权力寻租的诱人机会与广阔空间。现代国家的规模庞大、结构复杂、目标多元,使得限制与引导权力、约束与引导政策变得更加困难重重。

如果将国家治理置于这恢宏的经济社会背景下,那么就不难理解:将治理取向的改革置于新一轮改革议程的优先位置是十分重要的。这种重要性一方面体现为治理底线的普遍性,另一方面也体现为相对于管理取向的优先性。普遍性与如下事实相连:底线界定了财政世界中集体生活的最低标准,公共利益只有在这个底线下才可能得到最佳保障。优先性源于如下理念:高级目标(新公共管理强调的绩效)只有在基本底线被建构并稳定运转的前提下,才能得到系统和持久的促进。

传统改革模式的重心显然在于管理取向。与此形成对照的是:财政改革通常必须遵守的、基本的底线法则很少被关注,更不用说被澄清了。这些底线法则直接指向改革的"初级"目标——基本的财务合规性控制。它从一个侧面再次警示人们:在朝向底线法则的公共财政改革取得实质进展之前,将改革重心转向高端目标可能有招致失败的巨大风险。

与政府改革的其他领域一样,财政改革的目标也是多元化的和层级性的,涉及多个维度:经济目标(增长与就业等)、社会目标(如平等的收入与财富分配)和政治目标(廉洁、透明、责任和回应性等)。每个维度的目标又可以分解为更多的具体目标。然而,无论目标如何多元化和复杂化,任何政府导向改革的目标均可被适当地界定为两个基本维度:合规性(Compliance)和绩效(Performance)。

合规性目标指向行为层面,要求公仆们在严格遵循通常在宪法、法律和其他公共规范(例如公共官员行为手册)中界定的规则。合规性要求强有力的控制(包括内部控制和外部控制)、报告和审计机制,要求在公共组织内部和外部形成引导公仆们遵守基本规则的环境、激励机制和惩罚措施。本节关注的是其中一个重要的类型:底线意义上的合规性控制机制。相对于合规性而言,绩效目标更为"高端":它并不直接对公仆们的行为施加约束,而是指向这些行为被要求促进的目标,这些目标通常表述为3E——效率(Efficiency)、经济性(Economy)和有效性(Effectiveness),以及与3E计量指标相对应的单一绩效指标,特别是产出和成果。[①]

[①] 经济性要求以较低的成本获得所需商品与服务,效率涉及投入与产出的比例关系,有效性指所付出的努力在多大程度上促进了预定的目标。与经济性、效率与有效性相对应的单向绩效指标分别是投入、产出和成果。就与绩效相关性而言,成果最为高端,产出次之,投入的相关性最弱。

据此,财政改革大致可以区分为重心指向合规性和重心指向绩效目标的改革。其中每个方面都涉及复杂的制度性变革,并有特定的技术要求(例如绩效导向的支出管理要求绩效评估与计量技术)。由于能力、资源和政治意愿的限制,也由于追求合规性目标与追求绩效目标之间的潜在冲突,同时在这两个维度上发展复杂的制度安排通常超越改革者的能力,经济转轨国家和发展中国家尤其如此。这意味着,改革者不可避免地需要在改革重心——促进合规性与促进绩效之间作出战略选择,合理确定改革的优先性议程。战略次序选择不当可能产生严重的问题,增加后续改革的难度和成本。

在某些情形下,合规性导向与绩效导向的改革是一致的,两者都高度依赖于特定的制度安排。2001 年启动的国库管理改革就是这方面为数不多的例子。这项改革为中国公共财务管理系统引入了一项意义深远的制度安排——TSA 制度。完整意义上的 TSA 要求所有自纳税人(与其他财政缴款人)的公款应直达 TSA,所有流出政府(流向供应商)的公款必须通过 TSA 办理,所有的政府现金余额必须集中于 TSA;只有特殊情形例外①。TSA 安排既为确保对公款安全性的有效监控提供了极为有利的条件,也为政府现金管理奠定了基础,从而为消解合规与绩效目标间的潜在冲突创造了理想的制度安排。鉴于妥善管理现金资源对于公共组织的特殊重要性。这种"一举两得"效应使得国库管理改革对于重塑中国公共财政管理面貌的意义,超越了除预算改革和政府间财政体制以外的其他多数改革,尽管未被普遍理解。未被普遍理解的还有:此项改革直接融入了公共财政改革的底线法则之一,即公共部门必须依赖 TSA 对公款进行集中化管理,并实现这一法则的初步制度化。

然而,多数情况下,改革者都会被"鱼与熊掌"——合规性导向与绩效导向之间的冲突和两难选择所困扰。纪律(合规要求纪律约束)与自由(绩效要求自由度)的潜在冲突虽然遍及各个方面,但在公共财政改革中却特

---

① 技术能力的限制以及对偏远(比如某些边境)地区供应商的支付是可能的合理例外。另一个例外是对涉及国家安全与机密的支付安排。就中国现实而言,技术能力已经不构成对 TSA 安排的限制。

别明显。在预算改革中,过于严格细致的程序和规则可能束缚行政部门和公仆们的手脚,这将妨碍他们对预算执行过程中的意外事项及时作出反应。在公共支出管理改革中,强有力的支出控制将减少支出机构的管理自主性,这会限制他们利用特有的信息优势来优化资源在部门内配置的潜力。在政府间财政关系改革中,专项(专款专用和配套的)转移支付过多而一般性转移支付偏少,虽然有助于加强中央对地方的控制,但会妨碍地方政府因地制宜、因时制宜和统筹安排财政资源的能力,这种能力对于促进地方公共服务交付的绩效至关重要。在政府会计改革中,合规性导向要求维持和改进传统的现金基础会计,绩效导向则要求引入权责制会计。

改革目标间的潜在冲突,提出了财政改革中最关键的一个战略性问题:合规性导向改革优先还是绩效导向改革优先?在民主与法治社会里,民主与法治的价值位阶高于效率和绩效。公众可以在一定程度上容忍公共部门缺乏效率和浪费,但对腐败和舞弊行为的容忍度却低得多。公众甚至可以容忍公共项目的失败,但很难容忍将公款转移到公民视线和法律监督之外的行为。逻辑上讲,赋予民主和法治的价值观以优先地位,要求适当的改革战略应将底线意义上的合规性导向的改革,置于改革议程中最优先的位置。这种改革战略不允许以牺牲底线为代价追求绩效目标,犹如交通系统中不能容许人们闯红灯和酒后驾车(严重违反交通规则)来追求交通通畅(绩效)一样。在这里,"底线"就是遵守交通规则:它是不可逾越的。当财政治理的底线被制度化时,即形成本节所定义的"财政防火墙"。

二、底线法则:概述

公共财政的逻辑起点是一些人花另外一些人的钱,其历史几乎与自国家诞生以来的人类文明史一样久远。但在漫长的君主(皇权)专制时代,"君权神授""君权天授"政体的内在逻辑意味着:统治者可以自行其是地从被统治者那里征集资源和支配使用这些资源,而不需要获得他们的同意(授权)。而民主政治改变了这一切。"主权在民"的宪政原则得到确立和尊重,并被贯彻到政治运作和公共财政实践中。据此,在民主社会里,政府得自人民的财政资源,必须获得代表人民的立法机关的明确授权;否则,政府既不能从公民那里拿走任何钱财,也不能实施任何开支。这个基本的财政授权原则被载入了多数国家的宪法,中国也不例外。①

在现代社会,财政授权主要通过法定的年度预算程序进行。在此程序中,立法机关通过投票表决和最终批准预算,授予政府(行政部门)征集收入、实施支出和举借公债的合法权威。因此,财政授权是以预算授权概念表达的。各国政治体制和预算制度的差异相当大,但预算授权都是其中最核心的组成部分。预算授权安排确认并突出了立法机关在履行预算的法定控制功能中所扮演的关键角色和主导地位。现代预算执行许多重要功能②,法定控制是所有这些"高端"功能的起点和基础,这个功能主要通过预算授权安排得到保障。

正因为如此,预算授权构成了现代财政制度、预算制度和代代议制民主体制的关键成分。缺了它,这些基本的制度安排就无法有效运作。第一,授权使政府的财政行动得以去除专制的嫌疑和污点,从而成为合法性的主要来源,对于指导财政政策运作至关紧要。第二,预算授权也为政府和机构提供可定期合法获取的公共财务资源,获取这些资源构成公共组织履行职责的基本前提。

尤其重要的是:如同选举一样,作为责任与控制体系的关键成分,预算授权创设了立法机关和公民约束与引导政府财政权力运作的最基本、最正式和最频繁的治理程序。在现代公共财务管理中,立法机关通常扮演三个关键角色:一是代表:代表人民的意志,在民主国家作为政府权威的法定来源;二是立法:通过制定法律有权修订、批准和拒绝通过政府账单;三是监督:确保政府执行政策和规划与立法机关的愿望和意图相一致,包括事前监

---

① 中国现行宪法为预算授权制度提供了坚实的法理基础。宪法第五十七条规定:"中华人民共和国全国人民代表大会是最高国家权力机关";第九十六条规定:"地方各级人民代表大会是地方国家权力机关";第六十二条规定:全国人民代表大会"审查和批准国家的预算和预算执行情况的报告";第九十九条规定:"县级以上的地方各级人民代表大会审查和批准本行政区域内的国民经济和社会发展计划、预算以及它们的执行情况的报告"。

② 一般认为,现行预算履行四个功能:法定控制、政策实施、规划管理和民主参与。

督(审视给定政策的准备)和事后监督(审视给定政策的执行和实施)。这些功能主要通过年度预算承载。由于绝大多数政府功能与活动都高度依赖于预算资源,将政府置于公共预算的法定控制之下,就在很大程度上控制了政府可能的不作为、不当作为和过度作为,使其行为边界随时处于公民、立法机关和法律的监控之下。正因为如此,预算过程的法定控制构成了保护公款和公共利益免受权力滥用侵害的第一道、也是最重要的一道财政安全阀。预算授权安排构成这道安全阀的基石。从最原始的意义上讲,民主社会中预算授权安排对于公款安全和政府体制有效运转之重要性,犹如呼吸对于人体的重要性一样。一般而言,保护公款安全在公共财政改革所追求的所有目标中,具有最优先的位置。这就要求财务官员在现金流循环所有阶段,必须借助内部控制和资金集中化程序保卫资金的安全。

基于上述原因,财政改革必须满足的首要底线法则是:不能逾越授权安排,所有公款无论在年度预算程序之内还是之外都必须获得法定授权。恪守这一底线对于相关改革的含义、挑战和可能的选择,稍后予以讨论。

授权安排虽然如此重要,但对于确保公款安全这一最基本的目标而言是不充分的。这是因为公款仍有可能以各种形式被用于狭隘的私利。在财政收支与公共债务迅速增长,政府规模、结构与功能变得十分复杂的情况下,情形尤其严重。国库改革(2001年开始全面启动)前实行的高度分散化的国库管理体制,就是这类体制的典型例子。在此体制中,从中央到各级地方的数十万支出机构,都在商业银行开设自己的账户,各级政府的政府现金资源高度分散于这些账户中。在缺乏集中性会计记录的情况下①,支出机构通过这些账户自行办理向供应的支付,核心部门无法实时追踪相关信息来确保对公款的有效监控。高度分散化的体制,特别是政府银行账目的分散化为许多威胁公款安全的行为提供了大量机会②。

---

① 中国的支出机构在行政单位会计制度和事业单位会计制度下,自行记录其财政交易和事项(例如工资支付和采购),总预算会计并不记录发生在机构层面的所有财政交易和事项。

② 容许支出机构在商业银行开设和运作财政账户的体制下,要确保核心部门对这些账户上发生的资金流动及资金余额的有效监督是不可能的。指望以营利为目标的商业银行代为监督也是不现实的。

因此,法定授权这一底线法则必须得到第二个底线的支持:TSA。主要基于公款安全性的考虑,TSA 必须设置于中央银行并由央行负责日常管理①。各级政府通过唯一的 TSA 来处理公款的流动和管理政府现金余额,将为立法机关和其他核心部门监控公款的安全性提供最大的便利,这在高度分散化的原体制下是无法想象的。不仅如此,TSA 安排也为追求更为高端的(绩效)目标——以剩余现金投资为核心的政府现金管理创造了前提条件。可以合理预期,随着各级政府(尤其是中央政府)TSA 上因各种原因闲置的现金余额规模越来越大,绩效导向的现金管理问题将越来越受关注,但在着手推进这项改革之前,仍有许多基础性问题需要解决②。

如果授权和 TSA 安排一并被融入公共财政改革并充分地制度化,公民是否就可以对守护纳税人钱包(保护公款安全)这一最基本的合规性目标高枕无忧呢?考虑到即便如此,威胁公款安全的机会仍然不可能被系统消除,这样的想法未免过于天真。关键问题在于:TSA 上现金余额的动用权是很重要但常被忽略的财政权力,公民究竟可以在多大程度上放心地交给政府行政部门裁量?因此,授权安排、TSA 安排应得到另一个底线法则的补充:TSA 上的资金动用必须处于立法机关有效监控之下。

在上述逻辑联系密切的三个底线法则中,授权安排是基础,具有相对于其他两个法则的优先位置。TSA 安排以及 TSA 资金动用的立法监控,都可以看作是授权安排的扩展和补充。授权不仅赋予政府强制、无偿地从公民那里转移钱财和开支的合法权威,还约束公仆们将公款用于促进授权所界定的那些目的和意图——概括地讲就是公众的一般福利。然而,经济社会的复杂性意味着授权不可能是巨细无遗漏的。过于详细的授权也会妨碍行

---

① TSA 设置于央行而不是商业银行的两个主要原因:公款的安全性与支持货币政策运作。中央银行作为垄断货币发行的权力机关,并不对外从事营利性的贷款和其他商业性金融活动,最有条件确保政府现金存款的安全,而商业银行遭受风险损失的可能性要高得多。此外,通过对 TSA 现金余额的追踪与监控,中央银行可获得一个强有力的工具来缓冲政府的财政活动引起的过度的银根松紧和货币供应量波动。

② 中心问题是设计一个有效的现金管理系统。该系统要求准确预测现金流量,确定安全支付所必需的现金储备量,实时确定可用于投资的"剩余现金"。相关的投资政策包括投资于哪些证券、投资工具组合、收益分配等,也需要一并考虑。另一个关键要素是信息系统的整合。

政部门对复杂环境下应对意外事项的行动能力。主要由于这两个方面的原因，授权安排本身也会带来"副产品"：授予公仆们的裁量权，使其有机会基于私利而不是公共利益滥用支配公款的权力，这就是相关文献揭示的著名的"不完全契约"问题。

契约的不完全意味着政治家和官员能够基于筹划而不是公民的意愿征集收入和开支公款。实证研究表明，契约越是不完全——留给政治家和官员裁量权越大，政府政策背离选民偏好的程度越高，委托代理问题也就越严重。在这里，委托人是向政府无偿提供资源的公民（纳税人），代理人是向公民征集收入和开支公款的政府。

代理问题内嵌于公共财政的所有领域。在公款运作不受 TSA 安排约束或者（同时）不受第三个底线法则约束的情况下，公款被偷窃和财政权力被滥用的风险特别高，后果也可能特别严重。这些风险往往是全局性的、系统性的和持久性的，因此需要特别警惕。委托代理理论的基本观点是：委托人能够约束某个代理人最优地为其采取行动，即使委托人只能观察成果并且成果受代理人行动以外的不可观察因素影响时，也是如此。在这里，"最优行动"的基础可以理解为三个底线法则一并得到确认和尊重，并在公共财政改革进程中被充分地制度化。唯有如此，公款被偷窃的风险才可能被减轻到最低程度。

三、朝向底线法则的财政改革：要点与选择

本节确认和澄清的底线法则适应于公共财政改革的所有领域，包括税制改革、预算与公共支出管理改革、政府间财政关系改革，以及公共财务与政府会计改革。这些旨在建立和强化底线的改革。

作为财政民主治理的首要原则，预算授权的有效性取决于范围和强度。前者指向限定政府财政权力与决策的边界，防范可能的"越位"与"缺位"（不在场）；后者指向授权的形式和实质性建构。其中，形式建构的重点在于程序正当，实质性建构重点在于授权的质量及其贯彻落实，以使其不至于陷入有名无实的虚幻之中。程序正当不足以保障授权的质量，从而留给政

治家和官僚滥用权力的巨大空间。

预算授权的强度与预算规制的地位紧密相连。法定授权要求政府汲取和使用公款的行为,只能从立法机关制定或批准通过的法律中产生,并且不得脱离年度预算程序——立法机关在每个财政年度审查和批准预算。法定授权也意味着:行政部门不得自行创设财政权力,所有这些权力均应来自法律,包括立法机关批准的预算。法定授权还有第三个含义:立法机关不得制定或批准自相矛盾的法律,以避免授权上的冲突。第四个要点是:如果与财政授权相关的法律之间存在冲突,那么应确保预算规制在所有财政规制中的优先性。以此言之,预算法的地位高于其他法律中包含的财务授权。广义的预算法包括宪法中规范预算事务的条款、基本《预算法》(及其实施细则)以及立法机关批准的年度预算文件。所有的授权最终都应明确记录于立法机关批准的年度预算文件中,即使这些授权不是在预算过程中做出。预算文件的核心本质就是记录法定授权,这些授权约束和引导行政部门日常的财政运营,并对财政政策的制定和实施起着至关紧要的指导作用。

这就涉及澄清财务法案与非财务法案。《教育法》《农业法》以及其他限定"重点支出"的法案,其法律属性明显地归于非财务法案,其目的在于确立国家关注的重点领域的政策,以及为促进这些政策目标而约定政府采取的行动。但是,非财务法案不能代替财务法案行使公共财务管理的授权功能。这一功能应由财务法案(美国联邦政府中的授权法与拨款法)承担。"法与法打架"的情形在财政领域很严重。更一般地讲,强大有效的预算授权作为抗衡财政权力的机制才会真正发挥作用。

授权的边界维度指向预算的全面性。时下流行的"全口径预算"是一个不太能够把握精确含义并且具有误导性的概念。预算不应被矮化或异化为会计、统计或计算"口径"问题。"将预算外资金'纳入'预算并未表达出法定授权的本质。对此做深入讨论需要较多篇幅,但有一点显而易见:只要满足了法定授权的底线法则,最好还要一并满足其他治理安排①,预算外资

---

① 其他治理安排主要包括:审查、审计、报告机制和标准不低于法定的年度预算所确立的标准和程序。

金(以及由此支持的政府运营活动)就没有取消的必要,在某些情形下——例如专款专用,甚至是有益的和必需的"。作为一般规则,指定用途的收入(专款专用)在成本与受益两个方面存在直接联系的情况下是适当的(通过道路税为道路维护融资就是如此);至于或有负债,最低要求是充分披露。另外,即使在民主与法治相对完善的工业化国家中,预算外安排也广泛存在。广泛的实证研究表明,工业化国家的预算外资金平均约占总的政府支出的1/3,其中养老金支出的90%属于未在年度预算程序中安排的支出。

除授权制度外,还有 TSA 安排。现代国库履行许多财政管理功能,其中最基本和最重要的是预算执行控制和管理政府现金资源。2001 年 3 月,财政部与央行联合发布的《财政国库管理制度改革试点方案》,极富洞察力地抓住了指向合规性目标的关键问题:通过引入 TSA 安排实现政府现金余额的集中化管理并以此取代传统的分散化管理体制,来为现金(公款)的安全提供最基本的保障,并为后续更高级阶段的改革——剩余现金投资获益创造前提条件。正是这一构想和设计,使其完全有资格成为引领公共财务管理改革战略方向、意义深远的一份纲领性文件。

当然,仅通过一份文件来规范与第二个底线法则密切相关的国库管理问题并不现实。许多配套措施——包括《预算法》与《国家金库管理条例》的修订,也需要立即跟上来。监控预算执行的功能(与现金管理功能相对应)应扩展到支出周期的各个阶段,包括授权、承诺、核实和支付阶段。促进基本的合规性要求在所有这些阶段建立强有力的财务控制机制——这是公共部门内部控制系统特别重要的组成部分。除了合规性考虑外,国库剩余(闲置)现金余额不断增加的现实,也要求着手开发有效的现金管理系统,使其有能力在确保安全支付的前提下投资获益。因而,进一步的财政制度改革是必要的。

四、做好财政预算:把权力关进制度笼子

在民主社会中,政府的本质是服务人民。与此相适应,公共财政改革的基础目标(也是最重要的综合目标)就是花好人民的钱。而理性的公仆们

同样具有人性中的普遍弱点，这些弱点对公款安全和公共利益造成的潜在威胁将被成倍地放大。因此，对于任何政府而言，花好人民的钱从来都不是一件轻松的事情。

花好人民的钱之所以充满挑战性，从根本上讲源于困扰公共财政的两个基本问题：首先是委托代理问题，其次是共用池（The Common Pool）问题。每个公民需要面对的远不只是如何花好自己的钱，他们还必须面对一个更为艰难的问题：如何确保他们的政府花好每个人的钱（公款）。然而，即便代理问题——代理人私利的目的运作其支配公款的权力得到解决，问题也只是解决了一半。因为在公共财政场合，这些成本被全部分摊给所有人和所有群体分担（取决于收入征集体制的特征）。这种天然存在的、巨大成本利益的不对称分布，使得每个公民和群体具有过度开支公款的内在倾向，没有人有节制使用共用池（预算）资源的合理动机。这些倾向威胁公共财政资源的可持续性，共用池问题由此而生。

20 世纪 90 年代中期以来，伴随 GDP 持续高速增长而来的财政收入持续超高速增长，共用池资源大大增加，因而，推动融入底线法则的合规性控制制度建设，成为中国公共财政改革中最重要、最基础和最优先的目标。从中长期角度看，这将为转向更高端（绩效）目标的改革奠定基础。

与政府导向改革的其他方面一样，发展复杂的公共财政制度安排很可能超越政府的能力，但基本要求是：这样的制度安排必须能够有效地控制公共财政的委托代理问题、共用池问题及其负面后果。

上述挑战自然也出现在融入底线法则并使其制度化的改革努力中。但我们仍有相当理由对此保持信心。首先，朝向改革预算授权和 TSA 安排的公共财政改革，早在 2010 年即已启动并产生了某些积极成果。其次，朝向底线法则的公共财政改革不仅在规则、程序和实施机制层面具有高度的可操作，技术要求也并不是很高。此外，成本是可接受的，预期收益将是巨大的，而且相对务实和容易产生看得见的成果。

现代预算制度的构建与发展：从历史演化到现实路径*

现代预算制度呈现从"控制取向"走向"绩效导向"、从合规控制转向公民参与、从年度预算拓展为中期财政规划等演化趋势。中国政府预算改革面临核心预算机构缺失、预算碎片化等现实约束。未来的中国现代预算制度建设，可从以下几个维度加以谋划：组建国家预算管理局，推进全口径预算管理；引入参与式预算管理，试行分部门预算审议与分部门票决；辩证认识跨年度预算平衡机制，稳步推进中期财政规划；整合预算监督资源，加强财政问责，实现公共受托责任。

财政为庶政之母，预算乃邦国之基。早在一百多年前，中国近代史上著名的"旷代异才"杨度先生就曾指出："监督会计及预算之制，其严重如此，

---

　　* 本文作者马蔡琛：南开大学经济学院教授，南开大学中国财税发展研究中心主任、博导；李宛姝：南开大学经济学院博士研究生，袁娇：南开大学经济学院博士研究生。

　　本文为国家社会科学基金重大项目"我国预算绩效指标框架与指标库建设研究"（12&ZD198）；国家社会科学基金一般项目"我国预算制度的演化与改进研究"（12BJY134）；教育部人文社会科学研究规划基金项目《公共预算监督绩效的行为经济学分析》（12YJA790097）。

是皆国会重要之职权,即立宪国所以建设责任政府唯一之武器也"。这些关于政府预算之于现代国家治理重要性的认识,时至今日仍旧是发人深省的。在当前的全面深化改革中,财税体制改革成为各方关注的焦点。在习近平同志关于《中共中央关于全面深化改革若干重大问题的决定》的说明中,表述为"全面深化改革重点之一"的只有两处,分别是:"这次全面深化改革,财税体制改革是重点之一"、"司法改革是这次全面深化改革的重点之一"。而现代财政制度的作用基础具体表现为现代预算制度,全面规范、公开透明的预算制度,构成了国家治理体系与治理能力现代化的基础性制度载体。

其实,何谓现代预算或现代财政制度,本身就是一个颇难界定的范畴。在现时的中国,涉及当代财政预算改革的诸多话题,往往动言美国"进步时代"的启示,甚或上溯至 18 世纪英国光荣革命以来的预算传统。其实,就常识而言,数百年前英美诸国的预算改革,大体属于"近代预算制度",而非"现代预算制度"。近百年来,各国的预算制度已然从早期更具政治色彩的宪政手段与革命工具,逐渐转化为国家治理的重要制度载体与支撑平台。现代各国的预算改革与制度建设,在追求决策理性化的过程中,逐渐演化出一系列更具绩效导向性与财政问责性的管理工具。本节对于现代预算制度的研究,将分别从当今世界的预算改革潮流、中国传统理财经验的斟酌取舍、中国现实国情的沧桑正道,这样三个维度来界定预算现代性的内涵,从而尝试探寻未来中国政府预算治理体系及治理能力现代化的路径选择。

一、现代预算制度的演化特征:
基于百年预算史的考察

(一)预算目标的渐进演化:从"控制取向"到"绩效导向"

纵观现代政府预算的演化进程,总体上呈现从"控制取向"逐步走向

"绩效导向"的发展趋势。其早期阶段的功能设计是"控制取向"的,更为强调古典预算原则①所倡导的"明确"与"约束"原则,注重通过控制预算收支,实现立法机构对行政机关的有效控制。然而,随着政府职能与规模的不断拓展,国家干预逐渐成为一种社会思潮,客观上要求行政机构在预算问题上更具主动性。某些发达经济体由于预算执行中的支出控制太多、过于严格,制约了各部门的创新能力和灵活性。于是20世纪50年代前后,出现了以加强政府财政权为主导思想的现代预算原则②。与新公共管理运动引入公共部门之间的内部市场竞争相适应,逐步采用了赋予行政部门更多自由裁量权的分权型预算管理模式,以鼓励创新与节约。其中,较具代表性的当属瑞典预算改革中提出的口号:"各部的部长就是自己的财政部长。"

尽管不断提升预算资源的配置与使用绩效,始终是现代预算制度不懈追求的目标,但就控制取向与绩效导向的现实应用而言,在不同国家的特定历史时期,结合自身的国情特点和经济社会发展阶段,又往往不得不有所侧重和取舍。二者甚至呈现某种"鱼与熊掌不可兼得"的关系。这正如艾伦·希克对发展中国家推行绩效预算改革提出的忠告:"发达国家只有在已经建立起可靠的控制制度之后(而不是之前),才赋予管理者运作的自由,将先后顺序颠倒就要冒这样的风险,即在有效的制度建立以前,就给予管理者随心所欲地支配财政资金的权力。"

在预算决策过程中,独立的预算编制传统的缺失,也成为大多数转型国家的制度障碍(尤其在转型初期)。就中国预算管理的现实而言,由于长期以来对政府预算的管制太松,来自立法监督机构的外部约束弱化,造成了一定的资金浪费和低效率支出。因此,现阶段的中国政府预算改革还应循序渐进,先以"控制取向"为主,待时机成熟后再转入"绩效导向"。从这个意

---

① 在资产阶级革命过程中,提出了一系列通过立法机关控制政府财政活动的方法,后来的学者将其概括为古典预算原则,其核心思想为加强议会对于政府预算的外部控制。

② 现代预算原则是20世纪40年代的美国联邦预算局长史密斯(H.D.Smith)提出的,主要强调预算必须加强行政责任、保证灵活性、程序多样化、适度的行政自主权及一定的弹性。其早期的思想渊源,可以追溯到美国首任联邦财政部长亚历山大·汉密尔顿所倡导的加强政府行政权的思想。汉密尔顿认为,强有力的行政领导权是重要的,政府预算和财政事务是这一领导权的首要工具。其观点深受当时英国的影响,在那里部长们主导议会和行政事务。

义上讲，中国预算改革可能呈现的从"合规控制"逐步走向"绩效导向"的"两阶段"发展假说，应该说可以基本成立。

（二）预算合约的两难取舍：理性决策的追求与现实过程的妥协

从表现形式来看，预算体现为贴有价格标签的一系列公共目标，但在更深层面上，则可以将预算当成一份合同，即一种以公法为基础的合约结构。预算决策与执行也更多体现为一个制定和实施预算合同的过程。在预算决策中，由于信息交换的不对称性以及利益相关者逆向选择和道德风险的存在，这种合约结构往往呈现为不完全信息动态博弈。不同组织在实施预算合约时，采取的机会主义行为策略也有所不同。

在 20 世纪 30 年代以前，虽然各国预算制度各具特点，但其组织形式及程序仍大体相同；自 20 世纪 60 年代以来，美国成为世界上最强大的经济体，其预算制度的不断创新也引起了各国的纷纷效仿。近半个多世纪以来的世界预算改革，总体上呈现出追求预算决策理性化的发展趋势，从而试图正面回应科依（Key）在 20 世纪 40 年代提出的颇具政治哲学意味的经典预算命题："将有限的预算资源配置给活动 A，而不是活动 B，做出这一预算决策的基础何在？"第二次世界大战以来，发达市场经济国家的预算管理，以早期的逐项预算为基础①，先后开展了多种模式的管理制度创新，以期提升预算决策的理性化与科学化水平。

无论是关注产出的绩效预算、强调长期计划性的计划—规划—预算系统、突出个体自主性的目标管理预算、强调项目优先次序的零基预算，还是融合企业管理思想的新绩效预算，均试图提供某种理想的或最佳的预算模式，将有限的预算资源配置给最具价值的方向或活动。然而，现实的预算合约确定与执行过程，却更多体现了各相关方的利益交换与妥协，这似乎是一

---

① 逐项预算，也称线性预算、条目预算或分行排列预算，通常根据每一开支对象的成本来分配公共资源，这是最基本的预算组织形式。

个可以普遍观察到的结果。

其实,现代公共财政本身就是一种市场与政府妥协的结果。政府预算作为一个集体选择过程,不论是预算总规模,还是具体部门或项目的资金分配,都不同程度体现了利益交换的倾向。在预算资源配置过程中,受到负面影响的群体(包括行政部门),会强烈抵制预算资源的重新分配,而来自受益方的支持却往往相对分散。回顾数百年的预算发展史,预算管理原则从"古典"到"现代"的演变,实际上也是立法机构与行政机构之间相互交易与妥协的结果。现实中的预算决策过程,则体现为多数人未来利益与少数人既得利益之间的彼此博弈,其最终结果的达成往往意味着双方讨价还价的交易结果。因而,真实世界中预算合约的确定与施行,难免在某种程度上偏离理性决策的预设目标和轨道,但这并不妨碍将提升预算决策的科学化水平,作为引导各国预算改革的一个方向性目标。

(三)预算问责的纵深推进:从合规控制到公民参与的渐推渐进

如果说公共预算就是"以众人之财,办众人之事",那么众人之事就当由众人来议定、让众人皆知晓、受众人之监督,这本是一个不言自明的问题。然而,自 1295 年英国"模范议会"最早提出"涉及所有人的问题,应当由所有人来批准"这一较具普适性的预算准则以来,在各国预算实践中,最终建成"以天下之财,利天下之人"的责任政府,仍旧是一个屡经波折的过程。

在通常的预算决策过程中,除了为数不多的市民大会或全民公决之外,大多数财政收支决策是由经过选举产生的议员做出的。现代预算史的演进脉络显示,早期的预算问责侧重于强调议会的外部监督,预算成为对政府实施普遍控制的一种工具。20 世纪 80 年代以来的全球预算改革浪潮,更为注重将预算作为赋权公民参与的工具。通过广泛运用预算听证、公共服务调查、预算对话等技术手段,促使现代预算的功能从偏重合规性控制,逐步拓展为向公民赋权的一种公共治理工具,从而进一步提升了现代政府的合法性基础。

其中,较具代表性的当属参与式预算在拉丁美洲、亚洲、非洲和欧洲诸国的广泛兴起。自1990年参与式预算的原始模型在巴西的阿雷格里港市面世以来,目前世界范围内有记录的实施案例已达1000多个,国内浙江省温岭市、河南省焦作市、上海市闵行区、云南省盐津县等地,也开展了不同形式的参与式预算改革试点。

尽管参与式预算之于普通公民而言,到底是一种"生活必需品"还是"奢侈品",仍旧存在某些分歧。然而,参与式预算通过预算过程中的公共学习,可以进一步促进政府与民间的和谐互动。作为公共服务受益方的公民,一旦通过行使公共权利而获得了权利主张,公民就应该接受、认同和内化权利主张的后果,尊重经由公共选择程序而达成的预算结果。

(四)预算周期的逐步拓展:从年度预算走向中期财政规划

预算程序中反复发生(且互有重叠)的事件,构成了预算周期,涵盖了预算编制、执行到决算的全过程。如同企业会计准则采用"会计分期假设"一样,各国的预算管理也往往以年度性原则作为预算周期的划分依据①。年度性原则意味着预算必须每年都重新编制一次且只能覆盖某一特定时期。然而,在20世纪的预算发展史中,由于年度性的预算周期假定增加了预算决策成本,无法满足跨年度的资本性支出需要,也难以反映预算安排与发展规划之间的有机联系,故而日益受到质疑。

同时,年度预算的决策模式容易助长短期行为倾向,而忽视了财政收支安排在中长期的可持续性,限制了政府对未来更为长远的考虑。在中国现实预算管理中,预算决策所覆盖的时间维度过短,也导致了预算调整过于频

---

① 各国预算年度的起止时间通常为1年,但也有一些例外。例如,美国部分州政府实行的"双年度预算"。在历史上,时间跨度较长的当数欧洲历史上尼德兰王国时期的预算年度。"尼德兰之1817年宪法,规定经常之岁出,每间十年,须一次求议会之协赞"(吴贯因:《中国预算制度刍议》,文益印刷局1918年版,第15页),也就是说,该国政府经常性支出的预算年度为10年。

繁的"年年预算、预算一年"现象。近年来,预算调整、预算超收、年终突击花钱等问题日益受到社会普遍关注,这既有社会转型期客观因素的影响,也不乏预算决策过程与公共政策制定过程分离、预算编制精细化程度有待提升的管理因素。

在"为将来而预算"的理念引导下,多数 OECD 成员国已采用了包括未来 3—5 年的多年期预算框架,以弥补年度预算的不足。在那些因各种因素制约而难以全面实施中期财政规划的国家①,也针对资本性支出的未来成本、养老金等公民权益性支出的长期需求、政府担保等隐性负债,采用了某种方式的中长期展望。

需要注意的是,"鉴以往之事易,证未来之事难",越是长时间尺度上的预算决策,其在预测精度上面临的挑战也越大。以美国为例,金融危机而导致的经济形势变动,使得原有的基础性预测数据已不具有准确性,美国预算周期已然由 1995 年的"1+4"年缩短为"1+2"年,这已较为接近其某些州政府的双年度预算。根据亚洲开发银行的观点,建立中期财政规划应具备经济运行稳定、可靠的宏观经济预测能力、严格的决策过程、良好的预算纪律等条件。从发展中国家和转轨国家的经验来看,由于上述条件还不完全具备,这些国家引入中期财政规划的成功案例尚不多见。因此,对于中期财政规划所可能达到的预期效果,仍需保持审慎乐观。

二、中国政府预算改革的现实约束

(一)公共行政层面的现实约束:基于核心预算机构与预算碎片化的考察

发达市场经济国家的预算改革,之所以能够取得预期的成效,就在于其

---

① 在国内外文献中,关于中期财政规划的类似称谓有很多,主要包括中长期预算、多年期预算、滚动预算、中期基础预算、中期财政框架、中期支出框架等,其具体含义大致相同。

政府预算改革与行政管理体制改革得以大体同步推进。然而，在现时的中国，预算支出管理模式的转换，相对于行政管理体制改革而言，呈现某种程度的超前性，这导致各资金使用部门的积极性和责任感不强，收支矛盾向财政预算部门集中。其主要问题集中于以下两个方面：

第一，核心预算机构的缺失，导致行政系统内部的预算管理权能被严重肢解。在政府内部预算权力的分配问题上，成熟市场经济国家的行政预算权大多集中于一个核心预算机构，由其在政府内部实施集中统一的预算控制。然而，在某些发展中国家则不然，名义上的核心预算机构（如财政部）主要负责经常性预算的分配，而资本预算通常是由一个计划部或发展部来分配的。这一现象在当前的中国预算管理中表现得尤为突出。不仅各级发展和改革委员会拥有规模庞大的被戏称为"口袋预算"的"切块资金"，而且各级科技、教育等部门也不同程度地拥有较多的预算资金的自由裁量权，从而严重肢解了预算管理权能的统一性。

第二，重点支出（法定支出）的硬性规定，加剧了政府预算的碎片化趋势。与各国预算法作为财政基本法的通常状况不同，我国很多部门法或者相关文件中，强制规定了重点支出同财政收支增幅或生产总值挂钩的做法①。这种做法没有考虑预算法的规定和财政的承受能力，压缩了预算决策的统筹安排空间②，使得预算碎片化的趋势更为明显。此外，财政部门担心经常性财政收入基数增加而导致重点法定压力加大，也在一定程度上制

① 涉及法定支出的相关法律规定主要包括：《农业法》第38条、《农业技术推广法》第28条、《教育法》第54条和第55条、《义务教育法》第42条、《职业教育法》第27条、《高等教育法》第60条、《科学技术进步法》第59条、《科学技术普及法》第23条、《体育法》第41条、《文物保护法》第10条、《审计法》第11条、《人口与计划生育法》第15条等。相关中央文件中的规定主要包括：《中共中央关于加强社会主义精神文明建设若干重要问题的决议》《关于进一步加强和改进新时期体育工作的意见》《中共中央、国务院关于卫生改革与发展的决定》《中共中央、国务院关于进一步加强农村卫生工作的决定》《中共中央、国务院关于加强人口与计划生育工作稳定低生育水平的决定》《中共中央、国务院关于进一步加强农村工作提高农业综合生产能力若干政策的意见》《中共中央、国务院关于进一步做好下岗失业人员再就业工作的通知》《中共中央、国务院关于深化教育改革全面推进素质教育的决定》等。

② 仅以教育支出为例，2012年全国公共财政教育经费支出21165亿元，占GDP之比首次突破4%，占全国财政收入的比重超过1/5。

约了全口径预算改革的推进。

（二）立法监督层面的现实约束：基于审议时间与表决方式的考察

在现代政府治理中，立法监督机构的"强大"抑或"虚弱"，主要通过其对政府预算的控制程度来加以检验。也就是说，只有经由政府预算，立法监督机构才有望对政府行为施加切实有效的影响。自从进入 21 世纪以来，社会各界要求加强人大预算监督的呼声日益高涨，各级人大的预算监督力度也在不断加强。然而，受到一些内生性因素的局限，人大预算监督距离"何有何亡，黾勉求之；凡民有丧，匍匐救之"①的民生理财目标，仍旧具有一定的距离。究其原因，大致有以下两个方面：

一是人大全体会议的预算审议时间过短，"加强人大监督"变相成为"加强人大常委会"的监督。我国各级人大全体会议的会期普遍较短，长则十余日，短仅数天，这导致人大全体会议层面的预算审查监督难免流于形式。某些地方人大的全体会议，对于高达上千亿元的政府预算资金，直到近年来才专门安排半天时间加以审议。这与发达市场经济国家的议会预算审议期间动辄数月，形成了鲜明的对比②。

二是人大预算审议缺少辩论环节，采用一次性总体表决方式。发达国家的预算审议，往往将预算案分解为若干拨款法案，分别加以审议，并逐一投票表决，从而实现对每个部门预算申请的详细审查③。然而，受人大会期以及代表审议能力等因素的制约，我国各级人大的预算审议采用了一次性表决通过的方式。这导致了即使有些人大代表对预算草案的某些内容存有

---

① 出自《诗经·邶风·谷风》。

② 调整人大会期或预算审议时间，属于人大组织法层面的问题，已超出了本节研究范围，故暂存而不论。

③ 例如，美国在 20 世纪 90 年代中期以前，国会并不将联邦预算视为一个整体，而是将联邦预算分成几个拨款议案，各由一个独立的拨款小组委员会加以审议（资料来源：[美]约翰·L.米克赛尔：《公共财政管理：分析与应用》，白彦锋、马蔡琛译，中国人民大学出版社 2005 年版，第 99 页）。

质疑，但因缺少必要的预算辩论程序，在表决时既难以全部否定，也甚少有发表意见的机会。需要说明的是，我国近年来在一些地方人大的预算审议中，已尝试引入了分部门预算审议与部门预算票决的方式，这体现了中国预算改革的一个发展方向。

（三）预算治理结构的历史约束：广覆盖的大政府理念与多层级的大纵深结构

正如钱穆先生所言，制度规则"是随时地而适应的，不能推之四海而皆准，正如其不能行之百世而无弊"。历史往往是有其惯性的，变制度易，变社会难。任何政府治理结构的优化与调整，都不能脱离一国文化传统的影响。在建设现代预算制度的过程中，其历史惯性因素主要体现为广覆盖的大政府理念与多层级的大纵深结构。

与源自西欧的现代西方文明的发展路径不同，我国早在两千多年前的秦朝就完成了民族国家的统一。而这一目标在欧洲，历经上千年的努力也仍旧未能完全达成。与西方世界源于自由市场经济的个体主义方法论不同，中国历史文化传统中更为认同整体主义方法论。在中国人的观念中，国家的统一与完整具有极为崇高且不可撼动的地位，加之农业社会的生产力水平与规模庞大的人口，最终形成广覆盖的大政府理念，也是顺理成章的事情。

这种广覆盖的大政府理念流传至今，在财政支出问题上，则体现为社会各界对于加大民生投入的普遍赞同以及民生支出的刚性增长。然而，过去十多年间民生财政投入的高增长，是以经济和财政收入的高速增长为依托的。直面当前的经济现实，我们不得不承认，中国财政收入连续多年高速增长的时代，似乎已然接近尾声，今后财政收支矛盾将更显突出。由于我国经济体制改革采取了边际调整的渐进改革策略与增量调整路径，这种财政收支矛盾的压力，将会在相当程度上制约预算管理改革的可能运作空间。

同样基于具体国情的约束，在政府治理结构的纵向层级设置问题上，形成了中央、省、市、县、乡的五级财政体系。从世界范围来看，这种大纵深的政府治理结构也是甚少出现的。针对未来的中国地方财政层级（乃至行政层级）的设置，也呈现出某些截然不同的观点。其中，既有基于"省管县"和"乡财县管"的实践，主张实行省县两级制的扁平化改革动议，也有结合历代兴衰变革得失，认为在省与县之间设置一个行政层级，或许是中国古代行政管理的一项宝贵经验。

这种改革进程中的两难选择，至少会从两个方面影响中国未来的预算改革。一方面，在央地间的利益分配处于调整变化的时期，地方政府往往将注意力集中在彼此利益分割的多重博弈上，缺乏强化预算制度约束、降低交易成本、提高资金使用效益的激励机制。另一方面，在"省管县"条件下，省级财政的管理半径增加，将可能拓展基层预算改革的自主空间。随着"省管县"改革逐渐覆盖一些地域广阔且人口众多的省份，省级财政难免会面临"管不过来"的窘境。这样就不得不向县级政府下放大量权力，也就相应拓展了基层预算管理的自主空间。

三、中国现代预算制度建设的路径选择

（一）组建国家预算管理局，打造核心预算机构，推进全口径预算管理

针对预算过程中缺乏核心预算机构、"切块资金"导致预算决策权肢解等问题，可以借鉴美国组建直接隶属于行政首脑的预算管理局之经验，依据预算编制、执行、监督三分离的原则，组建国家预算管理局，打造核心预算决策机构。

在具体思路设计上，可以将目前的财政部预算司、相关支出司以及相关部委（如发展和改革委员会、科技部、教育部）中具有一定预算编制职能的部门统一起来，并将预算编制工作从财政部中独立出来，组建一个直属于国务院的新型专业预算编制机构——国家预算管理局，从而为预算决策提供组织和法律保障。这样还有助于整合各类"口袋预算"中的"切块资金"，将

其纳入统一的核心预算机构来加以管理,从而在机制设计上切实推进全口径预算管理改革的进程。

(二)引入参与式预算管理,试行分部门预算审议与分部门票决机制

参与式预算通过吸收公民直接参与预算过程,讨论和决定预算资金的使用,合理确定预算项目的优先序,并监督资金的安全有效运行。其所内生的公平配置资源、监督政府支出、实现社会公正的功能,已然成为各国政府治理(尤其是基层政府)中颇具发展前景的一种预算管理模式。

因此,可以结合当前基层预算改革中的参与式预算试点经验,在预算草案的初审阶段,针对涉及民生的重点公共支出项目,更为广泛地吸收民意代表参加预算审议,有效克服缺少预算辩论的机制设计缺失,从而实现听取民情、挖掘民隐、伸张民意的公共预算改革目标。

同时,针对当前一次性总体表决而导致预算审议流于形式的弊端,可以尝试率先在基层政府预算的审议中,引入分部门预算审议和表决的机制。在具体操作层面,可以采用"三部曲"的预算规范化进程。首先,全面推进各级人大代表政府预算的知识普及,提升立法监督机构的预算审议能力。其次,在人大系统内部建立专家咨询机构,由具有丰富经验的预算专家协助人大代表审查政府预算。最后,尝试推行政府预算草案的分部门审议与分部门票决制度,全面提升预算规范化和法治化水平。

(三)辩证认识跨年度预算平衡机制的作用效果,稳步推进中期财政规划

从传统的年度平衡走向跨年度的中期平衡,是未来中国预算治理结构的重要变化之一。长期以来的预算决策过程,局限于年度预算平衡结果与赤字规模,这容易助长预算过程的短期行为倾向,而忽视了财政预算安排的中长期可持续性。跨年度预算平衡机制作为一种周期性预算平衡准则(也

称补偿性财政政策），源自于 20 世纪 30 年代的瑞典预算。在跨年度预算平衡机制中，以经济周期代替财政年度，不要求财政收支在每一年度内的平衡，只要求在一个经济周期中平衡，从而既能实施反周期的宏观政策，又可以实现预算平衡。然而，结合其在各国实施的经验和教训，对于跨年度预算平衡的约束条件与实际作用效果，仍旧需要加以辩证考察。

首先，周期性预算平衡准则的假设前提是经济周期中衰退与高涨的幅度和持续时间体现为对称性，唯有如此，才有望将盈补亏以实现一个经济周期内的预算平衡。然而，现实的经济周期时常是非对称的，往往是一个较长的经济衰退期之后，才迎来经济繁荣。由于在经济低谷时期积累了大量的财政赤字，欲实现周期性预算平衡，就不得不在经济繁荣阶段，实施具有较强力度的紧缩性政策，来实现预算盈余。这却容易导致来之不易的经济繁荣，因紧缩政策而重回低谷。美国在 20 世纪 50 年代就曾实行这一政策，却导致了长达多年的"艾森豪威尔停滞"。

其次，政府官员道德风险的存在，使得某届政府可能在任期内支出过多而导致巨额赤字，但将弥补赤字的任务顺延至下一届政府来承担。同时，经济周期的确定往往具有事后性。也就是说，往往只有待周期结束后，才能较为清晰地辨别在哪一时点进入繁荣、何时又是经济衰退的开始。但预算决策却是事先性的，需要事前预测经济周期的波峰与谷底，这种预测上的困难进一步诱发了预算决策者的道德风险。

最后，要防止预算周期、经济周期和政治周期的错配。结合目前河北省和河南省焦作市的中长期预算改革试点，中期财政规划的可能选择是三年滚动周期，而我国的国民经济和社会发展计划是五年周期，二者在覆盖时间上的不匹配，难免会影响中期财政规划的作用效果。此外，如果将政府换届周期也考虑在内的话，三者的周期错配影响可能会更大，而将上述三种周期理顺则殊非易事。

因此，在对跨年度预算平衡机制的作用机理妥为参通解透之前，年度预算平衡准则仍旧不能轻言放弃，否则就容易引发赤字财政的不良后果。

（四）整合预算监督资源，加强财政问责，实现公共受托责任

尽管当前加强预算监督的呼声甚高，但仔细观察却可以发现，当下的政府预算监督不仅存在因代表审议能力、人大会期限制而导致的监督缺位问题，还存在众多监督主体"多龙治水"引致的监督交叉与监督成本问题。就现实而言，至少存在财政部门的绩效评价与审计部门的绩效审计之间的监督重叠与错位。

就绩效审计的基本理念而言，其绩效导向功能至少体现为三个方面：一是凭借审计机制的监督导向功能，促进公共支出服务与整体绩效的提升。二是公共支出中是否存在着不惜成本打造"玄铁重剑"，抑或广耗资源修炼"屠龙术"，结果却无用武之地的现象。三是审计成本约束机制的不断完善。

其实，绩效审计的这三个功能与财政部门的绩效评价是相通的。二者之间类似于审计实务中实质性测试与符合性测试的关系。绩效审计相当于外部审计主体实施的实质性测试，但无论何种方式的审计，总是基于被审计单位内部控制有效性的符合性测试加以展开的，从而利用抽样审计原理有效节约审计成本。然而，现实中的绩效审计与绩效评价之间，在指标设计、方法选择、结论应用等方面，均缺乏相应的接口，总体呈现"各自为政""不相往来"的局面，这难免会造成有限监督资源的浪费。在未来中国预算监督体系的系统重塑中，需要将各类监督资源和监督手段加以必要的整合，以更好地加强财政问责，实现政府公共受托责任。

房地产税负对房价变动的影响研究*

　　本节基于2000—2012年中国省际面板数据和资产定价理论,构建动态面板模型,并采用两步系统GMM估计方法对其进行估计,实证剖析房地产税负对中国房地产价格变动的影响效应。研究发现:房地产税负对中国房地产价格变动的影响具有双重效应,即房产税税收效应和房地产税负资本化效应,且两者是相互抵消的关系;综合两种效应表明房地产税收对中国房地产价格变动的净影响效应显著为负,证明了近几年我国政府一直致力于房产税改革、调控房地产市场的实践逻辑。应注重发挥房地产税负的双重效应,通过科学改革房地产税政策和合理调整公共支出结构来实现对房地产市场的适度调控。

　　1998年住房制度改革给中国房地产市场注入了一剂"强心针",使得房地产市场活跃、发展迅速,随之而来的就是房地产价格的起伏动荡,特别是北京、上海、广州等一线大城市的房价波动幅度更大,房价之高让人望而却步,成为民生焦点。房地产业尤其是房地产价格关乎整个经济的健康发展和国计民生,因此房地产市场的宏观调控一直都是政府宏观调控的重点之

---

　　* 本文作者胡定核:重庆大学经济与工商管理学院教授、博士生导师。本文转载自《价格理论与实践》2014年第7期。

一。政府充分利用土地、税收和金融等政策和手段,合理有效地调整房地产市场,以期抑制房价飞涨、促进房地产市场的健康发展。但是长期以来,调控效果未能显现,房价上涨的态势未被有效抑制,加之其他因素的诱发,反有愈演愈烈之势。2011 年 1 月以来在上海和重庆开展的对个人住房征收房产税试点是政府决心调控房地产市场的又一重要举措,且房产税通过改变市场预期对多套住房或高档住房的约束效果逐步显现。房产税改革的一个核心问题就是如何基于税收视角处理好房产税与房地产价格之间的关系,这也是学术界对房产税和房价关系讨论的焦点所在。

房地产价格问题一直是学术界关注的热点问题,尤其是对于其价格形成机制和影响因素的研究颇多,诸如房地产开发建设成本、宏观经济运行因素、投资与消费预期。而房地产税作为理想的地方税税种,既为地方政府提供了稳定而有效的收入来源,同时也是政府调控房地产市场发展的重要政策工具,而它作为影响房地产价格变动的一个重要因素也受到了国内外学者们的充分关注。国外学者论证了税收尤其是所得税对房地产价格的影响机制。诺德(Noord,P.V.D)等学者基于充分的实证研究探析房地产税与房价之间的关系。伍德(Wood,G.A.)采用微观模拟模型研究发现房地产税通过影响租房买房的相对价格、家庭财富并最终影响房价。高凌江、杜雪君等通过面板数据的实证研究,验证了我国房地产税、地方财政支出与房地产价值之间的关联性。陈捷、苏扬构建对数方程模型研究发现我国房地产税收和房价存在正相关关系。何以德(Homer Hoyt)等学者运用面板数据分析财产税限制和地方公共服务支出对房价的影响,研究发现财产税对房价和房价变动率的影响显著为正。目前学术界对于房地产税与房价关系的研究为本节的研究提供了良好的借鉴基础和逻辑起点,本节拟基于资产定价理论和 2000—2012 年中国省际面板数据,构建动态面板模型,从理论和实证两个纬度深入剖析房地产税负对中国房地产价格变动影响效应。

一、房地产税负对房价变动影响的理论分析

根据资产定价理论,房地产现值受年收益、使用年限和贴现率三个因素

的影响。首先,假设不考虑税收影响且房地产使用年限足够长,则有:

$$RE = (R - m + g) / i \tag{3-1}$$

式(3-1)中,RE 为房地产现值,R 为房租收益,m 为维修费用,g 为预期增值收益,i 为贴现率。

如果开始征收房地产税,一般而言,房价会因为税收资本化而下降。假设征税额为 T,则房产税后价格为 $(RE - T)$。房地产税作为使用成本,会降低房地产收益率,进而降低房价,房价的降低程度和资本化程度紧密相关。同时房地产税也为地方公共支出提供了资金来源,可用于改善地方的基础设施、公共服务、消防和教育等条件,促使房地产增值。因此房地产税对房价的影响实际上包括房地产税收资本化的直接效应和地方公共支出资本化的间接效应。

$$\frac{dREP}{\partial T} = \frac{\partial REP}{\partial T} + \frac{\partial REP}{\partial PE} \times \frac{dPE}{dT} \tag{3-2}$$

式(3-2)中,REP 为房地产价格,PE 为地方公共支出。联立式(3-1)与式(3-2),则得到:

$$RE = \frac{(R - m + g) - T + PE}{i} \tag{3-3}$$

式(3-3)表明房地产现值受房租收益(R)、地方公共支出(PE)、维修费用(m)、预期增值收益(g)、房地产税负(t)和贴现率(i)的影响。

$$RE = f(R, T, PE, m, g, i) \tag{3-4}$$

假设各变量间的线性关系成立,则式(3-4)可用展开为以下形式:

$$RE = \alpha_0 + \alpha_1 T + \alpha_2 PE + \alpha_3 R + \alpha_4 mm + \alpha_5 g + \alpha_6 i \tag{3-5}$$

式(3-5)中,系数 α_0 为截距项,$\alpha_1, \cdots, \alpha_6$ 分别为各变量对房地产价值的影响系数。其中,当 $\alpha_1 - \alpha_2 > 0$ 时,房地产税收资本化效应大于地方公共支出资本化效应,两者的净效应大于 0。若将地方公共支出结构化分解,则式(3-5)也能表明房地产税用于地方公共支出的比例以及地方公共支出的使用效益对房地产价值的重要影响。因此,在分析房地产税负对房地产价格的影响时,要将其影响效应分解,一是直接效应,即房产税的税收机制传导;二是间接效应,即房产税的公共支出机制传导。两种效应是相互抵消的关系,因此要考虑综合影响效应,才能较为全面地把握房地产税负对房价的影响效应,作出准确的判断。

二、关于房地产税负对房价变动影响的实证设计

(一)模型设定与方法

由于我国在 1998 年才进行住房制度改革,全面停止福利分房制度,推行房地产市场化,因此,1998 年后的数据才具有有效性。但是 1998 年以来的时间序列数据,样本容量难以达到统计意义上的大样本,从而容易导致研究结论缺乏信度。而面板数据由于包含时间与截面两个统计维度,统计含义较为丰富,使研究结论较为可信。但是传统静态面板模型,不能很好地反映自变量对因变量的动态特征。因此,本节结合理论分析中的式(3-5)构建房地产税对房地产价格变动影响的动态面板模型。

$$REP_{it} = \alpha_1 REP_{i,t-1} + \alpha_2 RET_{it} + \alpha_3 PEP_{it} + \beta CON_{it} + \varepsilon_i + \mu_{it} \qquad (3-6)$$

式(3-6)中,i 表示区域纬度,t 表示时间纬度;REP_{it} 表示第 i 区域 t 年的房地产价格水平,$REP_{i,t-1}$ 为其一阶滞后项;RET_{it} 表示第 i 区域 t 年的房地产税收水平;PEP_{it} 表示第 i 区域 t 年的地方公共支出;CON_{it} 表示模型引入的重要控制变量;ε_i 为个体固定效应,μ_{it} 为随机误差项。对式(3-6)进行离差变换可得:

$$(REP_{it} - \overline{REP_i}) = \alpha_1(REP_{i,t-1} - L\,\overline{REP_i}) + \alpha_2(RET_{it} - \overline{RET_{it}}) + \alpha_3(PEP_{it} - \overline{PEP_{it}}) + \beta(CON_{it} - \overline{CON_{it}}) + (\mu_{it} - \overline{\mu_i}) \qquad (3-7)$$

式(3-7)中,$L\,\overline{REP_i}$ 与 $\mu_{it} - \overline{\mu_i}$ 存在自相关,故而使个体固定效应估计产生不一致,存在"动态面板偏差"问题。对此,对式(3-7)两边同时取差分,得到:

$$\Delta REP_{it} = \alpha_1 \Delta REP_{i,t-1} + \alpha_2 \Delta RET_{it} + \alpha_3 \Delta PEP_{it} + \beta \Delta CON_{it} + \Delta\mu_{it}$$

$$(3-8)$$

式（3-8）中，$\Delta REP_{i,t-1}$ 与 $\Delta\mu_{it}$ 仍然相关，因此 $\Delta REP_{i,t-1}$ 为内生变量。而 $\Delta REP_{i,t-2}$ 与 $\Delta\mu_{it}$ 不相关，但与 $\Delta REP_{i,t-1}$ 相关。因此，可以将二阶滞后变量 $\Delta REP_{i,t-2}$ 作为工具变量进行广义矩阵估计（GMM 估计），从而得到"Arellano-Bond"估计量。但当 $\{REP_{it}\}$ 接近随机游走时，$\Delta REP_{i,t-2}$ 与 $\Delta REP_{i,t-1}$ 相关性较差，导致"弱工具变量"问题，广义矩阵估计的系统 GMM 方法能够很好地解决这一问题。广义矩阵估计的系统 GMM 方法就是将差分方程与水平方程作为一个系统进行广义矩阵估计，其在提高估计效率的同时，也能估计出不随时间变化的影响系数。而系统 GMM 估计方法又有一步和两步系统 GMM 估计之分，本节综合对比这两种方法估计结果，从中择优进行结果分析。

由上述模型估计原理可知，工具变量在系统 GMM 估计方法中起着至关重要的作用，直接决定着估计结果的质量与信度。因此，在估计结果基础上进一步对模型进行 Sargan 过度识别检验。零假设为所有的工具变量都是有效的，即工具变量和差分方程的随机误差项都是无关的。Sargan 统计量为：

$$sargan = NJ_N(\overset{\wedge}{\varphi_2}) = N\left(\frac{1}{N}\sum_{i-1}^{N}Z_i^{'}\Delta\beta_{i2}\right)\omega_N^{-1}\left(\frac{1}{N}\sum_{i=1}^{N}Z_i^{'}\Delta\beta_{i2}\right) \sim x_q^2 \qquad (3-9)$$

式（3-9）中，N 表示工具变量个数，$J_N(\overset{\wedge}{\varphi_2})$ 表示两步系统 GMM 估计量，$Z_i^{'}$ 第 i 个体的工具变量矩阵，ω_N 表示权重矩阵，q 为总的工具变量个数减去要估计的参数个数。

如果随机误差项 μ_{it} 随时间序列相关，那么 GMM 估计量就是非有效的，则有必要对序列相关性进行检验。在同方差的假定下，随机误差项只有一阶自相关，但没有二阶自相关。因此，有如下式：

$$E(\Delta\mu_{it}\Delta\mu_{i,t-1}) = -\sigma_{\mu_i}^2, E(\Delta\mu_{it}\Delta\mu_{i,t-2}) = 0 \qquad (3-10)$$

（二）变量选取与说明

1. 被解释变量

被解释变量为房地产价格水平。本节选取商品房平均消费价格来反映房地产价格水平,记为 REP_{it}。

2. 核心解释变量

根据本节的理论分析模型,选取以下两个核心解释变量。一是房地产税负水平。从税收理论来看,房地产税负的增加,会增加房地产商的运营成本,一方面,可能导致成本增加在房地产价格上的分摊,从而导致房价上涨;另一方面,使房产购买者压力增大,可能导致房产需求,尤其是投机需求减少,从而引起房价下跌。本节将以房地产为征税对象的房产税、耕地占用税、城镇土地使用税、土地增值税和契税等房地产税收收入之和,除以商品房销售额,从而得到房地产税负,记为 RET_{it}。二是地方公共支出水平。房地产税资本化的重要途径就是用于地方公共支出,用于改善地方的基础设施、公共服务、消防和教育等条件,从而影响房地产业的发展速度与发展质量,促使房地产增值。本节以地方一般预算支出的公共支出除以总人口表示,即人均公共支出,记为 PEP_{it}。一般而言,该值越大说明该区域基础设施条件越好。

3. 控制变量

由于影响房地产价格水平的因素很多,不可能穷尽,本节根据上文的理论分析与文献综述,选择以下变量作为控制变量。一是房地产业的资本要素投入。房地产投资拉动对于房地产业发展的作用是毋庸置疑的。本节选取房地产全社会固定资产投资作为代理变量,记为 RFI_{it}。二是房地产业劳动力要素投入。房地产业的产业链条较长,在吸纳劳动力方面优势很大,劳动力要素投入对于房地产业的持续、稳定和健康发展意义重大。本节选取房地产业平均从业人员的数量作为代理变量,记为 RAE_{it}。三是房地产业土地要素投入。土地要素投入是房地产业发展必不可少的生产要素,也是整个成本链条上占比很大的板块,它对房地产价格的影响可见一斑。本节选取房地产开发本年购置土地面积来反映土地要素投入规模,记为 RLA_{it}。四是房屋造价。房屋造价直接决定着房地产的定价,一般而言,房屋造价越高,房价水平也相应越高。本节选取房地产开发竣工房屋造价作为代理变量,记为 RHC_{it}。五是房地产业市场规模。房地产市场规模大小,或者说房地产市场竞争程度在一定程度上影响着房价的定价。本节选取房地产开发企业个数来反映房地产业市场规模水平,记为 RCQ_{it}。六是宏观经济稳定因素。宏观经济是否稳定影响到房地产市场的稳定与否,从而影响到房地产价格水平,尤其是与经济运行息息相关的通货膨胀水平和就业率。本节选取 CPI 和城镇登记失业率来反映整个宏观经济运行情况,分别记为 CPI_{it} 和 UNE_{it}。七是城镇居民消费能力。一个地区城镇居民消费能力是该区域居民购买力水平的最直接体现,而区域居民购买力与房地产价格水平则联系密切、不可分割。本节选取城镇居民人均可支配收入作为代理变量,记为 INC_{it}。八是城镇化水平。一般而言,城镇化水平越高,区域土地增值越大,房地产业的开发成本亦越高,随之而来的可能是房价的提升。本节选取城镇化率作为代理变量,记为 URR_{it}。

(三)数据来源与说明

受限于数据的完整性和可获取性,本节选取除香港、澳门和台湾之外的中国 31 个省(自治区、直辖市)的面板数据,样本跨期为 2000—2012 年。所有数据均来自《中国统计年鉴》(历年)、《新中国六十年统计资料汇编》、《中国房地产年鉴》(历年)、历年地方统计年鉴,以及一些数据库,如国泰安 CSMAR 数据库、中宏教研支持系统(MCDB)与国研网统计数据库等。各变量的描述性统计信息如表 3-1:

表 3-1　各变量描述性统计信息

变量	类别	平均值	标准差	最小值	最大值	观测值
REP_{it}	整体	3326.57	2527.48	949.00	17782.00	403
	组间		1841.13	2095.05	9925.26	31
	组内		1760.57	-1861.69	11183.31	13
RET_{it}	整体	12.59	5.42	0.18	49.82	403
	组间		3.56	3.69	19.37	31
	组内		4.13	0.67	43.04	13

续表

变量	类别	平均值	标准差	最小值	最大值	观测值
PEP_{it}	整体	4182.92	4056.73	469.57	29430.47	403
	组间		2523.25	2059.39	11822.52	31
	组内		3206.30	-4855.63	22266.79	13
RFI_{it}	整体	1145.92	1407.68	1.05	7746.82	403
	组间		837.67	32.00	2950.57	31
	组内		1140.53	-1441.4	5991.90	13
RAE_{it}	整体	53548.66	39679.28	58.00	201153	403
	组间		35431.95	1704.62	161134.2	31
	组内		18881.14	-8191.80	121255.6	13
RLA_{it}	整体	1125.24	881.12	1.34	4127.2	403
	组间		754.11	16.65	2765.85	31
	组内		473.98	-474.71	2659.80	13
RHC_{it}	整体	1582.09	697.56	644	4795.98	403
	组间		436.96	1114.67	3147.07	31
	组内		548.96	385.0031	3789.42	13
RCQ_{it}	整体	1960.02	1531.07	2.00	7005.00	403
	组间		1255.20	31.38	5270.85	31
	组内		903.14	-437.13	4637.87	13
CPI_{it}	整体	102.39	2.33	96.70	110.10	403
	组间		0.34	101.94	103.53	31
	组内		2.31	97.15	108.96	13
UNE_{it}	整体	3.68	0.70	0.80	6.50	403
	组间		0.59	1.49	4.62	31
	组内		0.40	2.25	5.56	13
INC_{it}	整体	12772.15	6397.50	4724.11	40188.34	403
	组间		3404.47	9672.12	22777.44	31
	组内		5448.26	1712.72	30183.05	13
URR_{it}	整体	45.03	15.25	18.61	89.30	403
	组间		13.29	28.46	82.58	31
	组内		7.82	17.80	80.27	13

注:以上数据根据 Stata12.1 软件计算得出。

三、实证结果及分析

本节采用 Stata12.1 软件对动态面板模型进行估计。由于涉及的控制变量相对较多,其有可能存在较强的相关性。为避免多重共线性而引起的"伪回归"现象,本中首先建立房地产税负、公共支出对房地产价格影响的模型,并在此基础上采用逐个引入控制变量分别建立模型的方式,以使模型结果更具信度。通过结果对比,可以发现两步系统 GMM 方法明显优于一步系统 GMM 方法。但是,限于篇幅原因,只给出两步 GMM 分析结果。其中模型(1)给出的是 RET_{it}、PEP_{it} 与 REP_{it} 的估计结果;模型(2)—(5)在模型(1)的基础之上分别添加控制变量 RFI_{it}、RAE_{it}、RLA_{it}、RHC_{it} 的估计结果见表 3-2,模型(6)—(10)分别添加控制变量 RCQ_{it}、CPI_{it}、UNE_{it}、INC_{it}、URR_{it} 的估计结果见表 3-3。由 Arellano-Bond 检验、Sargan 检验可知,模型总体较为合适,工具变量选择恰当,过度识别成立。

由模型(1)可知,房地产价格的一阶滞后项 $REP_{i,t-1}$ 和二阶滞后项 $REP_{i,t-2}$ 对房地产价格 REP_{it} 存在显著的正向作用,且 $REP_{i,t-2}$ 影响效应要弱于 $REP_{i,t-1}$,说明房地产价格存在明显的预期干预与路径依赖。房地产税负 RET_{it} 及其滞后项 $RET_{i,t-1}$ 对房地产价格的影响效应显著为负,且负向影响系数高达 3.4,这说明在征收房产税等相关税费情况下,税负越重,尤其是目前刚性需求稳定、投机需求旺盛情况下,人们持有住房的需求可能下降,因而造成房地产供过于求的局面,导致住房价格下降。地方公共支出 PEP_{it} 及其一阶滞后项 $PEP_{i,t-1}$ 对房地产价格的影响效应显著为正,且正向影响系数达 0.03。地方公共支出有利于区域基础设施、公共服务等条件的改善,从而带来房地产增值和房地产价格的提高。由理论分析可知,分析房地产税负对房地产价格的影响时应考虑到由房地产税带来的公共支出效应,由以上模型结果分析可以看出,房地产税的负向影响效应远大于地方公共支出的正向效应,因此综合而言,房地产价格面临较大的房地产税的负向影响效应,此时不能轻易断言目前房地产税负过重,但至少说明目前我国房地产价格面临着较大的降价压力,而正好与近几年我国政府一直致力于调控房地产市场、适度打压日益攀高的房价的努力方向一致。

表 3-2　动态面板模型(1)—(5)估计结果

变量	模型				
	（1）	（2）	（3）	（4）	（5）
截距项	1064.6*** (38.96)	1021.0*** (28.76)	638.5*** (13.59)	1140.1*** (18.35)	837.9*** (20.78)
$REP_{i,6-1}$	1.03*** (77.30)	1.02*** (77.30)	0.98*** (92.38)	1.03*** (78.03)	0.97*** (64.63)
$REP_{i,t-2}$	0.05*** (35.87)	-0.04*** (-4.16)	-0.03*** (-2.78)	-0.048*** (-5.86)	-0.013 (-1.04)
RET_{it}	-3.4*** (-4.74)	-2.75*** (-29.72)	-2.24*** (-26.9)	-3.18*** (-15.30)	-2.39*** (-18.02)
$RET_{i,t-1}$	-1.78** (-1.75)	-1.27 (-1.33)	1.43 (0.86)	-1.46 (-0.39)	-1.15*** (-3.33)
PEP_{it}	0.033*** (5.19)	0.03*** (2.96)	0.026*** (2.96)	0.045*** (6.04)	-0.013 (-1.30)
$PEP_{i,t-1}$	0.03*** (3.52)	0.02 (1.29)	0.013 (1.00)	0.018** (2.03)	0.038*** (4.36)
RFI_{it}	—	0.39*** (8.31)	—	—	—
$RFI_{i,t-1}$	—	-0.43*** (-7.66)	—	—	—
RAE_{ie}	—	—	0.003*** (5.33)	—	—
$RAF_{i,6-1}$	—	—	0.005*** (5.57)	—	—
RLA_{it}	—	—	—	0.08*** (3.46)	—
$RLA_{i,t-1}$	—	—	—	-0.2*** (-7.04)	—
$RIIC_{it}$	—	—	—	—	0.61*** (20.64)
$RHC_{i,t-1}$	—	—	—	—	-0.33*** (-8.48)

续表

变量	模型				
	（1）	（2）	（3）	（4）	（5）
AR（1）	−3.6203	−3.5476	−3.5616	−3.5537	−3.2257
AR（2）	−1.7703	−2.8613	−1.4813	−2.6078	−2.5808
Sargan test	26.7442	26.5955	26.7275	26.81412	26.92484
wald	250343.93	244915.00	162328.68	129042.49	989553.68

注:模型（1）给出的是没有添加任何控制变量的回归结果。模型（2）—（5）是指分别引入控制变量的估计结果,（）内数据表示 Z 值,***、**、* 分别表示在 1%、5%、10% 显著性水平下显著,无标记则表示不显著。

表 3-3　动态面板模型（6）—（10）估计结果

变量	模型				
	（6）	（7）	（8）	（9）	（10）
截距项	669.4*** (14.77)	3200.6*** (6.56)	−55.95 (−0.36)	731.7*** (10.00)	358.3** (2.28)
$REP_{i,t-1}$	0.99*** (83.64)	1.01*** (90.97)	1.03*** (90.03)	0.991*** (75.39)	0.982*** (48.89)
$REP_{i,t-2}$	−0.046*** (−4.85)	−0.023** (−2.14)	−0.037*** (−3.24)	−0.095*** (−7.37)	−0.036*** (−3.90)
RET_{it}	−2.72*** (−16.4)	−3.34*** (−18.25)	−2.55*** (−18.69)	−2.52*** (−23.88)	−2.43*** (−16.53)
$RET_{i,t-1}$	−1.83 (−1.30)	1.398 (1.01)	−1.547** (−1.64)	−1.96** (−2.43)	1.296** (2.15)
$PEP_{i,t-1}$	0.011 (1.32)	0.063*** (5.36)	0.037*** (4.23)	0.039*** (5.16)	0.013* (1.45)
$PEP_{i,t-1}$	0.019 (1.62)	0.005 (0.73)	0.032*** (2.72)	−0.044*** (−3.91)	0.05*** (3.40)
RCQ_{it}	0.04*** (3.35)				
$RCQ_{i,t-1}$	0.20*** (9.43)				
CPI_{it}		10.59*** (3.61)			

续表

变量	模型				
	（6）	（7）	（8）	（9）	（10）
$CPI_{i,t-1}$		3.33*** (9.51)			
UNE_{it}			−7.363* (−1.81)		
$UNE_{i,t-1}$			−2.71*** (−5.40)		
INC_{it}				−0.188*** (−7.51)	
$INC_{i,t-1}$				−0.075*** (−6.41)	
URR_{it}					8.83*** (3.07)
$URR_{i,t-1}$					3.81** (2.41)
AR（1）	−3.7843	−3.2497	−3.7839	−3.1478	−3.2647
AR（2）	−2.7486	−2.9865	−2.4547	−2.0864	−2.2475
Sargan test	25.7112	26.1265	26.0321	25.81934	25.94794
wald	504517.25	141422.09	133908.26	140060.04	483767.35

注:模型（6）—（10）是指分别引入控制变量的估计结果,（）内数据表示 Z 值,***、**、*分别表示在 1%、5%、10%显著性水平下显著,无标记则表示不显著。

模型（2）—（10）在模型（1）的基础之上分别添加控制变量 PFI_{it}、RAE_{it}、RLA_{it}、RHC_{it}、RCQ_{it}、CPI_{it}、UNE_{it}、INC_{it}、URR_{it}。在分别引入控制变量后,房地产价格滞后项、房地产税负和地方公共投入因素对房地产价格的影响符号及系数,由结果可知,其影响效应变化不大,肯定了这几个因素对于房地产价格影响效应的稳定性。从控制变量来看,由模型（2）可知,房地产全社会固定资产投资 RFI_{it} 对房地产价格的影响显著为正,影响效应达到0.39,表明了投资对于房地产价格的拉动作用,符合理论和实践预期;由模型（3）可知,房地产业平均从业人员 RAE_{it} 对房地产价格的影响显著为正,影响效应比较有限,达到0.003,说明劳动力因素对于房地产业发展的重要性,但其价格影响力比较弱小;由模型（4）可知,房地产开发本年购置

土地面积 RLA_{it} 对房地产价格的影响显著为正,影响效应达到 0.003,说明房地产业发展对于土地因素的依赖性,土地规模尤其是规模下蕴含的土地价值增值是影响房地产价格的重要因素;由模型(5)可知,房地产开发竣工房屋造价 RHC_{it} 对房地产价格的影响显著为正,影响效应达到 0.61,说明房屋造价这一成本内因对房价的重要影响,符号理论预期;由模型(6)可知,房地产开发企业个数 RCQ_{it} 对房地产价格的影响显著为正,影响效应达到 0.04,说明房地产业发展及其价格存在一种市场规模集聚效应,房地产市场发达的地区,其价格往往偏高;由模型(7)可知,居民消费价格指数 CPI_{it} 对房地产价格的影响显著为正,其影响效应非常大,达到 10.59,即 CPI 上涨 1个百分点,房价将上涨 10.59 个百分点,上涨幅度很大,表明通货膨胀因素对房地产价格影响巨大,通货膨胀越严重,房地产价格越高,而且上涨速度很快;由模型(8)可知,城镇登记失业率 UNE_{it} 对房地产价格的影响显著为负,影响效应达到 7.363,说明失业率越高,就业市场越不景气,房价下跌越厉害,因为就业对于整个宏观经济运行至关重要,就业的不景气直接导致整个经济不景气,从而牵连房价的暴跌;由模型(9)可知,城镇居民人均可支配收入 INC_{it} 对房地产价格的影响显著为负,影响效应达到 0.188,即城镇居民人均可支配收入即消费水平越低,房地产价格增长越快,这说明房地产价格上涨与城镇居民消费能力存在明显的不协调现象,房地产价格上涨并不以城镇居民消费能力提升为基础;由模型(10)可知,城镇化率对房地产价格的影响显著为正,影响效应达到 8.83,说明区域城镇化水平越高,其房地产市场也越发达,其土地升值空间也越大,从而房地产价格也越高。

四、关于房地产税负对房价变动影响的研究结论与政策含义

本节基于 2000—2012 年中国省际面板数据和资产定价理论,构建动态面板模型,并采用两步系统高斯混合模型,Gaussian Mixture Model(GMM)估计方法对其进行估计,实证剖析房地产税负对中国房地产价格变动的影响效应。研究发现:

第一,理论分析表明,房地产税负对中国房地产价格变动的影响具有双重效应:直接效应与间接效应。直接效应即房产税税收效应,是通过征收房产税等相关税费,影响房产持有需求,从而影响房地产供需关系,导致价格变动;间接效应即房地产税负资本化效应,是指房地产税部分或全部转化为地方公共支出,通过公共支出对区域基础设施、公共服务等条件的改善,带来房地产增值和房地产价格的提高。两种效应是相互抵消的关系,因此,分析房地产税负对房地产价格的影响时应考虑综合影响效应。而且房地产市场容易诱发投机和泡沫,这需要政府基于市场机制,利用适当的、长效的经济手段来干预与规范市场。房地产税收政策及其资本化手段即地方公共支出预算相互配合的政策组合不失为重要的政策工具。

第二,房地产税收对中国房地产价格变动的影响效应显著为负,而地方公共支出对房地产价格的影响效应显著为正,且前者负向效应远大于后者的正向效应。因此综合而言,房地产税负对中国房地产价格变动的净影响效应为负,说明目前房地产价格面临着较大的降价压力,正好与近几年我国政府一直致力于调控房地产市场、适度打压日益攀高的房价的努力方向一致。房地产税是政府干预房地产经济活动、促进房地产市场均衡的一种重要的经济政策工具,在引导房地产资源合理配置和有效利用以及社会财富公平分配等方面具有独特的功能。因此,为了促使中国房地产市场的健康发展,应注重发挥房地产税负和公共支出对房价的影响效应,通过科学改革房地产税政策和合理调整公共支出结构来实现对房地产市场的适度调控。

第三,房地产价格受到系统性因素影响,诸如成本投入内因、宏观经济运行因素、居民消费能力因素等。成本投入内因对房地产价格影响效应显著为正;宏观经济运行因素对房地产价格影响效应有正有负,但总体而言,宏观经济运行越健康,则房价变动亦越健康稳定;而居民消费能力对房价影响显著为负,说明房价上涨与居民消费能力存在明显的不协调现象,房价上涨并不以城镇居民消费能力提升为基础。鉴于此,一方面,房地产商要合理控制房地产投入成本,在市场定价机制基础上考虑居民消费能力从而科学调整定价;另一方面,政府应继续为宏观经济的稳定健康运行保驾护航,致力于提升居民消费能力的政策构建。

贸易和金融开放对
金融发展的抑制效应[*]

　　本文研究贸易开放和金融开放是否以及如何影响金融发展。文章通过分省数据建立面板数据模型,分析2000—2009年期间贸易和金融开放是否影响中国的金融发展程度。为确保分析结果具有稳健性,文章引入规模、效率和竞争等细化指标度量我国金融发展的不同层面。通过实证分析我们发现,对外开放度的提升并未对我国金融发展带来显著推动作用,反而呈现抑制效应。本文认为,我国贸易开放和金融开放不相协调,金融结构贸易结构不相匹配,从而造成对外开放反向抑制金融发展的结果。

　　随着世界各国对外开放程度的日益提高,世界范围内各国间的经济、贸易以及金融联系日趋紧密。对于中国来说,自2001年加入世界贸易组织(WTO)以来,以贸易开放度为代表性指标(即进出口总额与名义GDP的比值)的经济开放程度不断提升,近年来超过50%以上。中国的金融开放程度也有所提升,金融体系和金融制度的改革在稳步推进。同时,我国金融发

　　* 本文作者张成思:中国人民大学财政金融学院货币金融系主任、教授、博导;朱越腾:中国财政金融政策研究中心研究助理。本文核心内容发表于《金融研究》2013年第6期。

展水平不断提高,金融深化程度不断增强。从直观上看,上述三项指标似乎呈现出一种齐头并进的态势。但是从本文后面的进一步细致分析可以发现,我国金融开放步伐相对缓慢而贸易开放更加迅速。另外,经济发展程度迥异的省份却具有近乎相近的金融发展规模和金融发展深度,暗示出我国存在较严重的政府干预和指令性贷款措施。

那么,中国的对外开放(即贸易开放与金融开放)是否以及如何影响金融发展?这个问题在现有文献中尚无法找到明确答案。从文献发展的脉络来看,一部分研究集中于探讨金融发展对贸易开放的影响,并且相关理论和实证研究普遍认为金融发展有利于推动贸易开放。同时,也有一部分研究开始关注贸易开放对金融发展的影响。例如,某著名学者曾提出贸易开放引发经济个体对保险和风险规避的需求上升,从而带动金融发展。还有学者认为贸易自由化使得金融控制成本增加,最终导致金融改革的发生。构造两部门的理论模型表明,随着贸易开放程度的加深,在外部融资依赖度高的产品上具有比较优势的国家将会增加这类产品的生产,进而增加对外部融资的需求,促进本国金融发展。尽管这一部分研究多支持贸易开放促进金融发展的观点,但主要停留在理论逻辑和理论模型的构建上,缺少实证基础。而从中国的现实情况来看,已有结论是否适用于中国还有待于进一步深入分析。

另外,以上研究只是关注了对外开放的一个层面,即贸易层面,尚未涉及金融开放层面。事实上,在探讨对外开放对金融发展的影响时,贸易开放与金融开放是密不可分的。某些学者的重要文献指出,贸易开放和金融开放都可以有利于金融发展,但二者的同时开放是促进金融发展的必要条件。有学者进一步明确提出,对外开放主要体现为贸易开放与金融开放,而且对外开放是推动发展中国家金融发展的关键因素,尽管对外开放对金融发展的推动效应还需要一国宏观经济环境、法制条件和机构质量等先决条件的配合。

一、关于贸易和金融开放对金融发展影响的模型设定、估计方法与变量说明

(一)模型设定与估计方法

本文主要研究在中国的背景下,贸易开放和金融开放对于金融发展的影响,并且本文引入金融发展的三个层面细分指标,分别是金融发展规模、发展效率以及金融业的竞争程度(在变量设定部分详细说明)。为此,我们将金融发展作为被解释变量,对外开放指标(及其他控制变量)作为解释变量,并遵循学界标准研究中如某位学者的类似建模方法,考虑解释变量与被解释变量之间的动态效应(即在模型右手侧加入因变量的滞后项),设立动态面板数据模型如下:

$$
\begin{cases}
FD_{it} = \beta_0 + r_1 FD_{it-1} + \beta_1 TRO_{it} + \beta_2 FO_{it} + \beta_3 GOV_{it} + \beta_4 STATE_{it} + \\
\qquad \beta_5 ENROLL_{it} + \beta_6 RGDPGR_{it} + u_{it} \\
u_{it} = \mu_i + \varepsilon_t + v_{it}
\end{cases}
$$

$$(3-11)$$

其中,i 代表地区,t 表示时间(2000—2009 年),FD 表示金融发展指标,具体细分为三个层面不同子指标,如当衡量开放对金融发展规模影响时,将金融相关比率 FIR、金融发展深度 DEPTH、居民储蓄比例 SAVINGS 分别代入 FD 的位置(这些变量的定义与说明在下面给出)。另外,TRO 表示贸易开放度,FO 表示金融开放度,GOV 表示政府支出,STATE 表示国有企业产值比重,ENROLL 表示毛入学率,RGDPGR 表示真实 GDP 增长率,u 为模型中随机扰动项,包含省域个体效应和时间效应。

由于个体效应和时间效应的存在,动态面板数据模型经常会出现内生性问题。因此,如果使用普通面板最小二乘法(LSDV)或者可行广义最小二乘法(FGLS)对模型(3-11)进行估计,都无法消除模型的内生性问题。

此外,由于我国各地区间的法律、政治制度没有较大差异,难以利用法律制度等外生工具变量解决金融发展的内生性;为此,为准确估计出模式(3-11)的参数,我们运用动态面板数据广义矩方法进行估计,工具变量选择模型中所有的变量滞后1—2期。估计过程中,系数和权重矩阵的收敛使用迭代循环方式计算,广义矩权重使用横截面权重法,以允许在相关维度上存在异方差,从而使估计结果相对稳健。

(二)变量说明

1. 金融发展(FD)

考虑到省域面板数据的可得性以及银行主导的金融体系所可能带来的低效率的资源分配和垄断竞争格局,本文在规模指标的基础上,提出了三个层次的金融发展指标,分别刻画金融发展规模、效率及竞争程度。此外,为保证结果稳健,在规模与效率指标下进一步设计不同细分指标以细致刻画金融发展的不同层面。

首先,对于金融发展的规模指标,有以下三个细分指标:

一是金融相关比率(FIR):衡量金融发展规模的代表性指标有麦氏指标和戈氏指标。前者为麦金农(McKinnon)运用货币存量与国民生产总值的比重作为指标,衡量一国的经济货币化程度,常简化为 M2/GDP。后者是雷蒙德·W.戈德史密斯(Raymond W.Goldsmith)提出的金融相关比率,指"某一时点上现存金融资产总额与国民财富之比",用于衡量一国的经济金融化程度。由于无法获得分省 M2 数据,本文首先利用戈氏指标(即 FIR)度量金融发展规模。但限于分省数据的可获得性,我们使用金融机构存贷款之和与名义 GDP 的比值作为 FIR 的近似指标。

二是金融发展深度(DEPTH):金融发展深度指标一般以金融机构贷款余额占 GDP 的比重作为度量指标。本文采用各省金融机构贷款余额占 GDP 的比重来衡量地区金融发展规模(即贷款余额/名义 GDP)。

三是居民储蓄比率(SAVINGS):本文采用各省金融机构的城乡居民储蓄存款余额与名义 GDP 比值作为第三个金融发展规模指标,这里我们借鉴一些学者的做法。① 这个指标相比于前两个指标,受政府信贷政策影响较小,是金融发展规模指标的有利补充。

其次,对于金融发展的效率指标,采用以下三个细分指标:

一是储蓄投资转化率(FUE):资本是实体经济运行的基础,统计上包括固定资产和存货投资,金融机构融资来的储蓄只有转化为资本,进入生产领域运行才能带来价值的增值。在高储蓄率的前提下,储蓄向投资转化效率的高低体现地区金融创造财富的能力,是金融发展效率的重要方面。因此,本文用资产形成总额与各地区金融机构存款余额的比值来表示储蓄投资转化率,即 FUE=资产形成总额/总储蓄。② 该比值越高,说明转化为资本形成总额的金额越多,地区金融创造财富的能力越强。

二是存贷比(FDE):由于我国是银行主导型金融体系,所以银行贷款对各地区投资增长的影响最直接,信贷系统对区域财富创造的作用十分重要。因此我们采用各省金融机构年末贷款余额/年末存款余额来反映银行体系(间接融资渠道)的储蓄投资转化效率。

三是非国有企业获贷比(PRIVATE):等于非国有企业所获贷款额/贷款总额,它反映了在银行体系的贷款中有多大比例流向非国有部门,反映了金融对社会资源的配置效率。在社会主义市场经济条件下,市场调节应该使资金流向效率高的行业和企业。非国有企业是活跃的市场主体,运行效率高,因此应该获得与贡献度相当的资金支持。这也体现了金融对社会资源的配置效率,为此本文提出非国有企业获贷比指标是考察宏观金融效率的重要方面。③

---

① 这个指标并不包括企业的存款,相比于贷款而言,城乡居民的储蓄存款余额更多地取决于居民自身的选择,因此受到政府的信贷政策的影响较小。

② 资本形成总额是常住单位在一定时期内固定资本形成总额和存货变动价值之和。

③ 也有许多学者采用私人企业贷款比重表示金融发展效率,但是各省份银行给私人企业贷款的口径不一致,无法获得各地区全部金融机构对私人部门贷款数量的全部数据。因此有学者采用短期贷款数据进行计算。还有学者认为各省区配给到国有企业的贷款应该与该省国有企业的产出成正比,因此借助各省"国有企业产值/工业总产值"比重数据,通过计量方法来估计私人部门贷款数量。而本文借鉴樊纲等的中国市场化指数报告数据中的金融机构非国有贷款比重(信贷资金分配市场化)作代表,包括长期贷款、短期贷款,并包括金融机构提供给全部非国有企业的贷款。

再次,金融市场竞争程度(COMP)是与金融中介发展规模与效率并列的金融发展指标。我们使用非国有金融机构①吸收存款占全部金融机构吸收存款比例来反映,数据来源于樊纲等2011年的中国市场化指数报告。目前,我国金融体系主要是银行主导型,并且处于垄断竞争格局,竞争程度近年来逐步提高。而开放加剧,外资流入,必然会对本土金融机构竞争格局产生一定影响,因此对外开放对于金融竞争的影响也是值得关注的。

2. 金融开放(FO)

已有研究对金融开放度的刻画标准存在争议。大部分研究采用法理(de jure)标准,即以一国颁布放松国内资本市场管制的法律生效时间作为金融市场化的标志。而资本账户自由化本身仍然是一项充满矛盾的政策措施,故有一些学者认为应采用事实(de facto)标准,因为从实际反应与管制政策改变到执行的过程存在一定时滞,法理的金融开放(采取放松监管)不能准确地刻画事实的金融开放。考虑数据的可得性与连续性,本文采用事实标准来衡量金融开放度,从实际资本流动的角度入手,用各省外商直接投资(FDI)与GDP的比值来表示金融开放度。② 因为难以从法理标准刻画各省金融开放度,且我国金融开放进程中,资本流动一直以外资流入为主体,所以该指标的选取相对合理和可信。

---

① "非国有金融机构"指除工、农、中、建、邮政储蓄银行以及各政策性银行以外的其他金融机构,未扣除地方性国有控股的商业银行(因为后一类银行很难具体区分,而且通常规模很小,所占比重有限)。

② FDI原始数据以美元为单位,用2000—2009年度国家统计局公布的人民币兑美元汇率中间价进行了换算。需要说明的是,本文中采用FDI/GDP指标(而没有考虑资本账户中的全部内容)作为金融开放的指标变量,主要是因为在金融对外开放层面,难以对省域的资本账户的开放度进行衡量(并考虑到我国的外资流动主要以引进外资为主体)。在实践中,我们还考察了对外直接投资层面(ODI),并用(FDI+ODI)/GDP作为金融开放指标进行了回归,其结果与本文结论基本一致。事实上,我国ODI在2006年才开始有所显著增长,这之前ODI所占比例和绝对量相比于FDI而言几乎可忽略。另外,本文也没有考虑证券投资,一方面是因为各省证券投资的数据难以保证完整性与连续性,另一方面因为我国对证券投资仍有较严格限制,其投资量仍然很小。

3. 贸易开放（TRO）

本文遵循学界标准的度量指标（同时考虑到省域数据的可获性），使用进出口总额与名义 GDP 之比来度量贸易开放度。

4. 控制标量（CONTROL）

除了以上介绍的主要被解释变量和解释变量，本文还借鉴 Lu 和 Yao（2009）的做法，引入相关控制变量来控制各省宏观经济和社会发展状况对金融发展的影响，具体包括以下四个变量：

一是政府支出（GOV）：用各省财政支出与名义 GDP 的比值来表示；二是毛入学率（ENROLL）：用各省平均毛入学率来表示；三是国有比重（STATE）：用各省规模以上国有企业和国有控股企业的工业总产值占地区总工业产值的比重来表示；四是真实经济增长率（RGDPGR）：利用各省 GDP 水平值以及对应的平减指数，以 2000 年为基期计算得到各省样本区间内真实 GDP 增长率。

需要说明的是，已有研究证明，政府支出和教育体系改善会影响一国经济发展，因此这两个指标对金融发展可能有一定影响。另外，国有比重用以刻画区域的经济结构。一般情况下，国有部门比重较高的区域，金融资源配置效率低下，金融扭曲的现象也更加严重。金融机构更偏好于向利润率并不高的国有部门贷款，导致资金利用效率降低。因此，可以预期在国有部门比重较高的区域，金融发展的效率和金融业竞争程度较低；而对于金融发展规模的影响还有待探讨，因为尽管资金配置效率较低，但是因为国有企业可以更容易地从金融体系获得贷款，故国有比重的提高可能吸引更多贷款发放而使得金融发展规模增大。最后，真实 GDP 增长率用来刻画一个地区的总体经济发展状况。

在实证分析中，本文主要采用 2000—2009 年间中国的 30 个省、自治区、直辖市的面板数据。[①] 之所以选取 2000 年以后的数据，是因为 2001 年中国加入 WTO，对外开放进程迅速加快。且国有银行股份制改革也均在

---

① 因为数据的可获性和完整性，我们并没有将香港、澳门、台湾和西藏自治区包含在内。

2000 年以后进行,金融发展受市场化影响程度加剧,对外开放与金融发展的内在联系表现得更加明显。本文数据来自历年《中国统计年鉴》、《中国对外贸易年鉴》、《中国金融年鉴》、各省统计年鉴及《新中国五十五周年统计资料汇编》。其中,金融效率中的 PRIVATE 和金融业竞争程度 COMP 的数据来源于樊纲等的《中国市场化指数——各地区市场化相对进程 2011 年报告》,且沿用了书中指数化处理后的结果。数据的统计性描述归纳在表 3-4 中。

表 3-4　变量统计性描述

变量			均值	中位数	最大值	最小值	标准差
因变量: 金融发展	规模指标	FIR	2.405	2.344	6.344	1.279	0.799
		DEPTH	1.022	0.993	2.252	0.533	0.299
		SAVINGS	0.900	0.680	7.226	0.378	1.090
	效率指标	FUE	0.740	0.705	1.920	0.350	0.239
		FDE	0.759	0.766	1.244	0.462	0.125
		PRIVATE	7.939	7.915	14.650	0.000	3.620
	竞争指标	COMP	5.915	6.140	12.410	−0.670	2.657
解释变量: 对外开放	金融开放	FO	0.030	0.023	0.146	0.001	0.025
	贸易开放	TRO	0.331	0.125	1.721	0.037	0.420
控制变量		GOV	0.163	0.149	0.450	0.069	0.066
		STATE	0.508	0.518	0.891	0.108	0.203
		ENROLL	0.991	0.996	1.000	0.816	0.015
		RGDPGR	0.154	0.146	0.478	0.021	0.066

二、关于贸易和金融开放对金融
发展影响的实证结果

对模型 3-11 用 2000—2009 年的面板数据进行广义矩估计,回归结果报告在表 3-5 中。从结果中我们注意到以下几点:

表 3-5　对外开放与金融发展动态模型 GMM 估计回归结果（2000—2009 年）

自变量	因变量												
	FIR		DEPTH		SAVINGS		FUE		FDE		PRIVATE		COMP	
	固定效应	无	固定效应	无	固定效应	无	固定效应	无	固定效应	无	固定效应	无	固定效应	无
常数项	6.959* (3.559)	-2.427 (2.948)	1.996 (1.505)	-1.202 (1.779)	2.285** (1.147)	-0.669 (0.543)	-1.737 (1.378)	-1.135 (1.173)	1.102 (1.101)	-0.341 (0.585)	-19.088 (39.816)	-20.087 (41.151)	17.89** (6.258)	-12.064* (6.199)
FD(-1)	0.765** (0.122)	1.003** (0.057)	0.820** (0.116)	0.966** (0.062)	0.547** (0.102)	0.987** (0.023)	0.712** (0.054)	0.883** (0.039)	0.733** (0.048)	0.868** (0.053)	0.353 (0.408)	0.896** (0.163)	0.778** (0.140)	0.918** (0.026)
TRO	-0.941** (0.166)	-0.083 (0.077)	-0.511** (0.072)	-0.046 (0.036)	-0.110 (0.077)	-0.003 (0.019)	0.063 (0.054)	-0.04 (0.010)	-0.071** (0.027)	-0.042* (0.021)	1.264 (1.589)	-0.765 (0.552)	0.995 (0.707)	0.133 (0.259)
FO	-2.398 (1.804)	-0.846 (0.607)	-0.979 (0.885)	-0.330 (0.322)	0.048 (0.719)	-0.189 (0.226)	0.065 (0.788)	0.604 (0.465)	0.390 (0.423)	0.198 (0.176)	-8.808 (21.167)	-7.632 (6.490)	14.158 (8.899)	1.478 (4.194)
GOV	4.270** (0.675)	2.267** (1.103)	2.085** (0.330)	1.272** (0.545)	0.799** (0.339)	0.439 (0.322)	-0.543** (0.157)	-0.178 (0.252)	0.379** (0.091)	0.499** (0.209)	25.073** (12.137)	15.774 (11.055)	1.866 (2.559)	-1.461 (1.459)
STATE	-0.038 (0.434)	-0.835** (0.409)	0.050 (0.205)	-0.476** (0.185)	0.125 (0.214)	-0.138 (0.125)	-0.606** (0.111)	0.135 (0.106)	-0.007 (0.110)	-0.196** (0.073)	-9.142** (4.394)	-5.877** (2.582)	-8.192** (2.445)	0.728 (0.569)
ENROLL	-6.555* (3.586)	3.091 (3.146)	-1.898 (1.512)	1.580 (1.871)	-1.993* (1.086)	0.837 (0.595)	2.365 (1.452)	0.960 (1.144)	-0.917 (1.080)	0.568 (0.678)	22.246 (38.250)	27.664 (44.493)	-11.289* (6.781)	11.807** (5.959)
RGDPGR	-0.901 (0.912)	-3.186** (1.235)	-0.569* (0.340)	-1.741** (0.563)	-0.308 (0.479)	-0.897 (0.672)	-0.070 (0.148)	1.507** (0.666)	-0.325 (0.207)	-0.697** (0.319)	18.415 (29.277)	-28.848 (29.567)	-12.674 (8.418)	6.129 (4.362)
Sargan (p 值)	0.989	0.001	0.999	0.001	0.546	0.432	0.788	0.025	0.999	0.344	1.000	0.714	0.998	0.505

注：*、**、*** 分别表示参数在 10%、5%、1% 的水平下显著；解释变量回归系数括号内数字表示 White 修正标准差；FD(-1) 表示对应因变量的一阶滞后。

第一,考察贸易开放对金融发展的影响,我们发现贸易开放与金融发展的规模指标和效率指标的回归系数几乎都为负值。其中,除了 PRIVATE 的固定效应回归方程系数为正值、SAVINGS 的回归系数皆不显著外,其他的规模和效率指标在 1% 的显著性水平下,都呈现出显著负向关系。这一结果说明,2000—2009 年期间总体上贸易开放程度的提高对金融发展整体规模和储蓄投资转化效率并未起到推动作用,反而有所抑制,并且与城镇居民储蓄比率和资金配置效率无关。

第二,当考察金融竞争时,贸易开放的回归系数皆为正,但不具显著性。这可能暗示出,贸易开放对金融业的竞争水平有所推动,但作用效果不显著。

第三,考察金融开放对金融发展的影响,我们看到金融开放与金融发展规模的回归系数中除了 SAVINGS 指标的固定效应回归系数为正外,其余皆为负值,但并不显著,说明金融开放对金融发展规模有不显著抑制作用。而效率指标和竞争指标中,除了 PRIVATE 的回归系数为负值外,其余都是正值。因此,金融开放较弱地促进了储蓄到投资的转化和形成效率的提高及金融竞争,但对金融资源分配效率的提高有所抑制(尽管不具有统计显著性)。

进一步考察控制变量的回归系数可以看到,除 FUE 指标(即储蓄投资转化率)影响系数估计结果为负值外,政府支出对金融发展规模和效率都有显著推动效应,但与竞争变化无关;STATE 回归系数大部分为负值且显著,说明国有部门比重提高,对于金融发展规模有抑制作用,且会显著地降低金融发展效率和金融竞争水平;而 RGDPGR 的回归系数多为负值,说明经济增长并不会促进金融发展的规模和效率,且经济增长提高与金融竞争改善并无显著联系。

综合以上结果表明,我国贸易开放并未推动金融发展,金融开放对金融发展的作用也没有预期的那样积极,不过外资对储蓄向投资转化和形成效率以及金融竞争的提高有一定促进作用。另外,回归结果显示,金融开放抑制了资金分配效率,并且国有部门比重的提高降低了金融发展规模,这似乎与现实情况并不一致。一种可能的解释是 2008 年全球新型金融危机,使得对外开放进程和我国金融体系受到冲击,进而暂时性地影响对外开放和金融发展之间的作用关系。

为了规避金融危机可能对回归模型估计结果带来的影响,我们进一步利用截至2008年之前的数据进行回归,一方面降低金融危机对模型中变量之间关系的潜在影响,另一方面作为实证分析的一种稳健性检验,以期使结果更加科学可靠。按照类似的回归过程,我们在实践中也估计了2000—2007年的对应结果(为节省篇幅未做报告),发现其与全样本区间内的回归结果既存在相同之处也出现部分差别。首先,从贸易开放对金融发展的影响上来看,除SAVINGS的回归系数和FUE的固定效应回归系数为正值之外,其余贸易开放与金融发展的规模和效率指标的系数都是负值(且显著)。可见,在一般情况下(没有金融危机的影响),贸易开放仍未对金融发展的规模和效率起到推动作用,反而有所抑制,这一结果与全样本区间内的结果是一致的。其次,从金融竞争指标的系数估计结果可以看到,贸易开放对金融竞争在2008年之前有显著的促进作用。再次,从金融开放对金融发展的影响结果来看,与全样本区间内的回归结果明显不同:金融开放与金融发展的规模、效率以及竞争指标的回归系数大部分都是正值(但不显著)。这说明,在没有受到金融危机冲击之前,我国金融开放对金融发展有一定的促进作用,并且金融开放对金融竞争有一定的促进作用(在10%的水平下显著)。

另外,进一步考察金融危机之前的控制变量回归系数估计值可发现,GOV回归系数几乎都不显著(但仍为正),与之前的结果类似,说明政府支出对金融发展有一定正向影响。不过,STATE回归系数与之前显著不同,金融发展规模的系数为正,而金融发展的效率和竞争指标的回归系数为负,并且都具有统计显著性。这一结果说明,在剔除了金融危机的影响之后,国有部门的比重提高实际上会显著提高金融发展规模,而抑制金融发展的效率,且不利于金融竞争。最后,RGDPGR的回归系数在多数情况下为负值,暗示出经济增长对金融发展促进作用。

三、对回归结果的进一步阐释

（一）贸易开放对金融发展的影响

从回归结果我们可以总结：除了城镇居民储蓄比率所代表的规模指标和金融竞争度之外，贸易市场开放对中国金融发展的规模和效率都有显著的抑制作用。也就是说，总体而言我国贸易开放促进金融竞争，但不能引致金融发展的规模扩大和效率提高。这一结果与很多已有文献并不相符，例如乔舒亚·艾森曼（Joshua Aizenman）等学者都曾从理论和实证层面验证了贸易开放对金融发展的正向影响，但这些研究是依据国与国之间整体分析而得出的结论。一般而言，贸易开放的深入对金融发展应该具有积极的推动作用，因为金融部门服务于实体部门，因此实体部门的发展自然会影响金融发展。一方面，对外贸易发展为金融发展提供了基础条件；另一方面，对外开放客观上加剧了资金全球化流动，对金融机构和服务提出的更高要求会刺激金融部门的发展。

对于中国的实证检验得到了反向结果，贸易开放未能推动金融发展规模和效率，这一结论值得重视。这可能暗示出，一国贸易开放在短期内会面临外部冲击、竞争压力以及由此而来的生产要素及商品价格波动加剧，进而产生更高的不确定性，使得国内投资的波动性加大，从而减缓了金融发展。这种可能性也在金载营（Jae-Young Kim）等基于 88 个国家的面板数据的研究中得到印证。同时，脱离金融市场开放的贸易开放难以带动金融发展。就我国现实情况而言，虽然贸易开放程度已经很高，但金融开放度相对落后，对外开放的两个主要层面发展不平衡。由于贸易开放进程迅猛而金融开放相对落后，在国际市场上面临的要素和产品价格冲击而带来的不确定性就会增加，从而减少投资和金融需求。而贸易与金融对应的两个市场开放程度不一致（不协调），可能是贸易开放未能促进金融发展的重要原因之一。

对于贸易开放没有推动金融发展的更深层次原因在于,我国推动贸易开放的主体和金融支持的主体并不匹配。私人和民营企业的出口比重逐年提升,并成为推动我国贸易开放的强劲主体,虽然私营、集体、乡镇等非国有企业缺乏政策扶持与补贴,并在资本积累、技术水平等初始条件上劣于国有企业,但其经营机制灵活,外部需求反应快,且生产更切合我国的要素禀赋结构,从而相比于国有企业具有较高的出口竞争力。而一些国有企业因为技术、产业等选择上偏离了比较优势,缺乏"自生能力",因此逐渐丧失了竞争力。

尽管民营企业和私人企业逐步占据我国国际贸易的主体地位,但它们却难以从正规的金融体系中获取融资支持。一直以来,我国公开的统计资料中缺乏按照企业性质划分的详细贷款数据,只是从 1994 年起,中国金融机构年底短期贷款(人民币)中列出乡镇企业、私营企业及个体两类贷款数据。

金融规模的发展可以有力促进对外贸易的发展,而贸易对金融发展的推动作用却没有得到经验证据的支持,本文部分地证实了这一观点。随着对外贸易开放的深入,集体、私营等经济对中国国际贸易的贡献不断加大,越发成为推动我国贸易开放的主力军,外部融资需求不断上升。但在我国金融体系呈现国有商业(大)银行垄断的市场结构下,他们难以获得充分的正规融资支持。其中原因,除了这类企业本身存在的产权和治理结构不规范、财务不透明、缺乏抵押物以及社会缺乏信用担保、信用评级等信用支持体系诸多客观原因外,还可能是由于"规模摩擦"①和"制度摩擦"②。事实上,民营企业未能偿还贷款时,银行信贷人员经常被怀疑存在受贿等交易,而面临较大的政治成本,从而使得信贷负责人自动减少对民营企业的贷款。

---

① 我国大银行主导的金融结构导致了中小企业贷款难,因为大银行在向中小企业融资中并不具备有效减缓银企间信息不对称及降低交易成本方面的优势,从而缺乏对中小企业贷款的积极性。

② 国有金融与国有企业的金融沟通依赖于国家自上而下建立的纵向信用联系,民营经济的金融困境源于国有金融体制对国有企业的金融支持以及国有企业对这种支持的刚性依赖。

因此,虽然贸易开放程度加深多归功于民营经济主体,但是他们日益增加的融资需求难以得到金融发展的支持,主要原因是资金分配多流向效率不高的国有部门,结果形成金融发展规模和效率都难以相应提高的局面。

尽管贸易开放对金融发展的效率和规模层面没有推动作用,但是本文结果显示贸易开放对金融发展的竞争层面具有显著促进作用。这可能是因为贸易开放促进了贸易部门的活跃程度,尤其是在(中小)民营和私人企业部门中表现得更为明显。这些企业对外贸易的不断发展及其资金需求的增加引起相关金融机构的重视,而且为民营及私人企业提供金融服务的机构(如小额信贷机构、中小城商行等)不断增加,同时现有金融机构的服务项目和类别也逐渐增加。中小银行的出现及其针对中小企业金融服务种类的丰富,客观上加剧了金融业的竞争。当然,金融竞争度提高却没有达到促进金融发展的规模和效率的层面,可能是因为新生金融机构所占市场份额相对较低,并且从竞争环境的加剧到引起规模效率的提高需要一定的传导时间。但可以预见,随着贸易开放对金融竞争的持续推动,金融结构与贸易结构的不匹配程度将会逐渐减弱。

(二)金融开放对金融发展的影响

本文实证结果显示,金融开放对金融发展的三个层面(即规模、效率和竞争)都有一定的正向促进作用,但不具有统计显著性。其中,正向作用的结果暗示出,在金融结构存在扭曲的情况下,FDI与私人企业的合作能激励银行向私人部门提供贷款,通过FDI可缓解国内私人企业的信贷约束,FDI对金融结构扭曲起到弥补作用,利于金融效率提升。从现实情况看,金融开放提升背景下外资进入国内的速度和占比规模不断增加,这会带来多方面的推动效应。一方面,外资金融机构的进入会带来更为先进的管理经验,引导国内金融机构更好地进行贷款监管、降低风险。另一方面,外资进入会给国内机构带来改革的推动力,以构建更有效率的金融体系。此外,在我国银行业长期垄断、竞争不足和效率相对低下的环境下,外资进入还会产生技术外溢效应,利于提升中资银行的效率,也可以通过示范与牵动效应,有效降低垄断势力的影响以促进银行业竞争。综合来看,外资进入私人企业可增加资金供给,降低投融资成本,缓解信贷约束并弥补金融扭曲;而外资进入金融业,则有利于引进竞争机制,促进金融业与国际惯例接轨。不过,我国金融开放对金融发展的推动效应从显著性上看还不明显,这一方面反映出我国对外资流动仍有所限制和国有银行主导的垄断竞争格局,另一方面也表明我国在金融法律法规建设上仍然需要进一步发展和完善。①

四、贸易开放、金融开放对金融发展影响甚微

一直以来,学术界对外开放进程的刻画多从贸易开放角度展开,对金融开放的关注较少。同时,国内就对外开放与金融发展的关系探讨,多从金融发展影响贸易开放的角度切入,并多采用样本时间较短的时序数据分析,实证结果的稳健性受到限制。虽然已有研究指出贸易开放和金融开放是对外开放影响金融发展的两个重要途径,并且对外开放可以促进金融发展,但是从本文的研究结果来看,由于中国贸易开放和金融开放不相协调,金融结构和贸易结构不匹配,造成对外开放程度提升对金融发展影响有限的结果。

一方面,我国贸易开放未能带动金融规模的扩大和效率的提高。本文认为,除了我国贸易开放进程迅猛,金融开放相对滞后之外,最主要原因在于我国对外贸易的推动主体与金融发展的支持主体并不相匹配。民营和私人企业构成推动贸易开放的主体,然而却难以得到正规金融部门的贷款支持。因此,贸易开放的加深未能形成外部融资需求增大进而推动金融发展的局面。另一方面,金融开放对金融发展有一定促进作用,但并不显著,说明我国金融开放与金融发展存在联系但关联度相对较低,金融开放程度有待于进一步提高,不过前提是相关法律法制体系的完善和宏观经济环境的稳定。

另外,尽管对外开放未能显著促进金融发展的规模和效率,但对金融竞

---

① 《境外金融机构投资入股中资金融机构管理办法》规定单个境外金融机构向中资机构入股比例不得超过20%。

争环境改善却有着积极的促进作用,竞争的加剧客观上反映出贸易结构和金融结构不匹配的现状正在改善。同时本文还发现,金融危机可能改变对外开放与金融发展在正常情况下的影响关系,在我国尤其体现在金融开放对金融发展规模的影响上。这启示我们在考虑像中国这样的发展中国家对外开放与金融发展的关系时,要谨慎地处理金融危机对相关结果的潜在影响。

综合来看,在考察和分析日益深化的对外开放进程和金融发展关系时,需要注意金融支持结构的调整和改善。在探讨对外开放与金融发展的关系时,单纯考察二者的某个层面之间的影响情况可能会给出片面的结论和建议。从本文研究中我们看到,对外开放的不同方面与金融发展的不同层面之间,其内在影响关系不存在普适性的规律结论,单纯地概括对外开放与金融发展的总体关系无法提供细致有效的政策参考建议。

关于建立我国人民币
外汇期货市场的思考[*]

——兼论境外人民币外汇期货市场的演进

　　人民币汇率作为一种基础性的经济资源和金融资产价格，日益成为影响经济和金融的重要因子，因而在境外金融市场上人民币外汇期货合约可谓是风生水起，但是国内的外汇期货市场建设却严重滞后。本文首先以境外金融市场为切入点，系统分析了在这些市场上交易的人民币外汇期货的演进历程与合约特征，然后全面阐述我国推出人民币外汇期货合约的重大现实意义与战略价值，最后提出了在上海自贸区开展外汇期货试点、人民币外汇期货的合约要素设计、健全市场参与者的风险管控体系、加强政府对期货市场的监管力度等政策建议。

---

　　*　本文作者斯文：上海市社会科学院世界经济研究所博士研究生。
　　本文是 2012 年度国家社科基金重点项目"深化汇率形成机制改革研究——基于经济转型和金融开放视角的分析"（批准号：12AZD049）、2014 年度上海市金融学会青年课题"我国外汇衍生品市场的发展及对国际贸易影响的研究"、2014 年度上海社会科学院优秀博士论文培育项目的阶段性研究成果。该篇论文在《海南大学学报（人文社会科学版）》2014 年第 4 期全文发表。

20 世纪 70 年代以来,随着布雷顿森林体系的瓦解,汇率波动日益频繁,规避汇率风险的内生性需求日趋上升。1972 年 5 月芝加哥商品交易所(CME)历史性地推出了英镑等七种货币的期货合约,标志着外汇期货的诞生。此后外汇期货市场发展步入了快车道,依据国际清算银行的统计,2012 年年末全球外汇期货的合约面值共计 7.34 万亿美元,比 2000 年年末的 0.69 万亿美元增长了 10.6 倍。伴随着人民币汇改和人民币国际化的推进,人民币汇率作为一种基础性的经济资源和金融资产价格,成为广泛影响世界经济和全球金融的重要因子,进而促使人民币外汇期货成为全球外汇期货市场一股新生力量而备受国际的关注和世界的瞩目。然而,目前人民币外汇期货合约广泛分布于美国、南非、巴西、香港等境外金融市场中,相比之下,我国国内的外汇期货市场建设却严重滞后,至今未能推出相关的合约品种。

需要指出的是,早在 20 世纪 90 年代初期,我国曾就建立外汇期货市场进行了尝试。1992 年 6 月上海外汇调剂中心推出了外汇期货交易的试点,交易品种包括了英镑、马克、日元、瑞士法郎、美元和港币,中国人民银行也曾于 1993 年 6 月批准并公布了《外汇期货业务管理试行办法》。然而,在当时人民币汇率双轨制的背景下,外汇期货价格难以反映对汇率变动的预期,加之许多对外汇现货交易的严格附加条件,买卖难以自由及时进行,因而导致需求缺乏、交易冷淡。由于市场需求长期不足,1996 年 3 月《外汇期货业务管理试行办法》被废止,国内的外汇期货交易就此偃旗息鼓。

与相对滞后的市场实践相比,近年来伴随着人民币汇改的不断推进,国内学术界开始关注外汇期货市场,并对此展开了初步的探讨,取得了一定的研究成果。通过对文献梳理,国内已有的研究主要包括:一是从汇率风险管理的角度出发,研究外汇期货的最优套期保值问题;二是从深化汇率形成机制改革的视角出发,剖析了国内推出外汇期货的重要意义;三是从推进人民币国家化的视野出发,提出了发展我国外汇期货市场的政策主张;四是从金融市场演进规律的维度出发,探究了我国外汇期货市场的路径选择。本文的贡献和意义在于,系统梳理了境外人民币外货期货市场的发展轨迹和演进历程,全面论述了我国推出人民币外汇期货合约的现实意义和战略价值,具体提出了建立国内人民币外汇期货市场的可行性方案和制度安排。

一、境外人民币外汇期货市场的演进历程

2005年7月21日中国人民银行发布了《关于完善人民币汇率形成机制改革的公告》，正式启动人民币汇率形成机制改革。2009年7月1日由中国人民银行等六个部委共同制定的《跨境贸易人民币结算试点管理办法》颁布实施，标志着人民币国际化扬帆起航。随着人民币汇改的推进以及人民币国际化步伐的加快，境外一些金融市场积极布局以人民币汇率为基础资产的衍生产品，尤其是人民币外汇期货合约。

（一）美国

2006年8月，美国芝加哥商品交易所（CME）率先推出了以人民币汇率为标的的外汇期货合约，具体是人民币对美元、人民币对欧元、人民币对日元这三款期货合约以及相应的期货期权合约，并且在交易所的全球平台全球期货交易系统上开展交易，同时选择汇丰银行和渣打银行作为首批人民币外汇期货的做市商（Marketmaker）。交易所推出人民币外汇期货旨在掌控人民币的全球定价权。截至2013年年末，芝加哥商品交易所交易的人民币外汇期货的主力合约包括了标准美元对离岸人民币期货（CNH）、标准美元对人民币期货（CNY）、电子微型美元对离岸人民币期货（MNH）和电子微型美元对人民币期货（MNY）等四个合约品种，针对这四款期货合约的主要要素见表3-6。

表3-6　芝加哥商品交易所美元对人民币期货合约的主要要素

合约品种	标准美元对离岸人民币期货	电子微型美元对离岸人民币期货	标准美元对人民币期货	电子微型美元对人民币期货
交易代码	CNH	MNH	CNY	MNY
合约面值	10万美元	1万美元	10万美元	1万美元

续表

合约品种	标准美元对离岸人民币期货	电子微型美元对离岸人民币期货	标准美元对人民币期货	电子微型美元对人民币期货
最小变动价位	0.0001 元离岸人民币/美元		0.001 元人民币/美元和 0.0005 元人民币/美元两种	0.001 元人民币/美元
计价	每日收付以离岸人民币计算与计价		每日收付按人民币计算,参照中国人民银行每天的固定汇率换算为美元,并以美元存入银行	
交易时间	周日至周五:下午 5 点至次日下午 4 点(美国中部时间)		周日至周五:下午 5 点至次日下午 4 点(芝加哥时间)	
清算时间	周日至周五:下午 5 点至次日下午 4 点 15 分(美国中部时间)		周日至周五:下午 5 点至次日下午 4 点 15 分(芝加哥时间)	
合约月份	13 个连续月份合约①和 8 个季度合约(最长期限为 3 年)	12 个连续月份合约(即 1—12 月的每个月份)	13 个连续月份合约和 8 个季度合约(最长期限为 3 年)	12 个连续月份合约
最后交易日	在合约月份第三个周三之前的第二个香港交易日上午 11 点交易终止		在合约月份第三个周三之前的第一个北京工作日上午 9 点交易终止	
大宗交易门槛	50 份合约	不适用	50 份合约	50 份合约
期货转现货资格	是	是	是	是

资料来源:芝加哥商品交易所官方网站,www.cmegroup.com。

作为全球最大的期货交易市场,芝加哥商品交易所吸引着来自全球的商业银行、共同基金、对冲基金、跨国企业等机构参与人民币外汇期货合约交易。根据交易所公布的数据,2013 年人民币外汇期货合约累计成交 18981 份,比 2012 年的 4101 份增加 363%,2013 年年末未平仓的合约数为 2178 份,比 2012 年年末的 291 份大幅上升 648.5%。

2009 年 12 月纳斯达克期货交易所(NFX)上市了人民币对美元的期货产品,合约面值为 10 万元人民币,合约保证金则根据交易目的而存在一定

---

① 是指当年 1—12 月的每个月以及第二年的 1 月份。

差异,套保、投机和套利的保证金分别为每份合约 125 美元、90 美元和 25 美元,合约月份分别为 3 月、6 月、9 月和 12 月。值得注意的是,除了人民币期货合约以外,交易所同期还上市了巴西雷亚尔、新西兰元、土耳其里拉、墨西哥比索、挪威克朗、瑞典克朗、南非兰特、俄罗斯卢布和韩元对美元 9 种外汇期货合约,纳斯达克期货交易所在短期内批量推出外汇期货的举措被视为是抢占外汇期货市场的一种策略。

(二)南非

作为非洲最大的证券期货交易市场,南非约翰内斯堡证券交易所(JSE)于 2010 年 11 月 9 日上市了人民币对兰特(Rand)期货,合约面值为人民币 1 万元,是所有全球人民币外汇期货中面值最小的合约,这与该交易所上市期货的策略与风格有关,最初上市的美元期货也是从较小的合约面值起步。此外,人民币对兰特期货合约以兰特进行现金结算,合约月份也主要为 3 月、6 月、9 月和 12 月,然而交易所也明确规定一旦市场上有特殊的需求也可以推出其他月份的合约以显示出合约在设计上的灵活性。

约翰内斯堡证券交易所推出人民币汇率的期货合约体现了非洲大陆对人民币的密切关注,而这与中非贸易合作的深入、中国对非洲大陆直接投资的迅速增长以及人民币国际化的进程是密不可分的。根据商务部的统计,我国对非洲大陆的国际贸易额从 2008 年的 1067.73 亿美元增加至 2012 年的 1984.83 亿美元,5 年间增长了 86%[①];而依据商务部、国家统计局、国家外汇管理局联合发布的《2012 年度中国对外直接投资统计公报》,截至 2012 年年末,我国在非洲大陆的直接投资存量达到了 217.3 亿美元,比 2008 年年末的 78 亿美元大幅增加了 2.8 倍。但是,由于各种因素的限制和影响,截至 2013 年年末人民币对兰特期货合约尚未有交易量。

---

① 数据来源于商务部官方网站,www.mofcom.gov.cn。

（三）巴西

2011 年 8 月 15 日巴西圣保罗证券期货交易所（BM&F Bovespa）①推出了雷亚尔（Reals）对人民币期货，合约面值为人民币 35 万元，合约月份为 12 个连续月份合约，清算日和到期日均为合约月份的第一个工作日。此外，该期货合约挂钩的雷亚尔对人民币汇率属于交叉汇率，需要根据人民币对美元汇率和雷亚尔对美元汇率套算得出，其中人民币对美元汇率是依据世界市场公司（The World Markets Company PLC）和路透社（Reuters）公布的数据，而雷亚尔对美元汇率则是巴西中央银行公布的官方汇率。

根据巴西发展、工业与外贸部统计，2012 年中国首次替代美国成为巴西第一大进口来源国，中国对巴西的出口为 342 亿美元，超过美国的 326 亿美元；而当年巴西出口对象国按出口额排名前五位依次是中国（412 亿美元）、美国（268 亿美元）、阿根廷（180 亿美元）、荷兰（150 亿美元）、日本（80 亿美元）。② 可见中国在巴西外贸中的重要性日益突出，而雷亚尔对人民币期货也成为巴西企业与中国开展经贸往来的坚强后盾。根据圣保罗证券期货交易所对外公布的数据，雷亚尔对人民币期货合约 2012 年、2013 年全年交易量分别为 135 份和 120 份。

（四）中国香港

随着人民币国际化进程加快，香港已经成为最重要的人民币离岸中心，根据香港金融管理局（HKMA）的统计，2013 年年末香港的人民币存款已达 8604.72 亿元。同时，对冲人民币汇率风险的需求也随之大幅增加，为了让投资者能更便捷地管理人民币汇率风险，2012 年 9 月 17 日香港交易所

---

① 巴西圣保罗证券期货交易所是由圣保罗证券交易所和圣保罗期货交易所于 2008 年 4 月合并而成，合并之时该交易所的市值跻身全球交易所前三位。

② 相关数据来自巴西发展工业外贸部官方网站，www.mdic.gov.br。

（HKEX）电子交易平台推出了美元对人民币期货合约。该期货合约是全球首只人民币可交收货币期货合约，合约面值为 10 万美元，保证金比例为 1.24％，以人民币报价，在合约到期日以香港财资市场公会发布的美元对人民币（香港）即期定盘价为计价依据，按合约的美元价值以人民币进行实物交收，合约月份为即月、下三个历月以及之后的三个季月。① 该期货合约推出将取代不交收人民币远期合约（NDF），成为离岸人民币定价的最权威工具。同时，香港作为全球重要的金融中心，又是人民币国际化的桥头堡，该期货合约的上市必将推动人民币国际化并巩固香港的人民币离岸中心地位。

合约一经推出便受到了全球投资者的关注和追捧，合约挂牌首日成交 415 份。根据香港交易所公开的数据，从 2012 年 11 月至 2013 年年末，期货合约的未平仓合约数呈现逐月走高的趋势，截至 2013 年年末未平仓合约数已经高达 18701 份；相比之下，由于合约推出时间较短，交易量则存在一定波动，2013 年 6 月份达到创纪录的 20332 份，此后的每月交易量在 8225 份至 16134 份之间徘徊。该合约每月的交易情况见图 3-1。

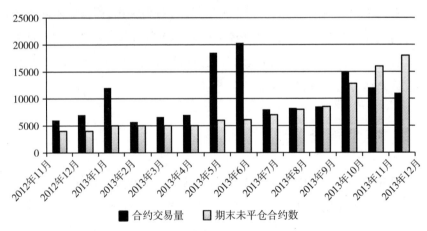

图 3-1　香港交易所美元对人民币期货合约交易情况

注：数据来源于香港交易所官方网站，www.hkex.com.hk。

① 2012 年 9 月 17 日上市的美元对人民币期货的合约月份分别为 2012 年 10 月、2012 年 11 月、2012 年 12 月、2013 年 1 月、2013 年 3 月、2013 年 6 月及 2013 年 9 月。

此外,新加坡交易所(SGX)官方网站 2014 年 3 月 12 日对外公告称,在通过监管审核后,交易所将于 2014 年第三季度推出包括人民币期货合约在内的新的亚洲货币期货系列,从而扩大目前外汇期货组合。而新加坡交易所推出人民币期货合约的目的正如交易所首席执行官马格纳斯·博可(Magnus Bcker)所言:"推出多样化的人民币产品将有益于新加坡发展成为领先的人民币离岸中心。"

二、国内推出人民币外汇期货的现实意义

在金砖五国中,巴西于 1987 年在圣保罗期货交易所上市了雷亚尔对美元期货,成为最早引入外汇期货的发展中国家。俄罗斯紧随其后,莫斯科银行间货币市场于 1996 年推出了外汇期货合约。相比之下,南非和印度推出外汇期货相对较晚。直到 2007 年 6 月南非约翰内斯堡证券交易所推出美元对兰特的外汇期货合约,同年 10 月又推出欧元对兰特和英镑对兰特的外汇期货,标志着南非外汇期货市场正式诞生。印度于 2008 年 8 月在国家股票交易所挂牌并交易了首份美元对卢比的期货合约,从此终结了印度没有外汇期货的历史。

再来看国内,中国人民银行依托银行间市场于 2005 年 8 月首次推出远期外汇业务,开始了创建外汇衍生品市场的探索,此后陆续推出人民币外币掉期、人民币外汇货币掉期以及人民币对外汇期权等业务,合约种类已经涵盖了全部的场外衍生品,2013 年全年外汇衍生品市场交易量达到 3.47 万亿美元,比 2006 年的 649.17 亿美元增长了 53 倍。然而,基于银行间市场的外汇衍生品合约已经无法满足国内企业尤其是中小企业日益增长的外汇风险管理需要,与此同时金砖五国中也仅剩下中国还没有推出外汇期货合约。党的十八届三中全会明确提出了"鼓励金融创新,丰富金融市场层次和产品"的要求,尽快推出人民币外汇期货合约具有重大的现实意义和战略价值。

（一）丰富市场规避汇率风险的工具

2014 年 3 月 14 日中国人民银行发布公告，"自 2014 年 3 月 17 日起，银行间即期外汇市场人民币兑美元交易价浮动幅度由 1% 扩大至 2%"。2014 年 4 月 9 日国务院发布的《关于〈中华人民共和国国民经济和社会发展第十二个五年规划纲要〉实施中期评估报告》中也提出"进一步增强汇率双向弹性，加快实现人民币资本项目可兑换"。因此，可以预计国内的经济主体将面临更大的汇率波动风险。但是，目前我国许多企业对外汇风险管理的意识依然比较淡薄，并且缺乏专业的风险管理人才，应对人民币汇率波动风险的能力严重不足。而外汇期货在全球范围已经得到了广泛的运用，是市场普遍接受和高度认同的风险管理工具，同时外汇期货参与门槛低、标准化程度高，能够有效满足实体企业尤其是中小企业对外汇风险管理的迫切需求，能够有效弥补我国外汇衍生品市场在服务中小企业方面的不足和局限，增强开放经济条件下市场经济主体抵御经济对外开放风险的能力，进一步提升国内金融业服务实体经济的能力和水平。

（二）优化外汇市场价格发现的功能

罗森博格和特劳博（Rosenberg 和 Traub）分析了美国芝加哥商品交易所的数据后得出结论，尽管外汇交易即期市场在交易量上占主导地位，但是在价格信息中，外汇期货市场却同样扮演着重要的作用。温博慧以韩国和巴西的金融市场数据作为实证样本，运用 GARCH 族模型进行分析后发现，当推出外汇期货之后外汇现货市场传递信息的效率得到了显著提高。期货市场的信息挖掘功能主要来自于三个渠道：一是由于匿名性的特点使得拥有更多信息的交易者倾向于选择期货市场而非场外 OTC 市场；二是多样化的市场参与者进一步丰富了信息资源的来源；三是交易所市场的价格具备高度的透明性，而价格本身又是一种极为重要的信息。

(三)改善市场流动性以及交易成本

外汇期货市场能够吸引新的投资者参与交易进而对场外的外汇衍生品市场构成竞争,同时外汇货的引入将更有利于市场参与者在不同类型的外汇衍生品之间开展套利交易,从而促使整个外汇市场在提高流动性的同时也降低了市场的交易费用和成本。以印度为例,伴随着外汇期货的推出,印度外汇远期市场的日均买卖价差从 2008 年 11 月份的 0.0187 卢比/美元收窄至 2009 年 9 月份的 0.0108 卢比/美元,降幅高达 42%。国内的一些研究表明,目前我国外汇衍生品市场的交易费用高达 2% 以上,因此需要引入外汇期货合约以改善交易成本,提升市场效率。

(四)提供央行干预外汇市场新工具

由于一国货币的汇率往往会对本国的国际贸易、经济增长、货币供求甚至政局稳定产生重要影响,因此当本国汇率严重偏离正常水平时,中央银行则会入市干预。当然,中央银行干预外汇市场的方法多种多样,比如直接在外汇即期市场上买卖外汇、调整本国货币的利率、改变本币的信贷政策以及利用金融衍生工具(如外汇远期、外汇期货)等。曾经有学者对 23 个国家中央银行在 1990—2000 年对外汇市场干预情况开展问卷调查,发现外汇期货是中央银行进行货币干预的一项重要手段,在得到答复的 16 份问卷中,就有 1 份问卷明确提到运用过外汇期货对外汇市场进行干预。

(五)助推人民币的国际化和全球化

根据环球银行金融电信协会(SWIFT)的跟踪统计,2014 年 1 月人民币已经成为全球第七大支付货币,在全球支付货币的市场占有率达到 1.39%。建立人民币外汇期货市场可以迅速增加金融市场的广度、深度,并且发达的外汇期货市场有助于抵御人民币国际化进程中的系统性金融风险,因此,发展外汇期货市场能够增强国际社会对人民币的信心,促使全球接纳人民币,为人民币未来的国际地位建立坚实基础。目前,全球发达的金融市场针对人民币外汇期货和人民币汇率定价权的争夺可谓是日益白热化,国内尽早推出人民币外汇期货合约将有助于人民币国际化过程中掌握汇率定价权的主动权和主导权,保障我国的金融安全,维护国家的金融稳定。

三、建设我国人民币外汇期货市场的政策建议

党的十八大报告提出"健全促进宏观经济稳定、支持实体经济发展的现代金融体系"。因此,国内的人民币外汇期货市场就必须紧紧围绕着服务实体经济这根主线不放松、不动摇。为此,针对建设我国人民币外汇期货市场提出如下可行性方案与制度安排。

(一)在上海自贸区开展外汇期货试点

2013年9月29日中国(上海)自由贸易(以下简称"上海自贸区")试验区正式挂牌成立,上海自贸区建设是先行先试、深化改革、扩大开放的重大举措,同时更是一项意义非凡的国家战略。2014年国务院政府工作报告明确提出了"建设好、管理好中国(上海)自由贸易试验区,形成可复制可推广的体制机制,并开展若干新的试点"。自由贸易与金融创新之间是相辅相成、密不可分的,世界级的上海自贸区需要金融创新作为牵引和支撑。因此,可以考虑在满足实体经济外汇交易和汇率风险对冲需求的基础之上,依托中国金融期货交易所,在上海自贸区试点推出人民币外汇期货合约。截至2014年3月25日,上海自贸区新设企业已达7492家①,预计未来企业数量将持续大幅增长,数目庞大的自贸区企业将为外汇期货试点工作提供了良好的客户基础。与此同时,2013年9月29日中国证监会发布了《资本市

---

① 《上海自贸区挂牌半年 注册企业超过去20年》,《上海证券报》2014年3月31日。

场支持促进中国(上海)自由贸易试验区若干政策措施》,其中提到"支持证券期货经营机构在区内注册成立专业子公司",此项举措将为开展外汇期货试点提供稳定的机构和人才基础。在上海自贸区试点外汇期货业务,一方面通过试点形成可复制、可推广的成功经验,然后推广至全国,提升金融创新的成效;另一方面推进上海自贸区成为离岸人民币市场的交易中心和定价中心,以此提高国内金融市场在全球人民币汇率定价权中的地位。

(二)人民币外汇期货的合约要素设计

根据我国对外贸易状况,同时充分借鉴国外人民币外汇期货合约的安排,对国内人民币外汇期货的合约要素设计提出如下建议:一是合约标的。鉴于 2013 年我国与美国、欧盟和日本的贸易额占我国对外贸易总额的比重分别达到 12.52%、13.42% 和 7.52%[①],因此,建议首先推出人民币对美元、欧元和日元的外汇期货合约,随后有选择地稳步推出人民币对周边国家货币的期货合约。二是结算方式。考虑到目前我国资本管制对于货币兑换的要求,外汇期货合约建议采用人民币现金结算的方式,理由有两点:一方面是以人民币现金结算就可以不涉及外币账户的开立与资金划转,另一方面以人民币现金结算意味着交割环节无须涉及人民币与外币之间的货币兑换。三是合约面值。考虑到让更多的中小企业能够参与人民币外汇期货交易以满足对汇率风险管理的迫切需要,因此,参考境外已有的人民币外汇期货合约,建议将我国的人民币外汇期货合约的面值确定在人民币 5 万—10 万元之间,同时交易单位为"手",1 手等于 1 份合约。四是保证金比例。参考目前我国的各类金融期货合约(包括股指期货、国债期货),同时考虑人民币对美元、欧元、日元等国际货币的日内波幅限制,建议保证金比例设在 5% 以防止过高的交易杠杆。五是其他要素。人民币外汇期货的合约月份可以设定为最近的三个季月,最后交易日定为合约到期月份的第二个星期

---

① 对外贸易总额包括了进口与出口,相关比重根据商务部、海关总署官方网站公布的相关数据计算得到。

五,每日价格最大波动控制在上一交易日结算价的±2%。

（三）健全市场参与者的风险管控体系

研究发现,非金融企业在外汇衍生品市场中普遍存在着投机行为,并且投机程度与企业资产规模、出口收入占比以及企业偿付能力呈现正相关性。2008年中国中信集团旗下的子公司中信泰富由于不当使用累计期权对冲澳元汇率风险而导致高达155亿港元的巨额亏损。当前我国企业特别是众多上市公司在运用金融衍生工具的过程中暴露出许多问题和隐患,包括公司管理层对衍生品的高杠杆、复杂性和风险性认识不足,缺乏统一和规范的风险管理政策和流程,缺少具有专业胜任能力的风控人才等。因此,市场参与主体应当建立起科学、有效的风险管控体系,从而有效防范运用外汇期货管理汇率风险过程中可能出现的各种隐患,提升企业的核心竞争能力和持续发展能力。建议做好以下两方面的工作:一是明确企业所能承受的汇率风险程度。从财务状况、盈利能力、业务特点等客观实际出发,合理设定企业可承受的汇率风险范围和大小,从而选择合适的外汇期货合约金额、期限,实现最优汇率风险管理效果。二是划分每级管理层的权力和责任。通过优化管理层次和管理幅度,实现权责利对等,并且考虑在公司董事会中设立风险管理委员会,从而强化公司对参与外汇期货业务的有效管控。

（四）加强政府对期货市场的监管力度

中国人民银行行长周小川2013年指出:"创新的一个重要目的是更好地管理风险,但创新也容易导致新的风险,需要在支持金融创新的同时加强监管。"因此,国内金融监管机构应当始终将防范风险贯穿人民币外汇期货市场创建和发展的全过程,正确处理好创新、发展与风险之间的关系。具体建议包括:一是完善监管的法律体系。目前《期货交易管理条例》是规范国内金融期货交易的最主要法规,而外汇交易则受到《外汇管理条例》的约束,由于运行机制和交易规则上的差异,这两部条例对于人民币外汇期货市场的监管势必会产生分歧,因此建议制定一部针对人民币外汇期货的专门性法规,从而将这一市场纳入统一的金融监管框架。二是完善监管协调机制。目前根据国内现有的金融监管体系,证监会负责监管交易所上市的金融期货,而中国人民银行和外汇管理局管理外汇市场,因此针对人民币外汇期货市场的监管必然要求不同监管机构之间的配合与协调,建议充分发挥金融监管协调部际联席会议制度功能,形成外汇期货市场监管协调工作的规范化和制度化,减少监管真空和监管重复,形成监管合力。三是打击过度投机行为。外汇期货市场的建立将取消"实需原则"的限制,因而在外汇期货市场中将存在着一定规模的投机者(丁剑平,2013),对此监管部门要严格防范市场中可能出现的过度投机炒作行为,坚决防止虚拟经济的过度自我循环和膨胀,牢牢守住不发生系统性和区域性金融风险的底线。

海外华商近年投资中国的
强势成长与深刻变化[*]

　　本文分析阐述了改革开放以来侨商与外商在华投资格局的大变动情况、侨资强势成长的原因以及中国经济转型下的侨资企业在国际竞争中走向新格局的现状和特点。认为海外华商对中国大陆的投资,近八年来强势增长,亚洲华商在中国外商直接投资中的比重逐年稳定上升;欧美日韩企业对华投资的比重则在下降。海外华商平均投资额也大幅度增加,超过欧美日韩企业的水平。究其原因是多方面的,既受世界经济大环境特别是全球FDI趋势的影响,也与中国经济发展态势密切相关,还与海外华商的投资与经营特点相关。在中国经济转型过程中,日益本土化的趋势使侨资企业全面融入中国经济脉动之中,一批华商品牌在中国本土成长起来 国内外资本市场的发展,推动了侨资传统产业的资本形成与技术升级,侨资科技产业与战略性新兴产业异军突起。侨资企业优胜劣汰,呈现新的格局与国际竞争力。

---

　　* 本文作者龙登高:清华大学社会科学学院华商研究中心主任,教授;丁萌萌:清华大学社会科学学院经济学研究所博士;张洵君:贵州省金融研究院常务副院长,清华大学社科学院经济学研究所博士后。

在中国外商直接投资（FDI）中，海外华商与欧美日韩等外商是两大主要来源。三十多年来，二者在对华投资中此消彼长，经历了曲折变化。20世纪80年代，海外华商几乎一枝独秀；1992年邓小平南方谈话以后，中国外资迅猛增长，其中尤以欧美日韩等外商的大举投资最为引人注目，改变了侨资独大的格局。

这种趋势在2001年中国加入WTO之后进一步强化，欧美日韩对华投资的重要性日益增强，而海外华商的比重和重要性趋于下降这一印象如此强烈并合乎逻辑，以至于人们忽视了最近七八年来的重大变化：那就是海外华商投资的大幅度增长，在中国外商直接投资总额中的比重逐年稳定地上升并重新主导中国外资的强劲发展。不了解这一变化，将无从动态地把握中国外资企业的总体格局及其变动。如果不重视这一现象也不进行比较研究，将会忽略海外华商在中国大陆投资企业的成长及其对中国经济增长的巨大贡献，同时会忽略欧美日韩对华投资额减少及其比重大幅度下降的危险信号，从而无法有针对性地调整外商投资政策与华侨华人政策。

一、大分流：华商与外商在华投资格局的大变动

改革开放之初的20世纪80年代，海外华商在中国外商直接投资总额中占百分之七八十的绝对主导份额。这一比重在1992年之后逐年下降，1994年约为64%。图3-2清晰地显示出1994—2011年侨资与其他外资变动的大分流，香港、澳门和新加坡等东亚华商作为侨资企业①的代表，欧、美、日、韩投资商则为其他外商的代表，两条曲线的走势耐人寻味。以2005年为界，欧、美、日、韩对华投资在中国FDI总值中的比重在1994—2005年呈逐年上升趋势。具体来看，1994年为20.19%，次年达25.1%。2001年中国加入WTO，欧、美、日、韩企业的投资进一步增加，2003年达33.2%，2004年至2005年继续维持这一水平，与东亚华商在FDI总额中所占比重相当。

①　本文中的侨资企业是指经国家有关部门批准，由华侨、外籍华人、港澳同胞在中国内地投资兴办且其资本占投资总额25%以上的企业（不含国外及港澳中资机构在境内的投资企业）经由香港投资内地的资本与企业，不少来自东南亚华商。

然而,这一趋势从 2006 年开始发生逆转,欧、美、日、韩企业投资比重逐年下降。2006 年欧、美、日、韩企业对华投资的比重降至 26.45%,低于东亚华商,2007 年更急跌至 18.39%,2010 年降至 14.29%,2011 年进一步探底。但这一严峻态势未被社会、媒体、学界和政府所全面把握,人们似乎还一味沉浸在中国外商直接投资总额不断上升的乐观图景之中。

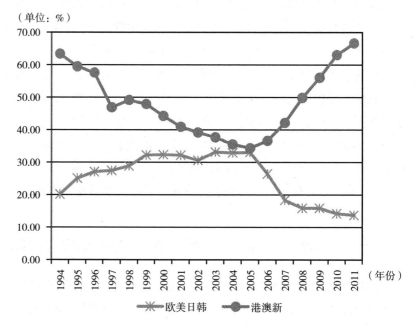

图 3-2　以港澳及新加坡为代表的东亚华商与欧、美、日、韩投资商
在中国大陆外商直接投资中的比重变化

注:图表由清华大学华商研究中心制作,原始数据来源于国家统计局。

　　与此形成鲜明对照的是近年来侨资企业的强势成长。一方面,中国香港和新加坡是海外华商的经济之都,两地对中国大陆的投资绝大部分由海外华商完成,其投资额基本可以代表中国侨资的水平。东南亚华商亦经由这两个金融中心与经济都市走向中国大陆,直接来自东南亚各国的投资并不多。另一方面,北美等地华商对中国的投资,其统计数据不便获取,在侨资中的比重亦不高,对侨资整体的估计有限。因此,我们以港澳与新加坡的数据来观察海外华商对中国的投资,即中国侨资数据的总体水平。当然,这并不意味着香港与新加坡以外的侨资无足轻重。事实上，根据"中国侨资企业数据库"资料显示，2004 年侨资企业的来源地排名中，美国高居榜首，达 4456 家，远远超过第二位的新加坡（1602 家）和第三位的是日本（1399家），而第四至第六位的加拿大、澳大利亚、英国分别为 600—800 家。

（一）1998—2005 年侨资低迷不振，西方企业对华投资引人注目

东亚华商在中国大陆的投资额，1994 年为 215 亿美元，1997 年增至245.6 亿美元，受东南亚金融危机及中国香港政局变动等因素的影响，此后10 年一直处于低迷阶段，2006 年才开始回升，如图 3-3 所示。

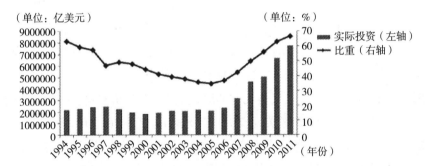

图 3-3　华商投资额及其在中国 FDI 总额中的比重

注：图表由清华大学华商研究中心制作，原始数据来源于国家统计局。

在海外华商投资中国的十年低迷期，中国 FDI 总额大体仍处于上升阶段。虽然受东南亚金融危机的影响曾有三年陷入低谷，但 2001 年中国加入WTO 当年便回升，2002 年以 527.4 亿美元超过 1997 年的 523.8 亿美元，这主要得益于欧美及日韩企业的投资增长。在这一时期，海外华商投资额占中国 FDI 总额的比重逐年下降，如图 3-3 所示，从 1994 年的 63.4% 下降至1997 年的 46.9%，2005 年降至最低点 34.4%。新加坡对华投资的变动也大体相似，如图 3-4 所示，从 1994 年的 11.8 亿美元迅速增至 1996 年的 28.1亿美元，1998 年达到峰值 34 亿美元，在中国 FDI 总额中的比重也高达

7.49%,此后逐年回落,2004 年探底至 20 亿美元,同年在中国 FDI 的比重亦低至 3.3%。1998—2005 年期间,海外华商在中国外商直接投资中的比重呈下降之势,这一现象甚至主导了社会与媒体对侨资企业的印象,而且几乎没有改变,以至于近七八年来侨资企业发生的新变化,人们很少注意到,更没有人进行分析。

(二)2006 年以来,海外华商对中国大陆的投资强力反弹

2006 年以后,海外华商投资终于走出十年的低迷,投资额迅速上升,2007 年增至 315 亿美元。此后屡创新高,2008 年达 460.5 亿美元,2010 年飙升至 666.5 亿美元,2011 年更达到 772.8 亿美元。海外华商对中国大陆投资总量,从 2006 年的 231 亿美元迅速增至 2011 年的 772.8 亿美元,在短短五六年间增长 3 倍多。海外华商投资额在中国 FDI 总额中的比重也迅速上升,2008 年已接近 50%,2011 年达到 66.6%(如图 3-3 所示)。新加坡对华投资额 2007 年达 31.8 亿美元,2008 年世界金融危机中仍上扬至 44.3 亿美元,2010 年达到 54.3 亿美元,2011 年更达 61 亿美元(如图 3-4 所示)。这一数值超过欧、美、日、韩任何一个国家当年对华的投资额,与 2004 年新加坡对华投资谷底时的 20 亿美元相比,2011 年增长逾 3 倍,同时在中国 FDI 总额的比重亦上升至 5.13%。

(三)近年来华商主导外商对华投资,引领 FDI 逆势上扬

近年中国外商直接投资的大幅度增长,是由海外华商投资增长所推动的,这促使中国外资能够在全球金融危机中逆势上扬,改变了中国 FDI 的总体格局,应该引起高度关注和深入探讨。与国际 FDI 的大势相比,中国外商投资度过了第二个低迷期。1997—2005 年的低迷期是由欧、美、日、韩等外商所改变的,欧、美、日、韩的投资帮助中国 FDI 走出低谷,在外商对华投资

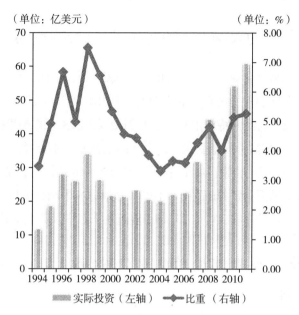

（单位：亿美元）　　　　　　　　　（单位：%）

图 3-4　新加坡对华投资额及其在中国 FDI 总额中的比重

注：图表由清华大学华商研究中心制作，原始数据来源于国家统计局。

格局中发挥主导作用，但这一趋势在 2005 年之后发生逆转，海外华商对华投资再次一枝独秀，改变了欧、美、日、韩企业对华投资长达六七年的主导地位，成为外商对华投资的主力军，推动了中国 FDI 的复苏，并在规避世界金融危机与欧债危机所带来的不利影响的同时，引领中国外资逆势上扬。因此，2008—2011 年的低迷期是由海外华商所逆转的。

从全球范围看，世界 FDI 总额在 2007 年以 2.1 万亿美元达到最高点；因受 2008 年国际金融危机影响，投资总额骤降了 20%，降至 1.7 万亿美元；2009 年进一步下跌至 1.1 万亿美元；2010 年有所回升，升至 1.2 万亿美元；2011 年进一步升至 1.5 亿美元。与此对照，中国 FDI 总额在 2010 年首次超过 1000 亿美元，2011 年更达 1177 亿美元；与 2005 年的 603 亿美元相比，2010 年净增 454 亿美元，2011 年净增 574 亿美元。这些增长主要归功于侨资对华投资的增长。

二、近年来侨资企业强势成长的原因

海外华商与侨资企业近年来强势成长,其原因是多方面的。既受世界经济大环境特别是全球 FDI 发展趋势的影响,也与中国经济发展态势密切相关,还与海外华商的投资与经营特点相关。在此难以全面论述,仅作初步探讨。

总的来看,大多数侨资企业在中国经济高速快车上不断壮大,与世界大企业的差距大大缩小,国际竞争力日益增强,中国经济的持续增长是侨资企业发展的基础和根本原因;另一方面,由于不能很好地适应中国投资环境的变化,再加上全球金融危机的影响,欧、美、日、韩企业近年来对华投资不断下滑。

(一)中国投资环境的改变使欧、美、日、韩企业的投资受到抑制

2001 年中国加入 WTO,外商信心大增,对西方与东北亚国家企业来华投资产生了积极推动作用。但中国投资环境的改善不如预期,或者说外商还未能适应中国的市场环境,在华投资的效益不如预期,使外商大举投资受到抑制。《经济学人》信息部对 328 家在中国开展业务的跨国公司调查后发现,在中国向高新经济体的转变过程中,企业的商业模式将会承受越来越大的压力。政策准入门槛的提高和优惠政策取消带来的成本变动,也让跨国公司在中国的经营比以前更为艰难。不仅没有专门的优惠政策,长三角等地区甚至提高了投资门槛,对其产业类型、节能减排方面提出很高要求。中国在 2007 年统一内外资企业税率以及在 2010 年 12 月 1 日统一内外资企业和个人城市维护建设税和教育费附加税,让这些公司的税费增加了很多。再加上 2008 年之后的世界金融危机,2010 年后的欧债危机,使欧美企业的对外投资受到抑制,日韩企业也受到影响,对华投资持续下滑。

侨资企业与本土企业的强劲挑战,也是跨国公司面临的新问题。中国正孕育出一批实力强大的本土领军企业,与它们展开竞争是跨国公司面对的新现实。这些本土企业更接近和了解消费者,重点生产价廉物美的替代

产品,重视营销和分销战略,它们开发的新产品和创新型销售模式都极为贴合中国消费者的需求。侨资企业在某种程度上也属于这种本土企业。海外华商与侨资企业越来越扎根于中国经济土壤之中,其波动起伏主要受中国经济的影响,同时他们也影响着中国市场的发展。

（二）华商以灵活的手段与自身优势适应中国市场环境及其变化

中国作为新兴市场,一方面经济快速增长,变动不居,新的机会不断涌现;另一方面投资环境尚不太健全,障碍丛生,具有不确定性。这是新兴市场的特征,需要投资者调整自身去适应体制,适应文化。

中国快速发展与变动的市场,新的机会需要企业相机调整,甚至创造条件去把握先机。近十余年中国内需增长最快的领域是房地产业。房地产业占中国外资的五分之一,逾200亿美元,基本上都是由侨商投资经营。这是侨资快速增长并在中国利用外资中比重迅速上升的一个突出领域与行业见证。但欧、美、日、韩企业则很少涉及房地产业。我们座谈的20多个日本企业家,都不认为自己应该投资房地产业,甚至有些鄙视,他们也没有见到日本企业投资其中。欧美跨国公司亦然。两种经营方法各有其逻辑,新的机会与高收益遂由侨资控制。当中国房地产趋于平稳之时,华商又面临新的调整,而专业化经营的西方企业一贯地稳扎稳打。

语言与文化等方面的优势,使海外华商相比于其他外商,能更快和更深入地全面适应中国社会经济,这可以说是海外华商的先天优势。海外华商在中国和海外拥有信息和经营网络,能够全面把握中国市场的发展与变化,确定自身的优势与竞争力,并相机调整自身的定位,抓住发展机遇。

海外侨商与各级政府的联系较为密切,紧跟中国政府的经济规划和发展导向,从中获取资源,抢占先机。华商既抓市场,也抓市长,并适应侨乡市场及当地投资环境。而西方企业则只抓市场,在目前中国的实际来看,就会有所不足。西方企业也无法像华商那样,与官员通过各种活动和私人交流,融洽相处,维持良好的关系,配合和推动政府的措施,自身亦获得机会。当然,从长远趋势而言,市场经济中的政府角色,的确应该逐渐淡化,让市场真正地全方位地配置资源,这是中国经济发展的方向。也只有这样,才能广泛吸引包括跨国公司在内的各种外商投资。

此外,香港作为海外华商的经济都会和金融中心的地位得到强化。内地与中国香港、澳门特区政府 2003 年分别签署了《关于建立更紧密经贸关系的安排》(以下简称 CEPA),2004、2005、2006 年又分别签署了三个补充协议。CEPA 是"一国两制"原则的成功实践,是内地与港澳制度性合作的新路径,是内地与港澳经贸交流与合作的重要里程碑。海外华商将香港作为了解和把握国际市场的窗口,以之为桥梁扩大和强化海内外的联系,更好地整合海内外资源,并利用其便利的金融中心地位来融资和调剂资本。

三、中国经济转型下的侨资企业经营:国际竞争中走向新格局

(一)侨资企业形成新格局

其一,侨资企业优胜劣汰,正在形成新的格局 在金融危机与中国经济转型中,一些侨资企业特别是低端产业与劳动密集型企业惨遭淘汰;大批侨资企业则与中国经济共成长,由小企业变成大企业,甚至跻身为世界级企业。侨资企业在中国经济转型升级中继续发展,并在金融危机洗礼中增强其国际竞争力,将逐步形成新的格局。

其二,优质侨资企业越来越强大,一批华商品牌在中国本土成长起来。对 2000—2008 年国务院侨办三届明星侨资企业申报企业数据进行计量分析发现,优质制造类侨资企业综合能力稳定增长。如表 3-7 所示,经济创造能力从 0.115 稳定上升至 0.155;尤其是 2006—2008 年增速高达 26%。科技创新能力从 0.135 稳定上升至 0.171;2006—2008 年增速达 20%。环境保护能力从 0.213 稳定上升至 0.261;2006—2008 年增速亦达 16%

一批华商品牌在中国本土成长起来,如造纸业的恒安、玖龙、金光、维达

等;侨资纺织服装业中集中了大量的优质品牌,包括七匹狼、鲁泰、雅戈尔、伟星、华孚、中冠、天山纺织、维科精华、远东、达芙妮、百丽等众多企业。这些侨资品牌主要是在中国本土成长起来的。

表3-7 优质侨资制造业企业的综合能力变动情况表

年份 项目	2000—2002	2003—2005		2006—2008	
	指标	指标	增速(%)	指标	增速(%)
经济创造能力	0.115	0.123	6.96	0.155	26.02
科技创新能力	0.135	0.142	5.19	0.171	20.42
环境资源保护能力	0.213	0.225	5.63	0.261	16.00

注:图表由清华大学华商研究中心制作,原始数据来源于国务院侨办三届明星侨资企业申报资料。

其三,侨资规模持续扩大。侨商投资规模小,这种陈见与旧有印象在近几年必须改变。就对华投资项目平均水平而言,来自港澳与新加坡的投资都超过日本、韩国、美国,而且自2006年之后二者的差距还在逐渐拉大。2003—2006年上述地区对华投资的平均水平大体在100万—200万美元之间,相差并不大;但此后新加坡与港澳的投资平均额逐年扩大,2010年分别增至695万和459万美元,2011年进一步扩大至824万和502万美元;而韩国、美国的平均投资额基本上没有扩大,仅日本略有提升(见图3-5)。

从2001—2008年国务院侨办明星侨资企业申报数据所计算的规模指数看(见表3-8),呈逐年稳定上升趋势,从2001年的10.87,稳定上升至2008年的18.74,表明优质侨资企业的规模有了大幅增长。

表3-8 优质侨资企业规模指数与发展指数

年份	2001	2002	2003	2004	2005	2006	2007	2008
企业规模指数	10.87	12.36	13.27	15.14	15.92	17.04	18.16	18.74
企业发展指数	36.98	38.27	40.00	43.51	38.30	39.62	47.01	39.10

注:图表由清华大学华商研究中心制作,原始数据来源于国务院侨办三届明星侨资企业申报资料。

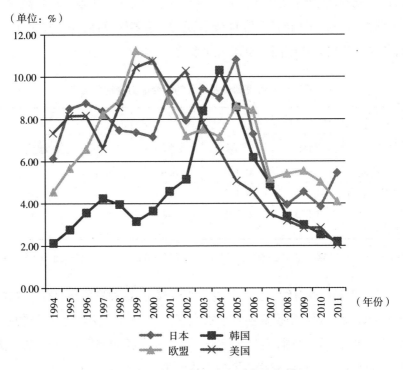

（单位：%）

图 3-5 1994—2011 年侨商投资规模

注：图表由清华大学华商研究中心制作，原始数据来源于国家统计局。

（二）侨资企业本土化趋势加强，已融入中国经济脉动之中

侨资企业与国内企业趋同及融合的趋势，在市场、管理、技术、资本等层面均有展现。侨资企业的这种趋势，表明它成为中国经济发展的内在动力之一。例如，过去侨资企业产品主要面向欧美市场，现在则转向国内市场；过去的高层管理人员来自海外空降，现在越来越多来自中国本土职业经理市场；侨资企业过去的资本来自海外的侨商，现在则从国际和国内金融市场进行融资；过去以引进技术为主，现在是以本土研发为主，或在跨国流动中实现创新。另外，在中国本土创业与创新的侨资企业也越来越多。

总之,侨资企业的转移和转型,主要体现为由面向国外市场转向扎根国内市场,由出口导向转为面向中国内需市场等。侨资企业逐步进入研发、制造、销售同步发展与自我不断升级完善的成熟阶段,产业集聚也由劳动密集型向资本密集型转变。中西部的一些地区,在这种转移与转型过程中呈现出后发优势,其侨商投资增幅已高于全国平均水平。

(三)侨资科技产业与战略性新兴产业不断发展

华商科技产业引领风骚,一些具有外籍身份的留学归国人员创业出现新的高潮,华商科技人才与科技企业引领中国科技成长,特别是科技产业市场的发育,成功地抗击了金融风暴。如前所述,优质侨资企业的科技创新能力快速成长,2006—2008 年较之 2003—2006 年的数据显示,明星企业的科技创新能力增幅高达 20%。政府部门(尤其是侨务部门)的作用、中国转型经济体制架构(包括资本市场)、侨资企业所处行业的市场特征、侨资企业的系统组织能力、技术创新及市场应用,都是决定侨资科技企业竞争和成长的关键因素;中国资本市场的发展和完善,推动了侨资传统产业的技术升级以及以新侨企业以前沿技术研发为主导的市场机制的形成。

第一,近年来中国资本市场的发展和完善,加之海外华商以自身优势利用国际资本市场,推动了侨资传统产业的资本形成与技术升级以及新市场研发机制的形成。

2009 年创业板的设立,为新兴企业特别是科技型企业提供了低成本的融资渠道,也可以说,侨资企业为中小板和创业板提供了优质上市公司资源,如国务院侨办"重点华侨华人创业团队(2009 年)"中的聚光科技(杭州)有限公司、广东冠昊生物科技股份有限公司,自 2011 年上市以来获得资本市场的高度青睐。据清华大学华商研究中心数据库的不完全统计,2010—2011 年两年中,至少有 21 家侨资企业通过新设的创业板上市,有 14 家通过中小板上市。

此外,在美国纳斯达克、中国香港等地资本市场上,海外华商也具有自身的优势,如通讯、传媒、互联网等新兴产业的新侨资企业在美国纳斯达克上市,它们或是在新兴产业中行业地位突出,或是注重革新性的技术,或是借助国际化资本开展跨国运营,或是致力于拓展国际市场。最近几年,侨资企业在中国香港、新加坡等地上市融资也愈加频繁;它们的业务主体大都在大陆,并得益于香港作为国际金融中心的便利,受惠于大陆与香港《关于建立更紧密经贸关系的安排》协议等有利政策,这些因素成为香港直接投资占整个中国 FDI 的比重持续上升的驱动因素之一,其中成功的案例给中国企业带来许多示范效应。

第二,战略性新兴产业中侨资企业的作用突出。侨资科技企业所处的行业,不少都对应着我国政府正在大力培育的战略性新兴产业。七大战略性新兴产业几乎在各个细分领域都有侨资企业的身影。侨资科技企业在战略性新兴产业中的布局具有领先性,有不少侨资(含港台中的侨资)科技企业在产业链分工中处于关键环节,具有相当的行业影响力和经营示范效应。国务院侨办以及各地侨办多年来一直致力于协助引进一批在新兴产业方面掌握核心技术的领军人才,引导侨商侨企加大科技和研发投入,充分发挥侨资侨商在推动产业升级、结构调整、自主创新等方面的作用。在各个战略性新兴产业及各产业中的分行业,都广泛分布着侨资企业,特别是太阳能 LED 生物产业链中的典型侨资企业,如 LED 行业的海归创业企业武汉华灿光电股份有限公司等。此外,海归与科技侨商投资与创业将进入一个新的高潮。

许多留学创业人员、有海外背景的创新人才,顺应中国经济社会的发展规律,结合中国国内的生产要素,致力于技术进步和科技创新,优质侨资企业的科技创新能力快速成长,在各产业领域贡献出丰富的创新成果。

总的来说,本文根据各种统计与计量分析,明确揭示自 2006 年以来海外华商投资中国强势成长的趋势。亚洲华商在中国外商直接投资中的比重逐年稳定上升,逐年大幅度递增至 2011 年的 66%,超过了 1994 年的水平,表明海外华商再度成为中国外商直接投资的主导力量。与此形成强烈反差,欧美日韩企业对华投资的比重则下降至 14%。中国的两大外资群体呈现出明显的大分流态势,同时海外华商平均投资额也大幅度增加,超过欧、美、日、韩企业的水平,这一格局变化耐人寻味,具有其内在逻辑性,亦有据可寻。

这些深刻变化与新趋势,以往缺乏全面深入的揭示与论证。本文分析了欧、美、日、韩企业对华投资减弱的现象及其警示,首次论证了近年中国FDI持续增长的主要推动力在于海外华商与侨资企业,也揭示和解释了侨资企业成功的原因与发展态势,希望对社会学界及政府部门关注和了解这一重要趋势有所助益。

第四篇　新型城镇化与生态文明建设

　　推进新型城镇化和生态文明建设,是当代我国两项艰巨、长期的重大战略任务,是惠及子孙中国梦的重要组成部分。科学、合理地推进这两项战略,关系到改革与发展的成败。本篇编组部分此方面研究,供读者研究参考。

加快生态文明建设
推进国家治理体系现代化

在 2014 年 9 月 19 日下午和 20 日上午的会议上，与会代表聚焦生态文明建设和推进国家治理体系现代化，根据中国实际现状，提出了具备可操作性的具体实施建议。现将主要观点编辑整理如下：

一、杨伟民：用制度保护生态环境 *

中国面临的最突出问题是生态环境逐渐恶化。过去我们把生态环境当作技术性问题，后来认为是发展中必然产生的问题，现在我们认识到生态环境问题是一个制度性和机制性问题。十八届三中全会明确提出"必须建立系统完整的生态文明制度体系，用制度保护生态环境"，我认为主要应该包括四个方面。第一，建立产权制度，明晰自然资源的确权登记，明确行使所有权人职责的代表，通俗上讲，即建立"自然资源的国资委"。第二，建立开发保护制度，明确资源功能划分并设立自然生态空间统管机构。自然资源不仅属于当代人也属于后代人，所以必须建立开发保护制度，对自然资源进

＊　杨伟民：中央财经领导小组办公室副主任、清华大学中国发展规划研究中心副主任。

行用途管制。把全国 960 万平方公里国土空间按照开发方式分成优化开发、重点开发、限制开发和禁止开发四类,形成城市化地区、农产品产区、生态地区等三种主体功能区。目前用途管制分散在各个部门进行管理,管树的只管树,管水的只管水,这一体制容易破坏生态本身的系统性,所以要建立一个统一的部门对自然生态空间进行用途管制。第三,建立使用制度,健全价格和税收体制机制,重点完善资源税。资源税要从现有的矿产、煤炭、天然气等扩展到水,因为水对中国的未来发展是至关重要的一种资源。水费改为水税,不交税,采地下水就是违法了。第四,建立环保制度,重点是总量控制制度和污染排放许可制度。对超标超量排污企业实行后果严惩,加大违法成本和惩处力度。根据一个区域的环境容量,确定这个区域污染物的排放总量,如果超量,就不再批准任何一个新增加污染物的企业了。企业排污需要许可证,可以激发污染企业实行改造升级,减少污染物排放。剩余污染量可以作为权力拍卖,促进企业积极主动地进行污染治理。

二、李君如:推进国家治理体系
现代化要做破题性研究*

十八届三中全会把国家治理作为全面深化改革的总目标,但是目前仍未破题。国家不仅要有统治的功能,更要有管理功能,特别是公共管理功能。治理在多元社会中主要体现在民主和法治,国家治理不是遏制,而是善治。推进我国治理体系现代化主要包括四个方面:第一,推进国家治理体系现代化,要围绕"两个一百年"的目标进行改革。改革为了发展,不能为改革而改革。如果改革影响了发展,那么这样的改革肯定是不成功的。围绕"两个一百年"的目标,就是要造福所有人。第二,推进国家治理体系现代化是为了建构和而有序的社会,要通过"组织起来"和"活跃起来",稳定并激发社会内在活力。1949 年新中国成立以后,我们把企业里的工人通过生产改革、民主改革和成立工会组织起来;把农村的农民通过分土地和成立农

---

* 李君如:中央党校原副校长。

村合作社组织起来;把社区的居民通过居委会组织起来。"组织起来"把当时一盘散沙的社会稳定下来。这四个字就是社会治理的一种体现。但是当"组织起来"以后,又产生新的问题。如果个人的能力与单位发展不统一,人又不能到更适合的地方去,久而久之就成为单位人。而改革就是要激发社会的内在活力,把人解放出来,把资产解放出来,把土地解放出来,把生产力解放出来。这是一个巨大的变化,那么这四个字就是"活跃起来"。第三,民主和法制是推进社会治理现代化的体系。第四,协商民主是推进国家治理体系现代化的重要途径。怎样建构现代化治理结构,要做破题性的研究。可以借鉴的经验,就是在中国实施了六十多年的协商民主。既发挥了人民群众的创新,又可以让人民群众参与进来。在中国协商民主发展中要充分重视社会组织作用,社会组织不可缺位,要进一步政企放开、政私放开、政社放开,逐步形成让各类社会组织充分发挥作用的社会治理体系。香港特区对全球化背景下大国治理的启示主要有两点。第一,反腐深得人心;第二,反腐过程中要谨防不作为。要尽快制定政策边界线,否则会影响反腐工作,影响中国未来的发展。

三、章新胜:生态文明要融入经济、社会、
　　政治、文化各个方面*

新中国成立六十多年,改革开放三十多年,中国的现代化发展走出一条和西方不同的道路。现在,不仅是亚非拉国家,全球都在瞩目中国。我国走向生态文明新时代,一是民生最大需求,二是国内背景,三是国际背景。十八大提出"五位一体",将生态文明融入经济建设、社会建设、政治建设、文化建设,而且落实到经济、社会、政治、文化的各个层面、各个环节,以实现生产方式的转变和消费模式的转变。第一,五位一体是水乳交融,而不是油水结合的。生态兴则文明兴,生态衰则文明亡。人类有史以来的26种文明,有25种文明的消亡是因为生态系统的衰败,而不是由于政府软弱、腐败,或

---

*　章新胜:教育部原副部长、世界自然保护联盟主席。

者民族愚昧。世界四大古文明只有中华文明源远流长,因为中国是全球生态系统最丰富的国家,中国生物多样性居世界前五位,贵州一个省的物种丰富程度就相当于整个西欧。第二,五位一体是商业文明逐步向生态文明的转型。用西方引领的由工业革命产生的商业文明催生生态文明的发展。商业文明的生产方式是线性的,基本是拿来、生产、扔掉。商业文明呈现的是交换关系,而生态文明是一个循环的关系。全球生态系统和环境已经严重透支,根据西方国家的统计,按中国人均生活标准需要 1.2 个地球的承载力,欧洲则需要 2.5 个,美国需要 3 个。商业文明至今仅有 260 多年,农耕游牧文明在中国和西方共同发展了 6000 多年,而原始文明持续了 100 万年。楼兰古城、两河流域文明的消失值得反思,说明单纯的商业文明已经难以为继了。第三,生态文明不只是环境保护,而且生态和环境保护不能与经济发展相对立。环境保护是技术层面的问题,而生态是指整个大自然和地球生态系统的调节和服务功能。要培育大自然和生态系统的自我调节功能,并为我们发展生计服务。要从根本的发展模式上尊重大自然,天人合一。没有生物多样性,水、空气、土壤的净化功能就会消失。关于如何操作规划,章新胜提出,第一,生态文明需要以人为本操作,要根据人民群众的需求,各种社会组织广泛参与规划制定;第二,要克服体制性障碍,要由表及里,由表入深,由此及彼,好好研究生态系统生产总值(GEP)和国内生产总值(GDP)的并行机制;第三,建立终身追究制,保证红线制度,让规划的方针各司其职、各展其长、各安其位、各得其所。

四、刘太格:城市规划方案要做长远考虑*

新加坡和中国都有强有力的政府,对城市整体规划具有宏观认识,鼓励城市化发展,具有国有土地的优势。中国有条件把城市规划做好,问题是有没有决心,有没有技术,有没有方式。第一,大、中、小城市规划应不同。中国政府重视开发建设,中国的体系非常有利于城市规划。但是如果过分重

---

* 刘太格:新加坡城建局原局长。

视大城市,甚至小乡镇都要模仿大城市,这对于整个国家的城市环境是非常不利的。中国进行大、中、小城市规划时,大城市密度可以高一些,小乡镇密度要低一点,这样就会感觉到不同城市间环境的巨大区别。城市给人的第一个印象是整个地方的容积率是多少,建筑高度是多少,而不是建筑设计风格。第二,城市规划方案要全面设计、长远考虑。很多地方进行城市规划时,经常用国情不一样、经费不足做借口。但是越难的事情越要早处理,规划方案应尽可能做到全面、长远的设计。即使财政能力不足,必须做的内容也要在开始的时候一并规划,等有钱的时候再分步实施,不能按照当时的财政能力规划。第三,设计城市规划方案应注意的问题。做好城市规划有几个重要的课题,包括生态、环境、基础设施、交通等。要做一个明智的城市规划,首先,要有决心;其次,要衡量百家理论哪些适用;最后,价值观要正确。城市规划就好像设计一个宜居城市的机器,使用要舒适,功能要完善,形象要优美。规划师要有科学的理念、艺术的眼光,充分考虑人口密度、政治经济社会、生态环境、专业知识和城市形象等,要注意合理化、阶层化、系统化,对城市进行总归,再细化,做片区规划、卫星镇规划、小区规划,最后才是建筑设计风格。

居住模式与中国城镇化[*]

——基于土地供给视角的经验研究

　　如何解释地方政府在中国快速的城镇化与经济发展过程中所扮演的积极角色？为什么部分城市高企的房价没有抑制外来人口的持续流入？本文从土地供给角度探讨了地方政府推动城镇化的内在机制，具体的工作内容是将地方政府在土地市场上的干预行为具体化为扩张工业用地供应、缩减住宅用地供应，以新增常住人口的居住模式选择为切入点，建立了适合解释中国城镇动态发展的空间均衡模型。研究发现：中国城镇化可以由新增常住人口居住在价格低廉的非普通商品房为主的模式来解释，工业用地扩张推动城市常住人口、房价水平上升，但降低了工资水平。这一模式虽然在短期内快速推动了城镇化进程，但带来了城乡二元结构、城市内部新二元结构的收入差距扩大。

　　中国经济发展与城镇化在过去三十多年里取得了举世瞩目的成就。经

　　＊　本文作者莫家伟：香港大学经济与工商管理学院博士研究生；范剑勇：复旦大学经济学院教授；张吉鹏：西南财经大学经济管理学院副教授。

　　本文发表于《中国社会科学》2015年第4期。本文得到国家社会科学基金重大攻关项目与重点项目(11&ZD0032)、上海市重点学科(B101)与教育部新世纪优秀人才项目的资助。

济增长率年均达到 9.8%左右,2013 年年底城镇化率已经达到 52%。这些成就取得的核心机制是什么,是否存在独特的、广受争议的中国模式?如果存在,中国模式是否可持续?本文拟从地方政府对土地市场的干预视角对快速的城镇化与工业化等目标进行考察,应用的理论工具是空间均衡思想。城镇化的衡量指标与研究对象具体化为地级城市的人口、工资与房价增长三个维度。土地供给视角的具体含义为地方政府对土地市场的干预行为,包括地方政府利用在土地市场上的垄断地位,在土地市场上实行价格歧视策略,对工业用地供给进行扩张、压低其价格,对住宅用地进行缩减,人为抬高其价格。这一干预行为在客观上快速推动了城镇化进程,同时带来了种种潜在隐患,深刻地影响了中国城镇动态发展,使之带有明显的制度烙印。

与城镇化密切联系的空间均衡模型阐述了劳动力在城市之间的流动遵循以下经典法则:工资+城市公共产品(amenity)-居住成本=保留效用。其中,城市公共产品为宜人的气候等自然环境或地方政府提供的公共服务,居住成本直接量化为城市房价水平,保留效用为工人最终在各城市间不流动时的效用水平。假定城市公共产品保持不变,地方政府在土地市场上的干预行为使得城市房价水平上升,由于各城市间的保留效用是不变的,如果工资水平上升速度不及房价的上升幅度,那么,城市人口增长速度必将减缓下来。这一广为人知的经验法则是否适用于转轨时期的中国城镇化发展?我们惊讶地发现,中国人口增长快的城市往往表现出房价水平上涨幅度大但名义工资上升速度慢等特征,这显然有悖于通行的空间均衡的经验法则,本文称之为"工资与房价增长悖论"。这也是本文研究的切入点。

为了更好地考察房价与工资增长背离现象,我们以 70 个大中城市作为分析样本,选取第五和第六次全国人口普查即 2000—2010 年作为考察时间段,对其十年间人口增长、房价增长和平均工资增长分别画出四个散点图[①]

① 鉴于城市常住人口由户籍人口与流动人口组成,我们采用以下方法定义流动人口数量:流动人口=常住人口-户籍人口,其中户籍人口数据来自《中国城市统计年鉴》,常住人口数据来自人口普查。如果流动人口大于 0,则表现为净流入;如果小于 0,则表现为净流出。同时,2000—2010 年期间常住人口与流动人口之间的相关系数达到 0.90,接近于 1,R^2 为 0.81,在一定意义上说,流动人口的多寡往往主导着城市常住人口的变化。

（见图4-1），图4-1的（1）（3）子图揭示的是流动人口与房价增长之间的正相关关系，（2）（4）子图揭示的是流动人口与工资增长之间的负相关关系。从图4-1的城市标识中可以看出，房价绝对水平更高的城市主要也是人口净流入较大的城市，其对应的房价增长速度较高，但工资增长速度较低。例如，在2000—2010年间深圳常住人口增长48%，商品房平均销售价格增长235%，但平均职工工资增长只有119%，工资增长速度远低于其他房价增长较快的城市（见表4-1）。

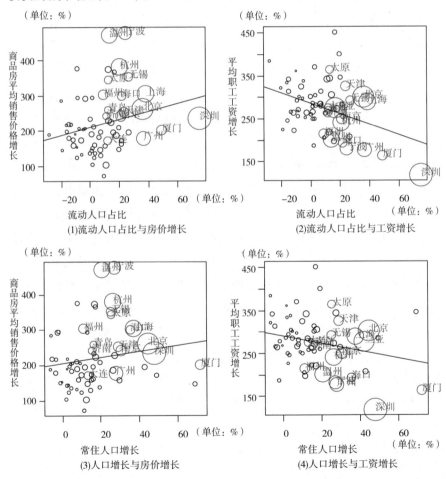

图4-1　2000—2010年170个大中城市人口流动与房价、工资增长

注：圆圈大小代表2010年商品房平均销售价格，显示名称的为2010年高于6000元/m²的高房价城市；数据来源于对应年份的《中国城市统计年鉴》和第五、六次全国人口普查。

表 4-1　70 个大中城市人口、房价与工资增长

（2000—2010 年,选取代表性 20 个城市）

城市	省	流动人口占比（2010 年）	户籍人口 2010	普查人口			商品房平均销售价格			平均职工工资		
				2010	2000	增长（%）	2010	2000	增长（%）	2010	2000	增长（%）
深圳	广东	74.9	260	1036	701	47.8	19170	5718	235.3	50455	23039	119.0
厦门	福建	49.0	180	353	205	72.0	8883	2951	201.0	40283	15279	163.6
上海		38.6	1412	2302	1674	37.5	14400	3565	303.9	71875	18531	287.9
广州	广东	36.5	806	1270	994	27.7	11921	4296	177.5	54494	19675	177.0
北京		35.9	1258	1961	1357	44.5	17782	4919	261.5	65682	16350	301.7
无锡	江苏	26.8	467	637	509	25.3	7764	1718	351.8	47004	11984	292.2
宁波	浙江	24.5	574	761	596	27.5	11224	1949	476.0	43476	15512	180.3
杭州	浙江	20.8	689	870	688	26.5	14133	2939	380.8	48772	14313	240.8
温州	浙江	13.7	787	912	756	20.7	13449	2356	470.8	37605	12497	200.9
金华	浙江	13.0	467	536	457	17.3	5455	1155	372.4	39469	12385	218.7
沈阳	辽宁	11.2	720	811	720	12.5	5411	2689	101.2	41900	9484	341.8
长沙	湖南	7.4	652	704	614	14.7	4418	1924	129.6	38338	10137	278.2
济宁	山东	-4.3	843	808	774	4.4	2957	976	202.9	35821	8183	337.7
九江	江西	-5.3	498	473	440	7.4	2908	1260	130.9	24746	6236	296.8
南宁	广西	-6.2	707	666	606	10.0	5144	1876	174.2	37040	8729	324.3
平顶山	河南	-10.0	540	490	480	2.1	2410	831	189.9	31936	6926	361.1
蚌埠	安徽	-14.5	362	316	329	-3.8	4227	1520	178.0	28707	6967	312.0
重庆		-14.5	3303	2885	3051	-5.5	4281	1351	216.8	35367	8020	341.0
安庆	安徽	-15.9	616	531	518	2.5	2985	943	216.6	27986	6458	333.4
遵义	贵州	-28.0	784	613	654	-6.4	2609	903	188.8	32923	6815	383.1

注:此处不包括 70 个大中城市的云南省大理市,此处仅截选具有代表性的 20 个城市,详细列表可向作者索取。单位:人口(万人),房价(元/m²),工资(元/年)。浙江金华市 2010 年房价数据为异常值,用 2009 年房价替代。数据来源于对应年份《中国城市统计年鉴》和第五、六次人口普查。流动人口=普查人口-户籍人口。

图 4-1 展现的是工资与房价增长悖论的中国城镇化事实。① 鉴于经济增长果实的切割与分配实际上依据的是要素供给的弹性大小,弹性越小,价格越高(Moretti,2010),房价代表的是不可流动的、供给弹性小的土地要素价格水平。从图 4-1 中似乎可以进一步推论(也有待于下文检验),绝大多数流动人口没有能力购买普通商品房等事实,流动人口净流入强、房价水平高的大型城市,其集聚效应越强,但是其经济蛋糕分割往往是偏向购买得起商品房的城市精英或部分户籍人口,这一状况显著加剧了城乡之间、城市内部新二元结构的收入分配矛盾,对城镇化的可持续性产生巨大的威胁。

延续图 4-1 所揭示的规律推论可以看出,经济增长过程中的收入分配状况取决于流动人口是否占有价格水平高昂的普通商品房,囿于中国特有的户籍制度、地方政府偏向 GDP 考核激励等制度因素,流动人口实际上并不分享经济增长果实。正是从这一事实出发,流动人口居住条件不同于正常的普通商品房,本文进一步假定流动人口的居住条件是工业用地基础上的厂商集体宿舍,其隐含的核心含义是流动人口创造了财富却不分享财富。从这一居住模式出发,考察中国城镇化的机制,可以深入挖掘威胁中国经济可持续增长的各类潜在因素。

鉴于上述研究出发点,本文的结构安排如下:第二部分描述地方政府对土地市场干预的制度背景和中国城镇化的若干特征性事实,包括流动人口与常住人口变化的简单数量关系,流动人口居住条件,城市土地结构与人口数量、房价水平的简单数量关系,工业用地增长与住宅用地增长分别与流动人口、工资与房价之间的简单数量关系;第三部分构建适合解释中国城镇化过程中流动人口居住模式的空间均衡模型;第四部分是实证检验;第五部分是总结性评论。

---

① 对于图 4-1 和表 4-1 的房价与工资之间的背离现象,一种可能的解释是该统计数据不能反映真实情况,即高房价城市的高收入人群数据未纳入平均职工工资的统计范围,高房价城市的工资被低估。本文认为这种解释不足以否定房价与工资之间的背离关系。第一,在流动人口中,高收入人群的比重很低;第二,流动人口中,由于技能、学历、户籍等差异,其工资收入可能低于当地户籍人口的平均水平;第三,流动人口中能够负担高昂房价的人口占比是相当低的。因此,从流动人口群体特征看,上述解释不足以回答高昂房价为何没有阻止人们持续流入发达城市这一问题。

一、地方政府供地行为与中国城镇化的若干特征性事实

本部分将提供地方政府进行工业用地扩张的制度背景和中国快速城镇化中有别于西方城市化的若干特征性事实,为居住模式解释中国土地城镇化提供现实基础与感性认识。

(一)地方政府供地行为的背景与土地出让状况

1. 制度背景

近三十多年来的经济高速增长离不开地方政府所发挥的领导作用,后者又离不开基本的政治经济制度环境。那么,地方政府发挥作用的机制是什么? 从治理结构上看,本级地方政府既是水平选举产生,也受上级政府的垂直指导。这种上下级垂直指导关系使本级地方政府为 GDP 考核而展开激烈的地区间竞争。我们认为,地方政府推动经济发展的抓手有两个:其一是积极扩张工业用地、压低工业用地价格和实施各类优惠的积极税收政策进行招商引资,形式是各类工业园区的创建,目的是促进 GDP 与就业增长。其二是利用土地市场的垄断地位①,减少商住用地的供地面积,以抬高商住用地单价的形式来提高土地出让收入,并以"土地金融"为融资手段来进行城市基础设施建设、以直接投资形式推动经济增长。上述两个手段实际上已经成为中国快速城镇化(特别是土地城镇化)和经济增长的核心所在,同时产生了导致城乡之间、城市内部收入分配不公的累积性风险,也致使经济发展方式转变困难、经济的可持续增长遭受严重的威胁。接下来我们对地方政府在土地市场中的干预行为进行简单介绍。

地方政府如何对征来的土地进行歧视性供地,并带动城市基础设施建设

---

① 从制度上看,《土地管理法》第 43 条规定,企事业单位如需使用土地,必须向地方政府申请城市国有土地,这切断了企业与农村集体组织直接进行谈判使用集体土地的通道,使地方政府在工业化与城市化过程中取得了土地供给的垄断地位。

和 GDP 增长？过去十多年土地征收、供地与利益分配的流程基本如下：第一步，地方政府成立土地储备中心，将征收来的土地纳入土地储备中心统一管理。第二步，将征收土地中的大约 20%—30% 进行商住用地的 70 年使用权转让①，出让形式为挂牌、招标与拍卖（简称"招拍挂"），一般来说招、拍、挂的平均价格与土地拆迁等成本价之间达 5—10 倍②；同时，划出 40%—50% 左右的土地用于工业开发区建设。为吸引外来投资入驻，50 年使用权的工业用地由地方政府与厂商直接进行谈判，其价格水平一般低于土地征用成本价甚至零地价。第三步，商住用地的土地招拍挂纯收益直接为城市基础设施开发公司（即地方建设的融资平台）所用，该类公司通常以无偿行政划拨的方式获得大约 30%—40% 土地，并拿出一小部分土地作为抵押向银行贷款进行各类城市基础设施建设。③ 当以上三步完成后，地方政府进行新一轮的循环：土地征收→商住用地拍卖和工业用地协议转让→城市基础设施用地行政划拨与抵押融资、建设。上述城镇化过程其实是典型的土地城市化模式。

2. 土地出让状况：工业用地扩张与商住用地紧缩④

接下来我们简单介绍 1999—2008 年期间国有土地不同使用目的的出让面积和出让总收入。1999—2008 年国有土地出让面积和成交价款（即出让总收入）总体上呈现出明显的上升趋势。其中，土地出让面积从 1999 年 4.54 万公顷上升到 2007 年 23.5 万公顷，2008 年回落至 16.59 万公顷；土地出让成交价款从 1999 年 514.33 亿元快速上升至 2007 年最高峰 1.2 万亿元，2008 年回落至 1.03 万亿元。从土地出让的用地类型结构看（见图

---

① 本处比例是一个粗略的经验值，通过蒋省三、刘守英、李青的个案调查得出的。

② 根据《中国国土资源年鉴》，2003、2005、2007 年，中国分别供应工矿仓储用地 9.94 万、9.05 万、13.56 万公顷，分别占建设用地供应增量总量的 51.4%、54.7% 与 57.7%，工业用地价格在这三年中增长缓慢，分别为每公顷 125 万、138 万、156 万元，而同期商服用地价格分别为每公顷 355 万、634 万、871 万元，住宅用地每公顷 598 万、680 万、1131 万元。

③ 据蒋省三、刘守英、李青（2010）的个案调查，县级地方政府进行城市基础设施建设的资金有 70%—80% 来自当地银行的土地抵押贷款。而据 World Bank（2012），城市基础设施建设贡献了 GDP 增长的 20%—30%。

④ 本处数据均来自历年《中国国土资源年鉴》。《中国国土资源年鉴》从 2003 年开始公布国有土地出让的纯收益、新增土地等数据，以及协议、挂牌、拍卖、招标等地级市层面的更为细致的数据。

4-2),2003—2008 年间工业用地出让面积除 2006、2007 年有明显上升外,基本保持在年均 9 万公顷的水平;住宅用地出让面积保持略微上升的趋势,年均增长约 3.5%,平均出让面积为 5 万公顷;商服用地出让面积则有明显的下降趋势,年均增长率为-11%。然而,从出让总收入来看,各类型用地均有明显的上升趋势,工业用地、住宅用地和商服用地的出让总收入年均增长率分别为 7%、18% 和 11.8%;若按照出让纯收益计算,住宅用地的年均增长率更是高达 20%。横向比较看,工业用地的出让面积几乎是住宅用地和商住用地面积之和的 1—2 倍,而成交价款和纯收益则远远低于商住用地,工业用地与商住用地的出让总收入之比为 0.30,工业用地与商住用地的纯收益之比为 0.38。最后体现在平均出让价格上的比例是,住宅用地的出让价格达到工业用地的 5.8 倍(841.60/145.32=5.8 倍)。

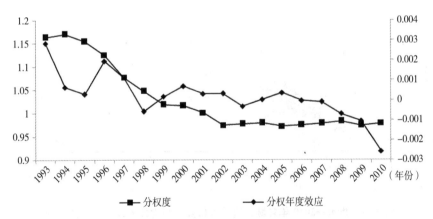

图 4-2 **2003—2008 年各类型用地出让面积与出让总收入**

注:数据来源于《中国国土资源年鉴 2004—2009》。

(二)城市常住人口变化与流动人口分布

从城镇化进程来看,2000—2010 年城镇人口增长 2.07 亿人,乡村人口减少 1.33 亿人,城镇化率水平从 2000 年的 36.2% 提高到 2010 年的 49.68%,累计提高 13.48 个百分点。同时,我们关心的是常住人口增量中有多少份额是流动人口贡献的,为此,我们画了 2000—2010 年各地级城市的常住人口增量与流动人口变化的散点图(见图4-3),发现2000—2010年期间常住人口与流动人口之间的相关系数达到0.90,接近于1,R^2达到0.81,在一定意义上说,流动人口的多寡往往主导着城市常住人口的变化。另据世界银行统计,城市常住人口增量中的85%份额左右是由流动人口贡献的。在此基础上,本处进一步关注人口的空间流动去向,切入点是地级城市的常住人口变化、流动人口规模及其占本市常住人口的比率、流动人口流入的变化规模等方面描述人口的空间分布变化。

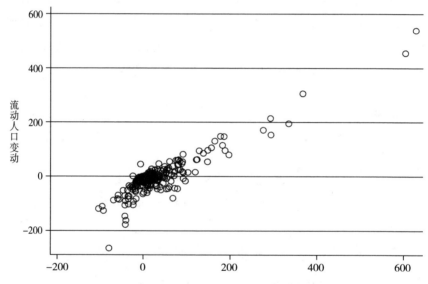

图4-3　2000—2010年各城市流动人口变动与常住人口变动的散点图

1. 常住人口分布及其变化

在2000—2010年期间内,城市常住人口分布有以下规律可循(见表4-2):第一,从常住人口的绝对水平看,各城市的排名位序相对稳定,前20位城市中近三分之二是沿海地区,既有上海、北京、广州等超大型城市,也有历史上一直人口密集的保定、邯郸等城市;从中西部地区来看,主要是重庆、成都、西安等区域性经济中心城市。第二,从常住人口变化的绝对量来看,排名在前20位的城市中绝大多数是沿海地区大型城市或新兴工业化城市,前者如上海、北京等,后者如广东省的佛山、东莞、惠州或江苏省的苏州等,也有中西部地区的省级中心城市,如成都、郑州等;排名后 20 位城市的人口变化均为负值,表明其劳动力的净流出,其中流出最大的城市是重庆,净流出人口达 166.7 万人,从其省份归属来看,多数省份是人口大省,如四川、河南、安徽省等。第三,从人口增长率排名来看,排在前列的城市或者是人口基数较低,由于其具有某种特殊资源,吸引了大量的流动人口,如厦门(72%)、克拉玛依(45%)、三亚(42%)等;或者是本来人口规模大、经济活力强的大型城市,如上海(38%)、苏州(54%)、佛山(35%)等,这使得人口进一步向大型中心城市集聚。

表 4-2 城市常住人口及其变动的前 20 位与后 20 位排名

常住人口数量、人口变动与人口增长率前 20 排名(万人)						
排名	地级市	2000 年人口	2010 年人口	地级市	人口变动	地级市	人口增长率(%)
1	重庆	3051.2763	2884.62	上海	628.1	厦门	72.00
2	上海	1673.7734	2301.9148	北京	604.3	银川	69.25
3	北京	1356.9194	1961.2	苏州	367.4	苏州	54.09
4	成都	1110.8534	1404.7625	深圳	334.9	乌鲁木齐	49.40
5	天津	1000.9068	1293.8224	成都	293.9	深圳	47.78
6	广州	994.2022	1270.08	天津	292.9	嘉峪关	45.33
7	保定	1047.1123	1119.4379	广州	275.9	克拉玛依	44.69
8	哈尔滨	941.3359	1063.5971	郑州	197.0	北京	44.53
9	苏州	679.2239	1046.5994	南京	187.9	惠州	42.94
10	深圳	700.8831	1035.7938	佛山	185.7	三亚	42.11
11	南阳	957.7771	1026.3006	杭州	182.2	鄂尔多斯	39.08
12	石家庄	924.1186	1016.3788	东莞	177.4	上海	37.53
13	临沂	994.2652	1003.94	宁波	164.2	海口	35.66
14	武汉	831.27	978.5392	温州	156.4	佛山	34.78
15	邯郸	838.6814	917.4679	厦门	147.8	中山	32.05
16	温州	755.764	912.21	武汉	147.3	南京	30.66
17	潍坊	849.53	908.62	惠州	138.1	河源	30.29
18	周口	974.1283	895.3172	无锡	128.6	郑州	29.59
19	青岛	749.4194	871.51	合肥	123.5	天津	29.27
20	杭州	687.8722	870.04	哈尔滨	122.3	广州	27.75

续表

常住人口数量、人口变动与人口增长率后20排名（万人）						
排名	地级市	2000年人口	2010年人口	地级市	人口变动	地级市	人口增长率(%)
268	辽源	126.7033	117.6645	徐州	−33.3	宿迁	−6.84
269	伊春	124.9621	114.8126	六安	−34.3	辽源	−7.13
270	新余	107.182	113.8873	宿迁	−34.6	巢湖	−7.20
271	鹰潭	102.7075	112.4906	自贡	−35.5	眉山	−7.94
272	舟山	100.153	112.13	商丘	−39.1	周口	−8.09
273	酒泉	98.0492	109.5947	阜阳	−40.4	伊春	−8.12
274	中卫	91.3704	108.0832	南充	−40.5	宜宾	−8.50
275	鹤岗	109.9079	105.8665	宜宾	−41.5	盐城	−8.64
276	鄂州	102.3285	104.8672	遵义	−41.7	庆阳	−8.66
277	七台河	80.744	92.0419	信阳	−41.9	咸宁	−8.82
278	防城港	73.5952	86.69	内江	−45.7	荆州	−9.37
279	铜川	79.26	83.4437	绵阳	−55.6	绵阳	−10.76
280	石嘴山	67.5378	72.5482	广元	−57.9	内江	−11.00
281	铜陵	68.4716	72.4	荆州	−58.8	固原	−11.22
282	三亚	48.2296	68.5408	盐城	−68.6	自贡	−11.70
283	拉萨	47.45	55.9423	周口	−78.8	随州	−12.98
284	乌海	42.7553	53.2902	广安	−91.9	黄冈	−13.32
285	金昌	45.157	46.405	黄冈	−94.7	广元	−18.91
286	克拉玛依	27.0232	39.1008	资阳	−103.3	资阳	−21.98
287	嘉峪关	15.9541	23.1853	重庆	−166.7	广安	−22.27

注：第一列以2010年城市常住人口数量进行排名。

2. 流动人口规模及其占本市常住人口的比率

城市常住人口由户籍人口与流动人口组成，我们采用以下方法定义流动人口数量：流动人口＝常住人口数量−户籍人口，其中户籍人口数据来自《中国城市统计年鉴》。我们在地级城市层面上比较2000与2010年流动人口规模（见表4-3）。2000年，仅深圳的流入人口超过500万以上，超过200万以上的城市有东莞（492万）、上海（352.1万）、北京（249.4万）、广州（293.5万）、佛山（201.3万）。2010年，流入人口超过500万以上的城市为上海（890.6万）、深圳（770.8万）、北京（704.4万）、东莞（639.6万），超过200万以上的城市为广州（464.2万）、苏州（407.6万）、佛山（348.5万）、天津（303.4万）与成都（251.1万）。从流入城市的区位与性质来说，流入的城市不仅有区域性大型中心城市，也有新兴的工业化城市，如无锡、惠州、佛山与东莞等市。从流出的角度看，主要是从中西部地区人口大省的城市流出，如重庆（415.3万）、河南省的周口（335.4万）、商丘（187.1万）等，或者安徽省的亳州（123.4万）等。从2000与2010年两年流动人口分布来看，流动人口的区位指向更加集中于少数具有优势的城市，如大型城市上海、北京等和部分新兴工业化城市，如惠州、无锡等（强调集聚的功能），也就是说，流动人口变化规模排列前20位的城市与2000、2010年流动人口规模前20位的城市具有高度的一致性。流动人口模式几乎是固定地从中西部地区人口大省的部分城市向具有集聚优势的少数沿海地区城市转移。

表4-3　2000—2010年城市流动人口规模及其排名　（单位:万人）

排名	流动人口规模前20位			流动人口变化前20位		流动人口占常住人口比重前20位（%）		
	城市	2000	2010年	城市	2000—2010	城市	2000	2010
1	上海	352.1	890.6	上海	538.5	东莞	76.32	77.81
2	深圳	576.0	770.8	北京	455.0	深圳	82.18	74.41
3	北京	249.4	704.4	苏州	306.6	中山	43.41	52.07
4	东莞	492.0	639.6	天津	214.5	佛山	37.71	48.44
5	广州	293.5	464.2	深圳	194.8	厦门	36.06	48.25
6	苏州	101.1	407.6	广州	170.7	苏州	14.88	38.95
7	佛山	201.3	348.5	成都	153.6	上海	21.04	38.69
8	天津	88.9	303.4	东莞	147.6	广州	29.52	36.55
9	成都	97.5	251.2	佛山	147.2	北京	18.38	35.91
10	宁波	55.4	186.1	宁波	130.7	珠海	40.18	31.93
11	杭州	66.3	180.9	杭州	114.6	惠州	13.62	28.04
12	厦门	74.0	170.4	温州	106.2	无锡	14.56	26.52
13	无锡	74.0	169.0	厦门	96.4	宁波	9.29	24.47
14	南京	67.7	163.1	南京	95.3	嘉兴	7.55	24.26

续表

15	中山	102.6	162.5	无锡	94.9	天津	8.88	23.45
16	武汉	82.1	136.8	惠州	85.1	海口	61.98	23.01
17	惠州	43.8	128.9	嘉兴	82.1	鄂尔多斯	NA	21.60
18	泉州	73.7	128.6	郑州	80.3	常州	9.57	21.27
19	温州	19.4	125.6	合肥	62.5	杭州	9.64	20.79
20	郑州	37.7	117.9	哈尔滨	61.9	南京	11.06	20.37
	流动人口规模后20位（万人）			流动人口变化后20位		流动人口占常住人口比重后20位（%）		
排名	地级市	2000	2010	地级市	2000—10	地级市	2000	2010
268	贵港	-70.5	-107.1	宿迁	-74.3	来宾	NA	-22.23
269	徐州	-5.1	-108.0	南阳	-81.0	丽水	-14.97	-22.36
270	宿州	-26.0	-108.4	宿州	-82.4	崇左	NA	-22.68
271	达州	-40.7	-114.4	荆州	-82.7	钦州	-12.93	-23.05
272	玉林	-68.1	-118.8	六安	-84.0	河池	NA	-23.44
273	亳州	-17.7	-123.4	绵阳	-85.5	遵义	-5.80	-23.55
274	黄冈	-15.8	-127.1	盐城	-87.9	自贡	-3.83	-23.69
275	南充	-40.9	-131.7	南充	-90.8	巴中	-5.41	-25.28
276	资阳	-18.7	-138.6	驻马店	-92.9	商丘	-3.16	-25.42
277	遵义	-38.0	-144.3	徐州	-102.9	亳州	-3.48	-25.43
278	六安	-66.6	-150.7	亳州	-105.7	贵港	-18.42	-26.00
279	广安	-26.1	-153.4	遵义	-106.3	广元	1.22	-26.80
280	驻马店	-65.1	-158.1	黄冈	-111.4	六安	-11.19	-26.85
281	南阳	-82.5	-163.5	资阳	-119.9	茂名	-23.09	-28.50
282	茂名	-120.9	-165.8	广安	-127.2	阜阳	-9.77	-33.72
283	商丘	-24.5	-187.1	信阳	-146.7	乌兰察布	NA	-36.93
284	阜阳	-78.2	-256.3	商丘	-162.6	周口	-7.16	-37.46
285	信阳	-118.1	-264.9	阜阳	-178.1	资阳	-3.98	-37.81
286	周口	-69.7	-335.4	周口	-265.6	信阳	-18.10	-43.36
287	重庆	-39.8	-415.3	重庆	-375.5	广安	-6.34	-47.85

注：流动人口规模及其占比均以2010年数值大小排列。

总结起来,在 2000—2010 年期间,流动人口的变动往往主导着城市常住人口的变化趋势;同时,城市常住人口的空间分布变化呈现出集聚的动态趋势,沿海地区大型城市或新兴工业化城市,或者为中西部地区部分少数省会城市的常住人口不断增长,流出人口恰恰是中西部地区中人口大省中的非省会城市。

(三)流动人口的居住特征

从传统的空间均衡模型来讲,流动人口进入城市,以其工资收入支付房租等日常支出,如果房租等项目支出显著超出其期望工资收入,他将选择离开。在含有政府提供公共产品服务的空间均衡模型中,当地居民为其提供税收收入,并享受政府提供的公共物品服务,如社会救助、治安、义务教育,甚至廉租房等。但在中国,在户籍制度改革没有取得突破的情况下,城市新增人口没有享受与城市户籍人口等同的公共产品服务。从住房需求的角度看,在没有享受到廉租房后,这一部分为城市经济发展作出贡献的流动人口只能寻求廉租房以外的途径来解决。其中,厂商集体宿舍、农村集体经济土地提供的城中村、城郊村①解决了相当一部分流动人口的住房需求。本文模型的现实依据也是据此,即流动人口对城镇化与工业化进程作出了极大的贡献,却没有享受集聚带来的好处、没有分享经济增长果实。真正体现经济增长果实大小的是该区域性不可流动要素——土地价格,城市中拥有房产的城市精英和部分户籍人口是集聚经济好处的占有者。以珠三角为例说明流动人口的居住条件,该地区 50% 的流动人口居住在企业提供的员工集体宿舍,剩下 40% 多的流动人口居住在以城中村、城郊村为主体的租赁房。

本处以"城中村"为例,说明外来流动人口的居住条件,进而阐述目前

---

① 城中村的内涵是,在城市化进程中地方政府对近郊农村集体土地进行征用时,保留一部分村集体土地留待自己发展,或未拆除原有的农民宅基地住房。在土地城市化为特征的高速城市化过程中,农民往往在留待自己发展的土地或农民原有宅基地上建造大量与现代化城市市容形成鲜明反差的质量低廉住房,并出租给流动人口居住以赚取租金收入。

存在的、以居住模式为表现形式的中国城镇化机制与实质。城中村呈现出以下与本文相关的特征:其一,居住价格低廉、条件较差。据石巍等人对上海城中村的调研,多数城中村住房租金仅为周边商品平均房租金的1/3左右,同时存在大量违章建筑、房屋容积率高、居住环境拥挤、基础设施配套不完全和大量安全隐患等问题。其二,其居住的人口是以外来流动人口为主,外来流动人口数远远超过当地居民,在年龄构成方面,适龄劳动者占绝大多数,尤其年轻人居多。其三,职业结构特征是,依托周边工厂或企业实现就业,或从事当地家政、营业员等服务业工作。其四,随着城中村的不断改造,流动人口聚居区不断向外迁移,以至于在一定程度上处于居无定所的被动局面。其五,流动人口收入水平低,在除去房租、水电煤、吃饭等开支后,所剩无几,如遇生病等突发事件,则需向朋友、亲戚借钱。结合本文主题,厂商集体宿舍或城中村对于流动人口来讲,实际上充当了普通商品房之外的廉租房角色,缓解了高昂的房价对流动人口的居住成本压力。

(四)城市存量土地结构与人口、工资、房价之间的简单相关关系

中国城市总体规划中的城市建设用地共分为九大类①,分别是居住用地、公共设施用地、工业用地、仓储用地、对外交通用地、道路广场用地、市政公用设施用地、绿地和特殊用地,不包括水域和其他用地。国家标准(GBJ137-90)对其中四个大类用地(居住、工业、道路广场和绿地等)有明确的用地结构比例规定,其中居住用地占比不超过32%,工业用地占比一般不超过25%,道路广场和绿地占比均不少于8%。然而,当我们具体分析不同城市的用地结构时,发现许多城市的工业用地占比超过了25%的警戒

---

① 关于中国的城市用地分类,有两套最为重要的执行标准。2012年之前执行的是《城市用地分类与规划建设用地标准》(GBJ137-90国家标准),其有效时间为1991年3月1日至2011年12月31日。2012年1月1日之后执行的是第二套新标准《城市用地分类与规划建设用地标准》(GB50137-2011国家标准)。鉴于本文土地类型数据截至2011年,本文分析基于第一套旧的分类标准统计口径。

线,这些城市往往是流动人口占比较大的城市。图4-4描绘了287个地级及以上城市(不包括三沙市)2010年的工业用地占比、居住用地占比与常住人口、流动人口的关系,圆圈大小代表2010年平均房价水平,每个图的垂直虚线代表国家城市用地标准(GBJ137-90)的用地占比上限规定。

如图4-4中(1)、(2)所示,工业用地占比越大的城市,其常住人口规模越大,流动人口占比也越大,两者表现出初步的正相关关系。287个城市中,有大量城市的工业用地占比超过25%的规划线,同时,这类城市往往是房价高的城市(三亚、海口、杭州等旅游城市除外),更有意思的是,房价高的城市无一例外地位于图4-4(2)的拟合线之上。同时,考察图4-4中(3)、(4),多数高房价城市没有突破国家标准规定(GBJ137-90)的居住用地规划范围(20%—32%),居住用地占比大的城市反而是人口较少、人口净流出的城市;流动人口占比越高、常住人口数量越大的城市,往往其房价也越高。图4-4似乎揭示如下的规律:地方政府通过突破国家标准规定的工业用地25%上限,通过低价转让工业用地进行招商引资,进而吸引流动人口进入城市,其所产生的集聚效应进一步转化的为高昂的房价水平。最典型的例子是深圳市和东莞市,其流动人口占比分别达到75%和78%,这两个城市迅猛发展的工业需要大量的工业用地和流动人口,也推动了房价的快速上扬。同时,蹊跷的是,高昂的房价没有促使城市开发更多的住宅用地,表现为这类城市多数没有突破国家标准规定的居住用地32%的上限,任由房价不断上涨;我们认为,其中隐含的内在规律是,流动人口对高昂的房价产生了免疫力,也就是说,房价并没有阻碍劳动力的流入,由此产生了工资与房价背离的现象。

为了更为直观地表述工资、房价相背离的现象,我们画出了2005—2010年流动人口、工业用地扩张与房价之间的散点图(见图4-5)。图4-5提供了中国城镇化过程中房价与工资增长悖论的基本事实。从用地类型来看,根据传统空间均衡理论,当住宅用地供应增加时,房价下降,居住于住宅用地的职工由于生活成本的下降,其要求的工资也随之下降。因此,居住用地增加对应的是房价下降和工资下降,这对应于图4-5(4)的规律。与此相类似,假如流动人口居住于工业用地之上的厂商集体宿舍,那么当工业用地

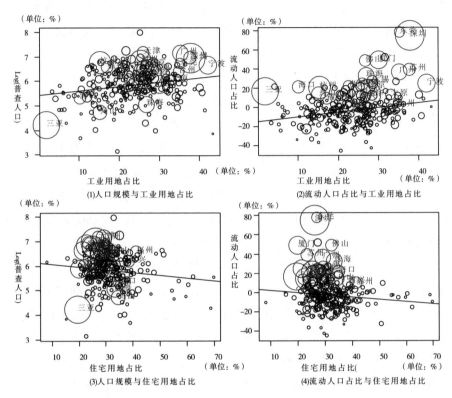

图4-4 人口流动、房价与城市土地结构(2010年)

注:横轴是工业用地或住宅用地占比(%);圆圈大小代表2010年住宅平均销售价格,显示名称的为
高于7000元/m²的高房价城市;流动人口等于普查人口减户籍人口。

增加时,其居住成本下降,对应的工资要求也下降。但是,当工业用地增长,
人均边际产出上升,企业的工人需求与工资水平将上升。有鉴于此,工业用
地对工资的影响是两种效应的合力,我们将在下一部分通过数理模型进行
具体分析。从图4-5中可以揭示出以下规律:第一,工业用地扩张促进了
流动人口、房价水平的增长,但降低了工资水平的下降;第二,扩大居住用地
供地面积,可以吸引流动人口入驻,同时降低工资水平;第三,观察工业用
地、居住用地供地行为与工资之间的关系,所有高房价的城市均在拟合线下
面(第二行),即房价高的城市,其工资增速低于房价增长速度,这恰恰说明
工业用地扩张进行招商引资的结果是,降低工资水平和抬高房价,工资与房

价两者是背离的,也说明流动人口并没有居住在普通商品房,也没有占有集聚效应或分享经济增长果实。这是本文将居住模式作为切入点来研究中国城镇化的最初缘由。

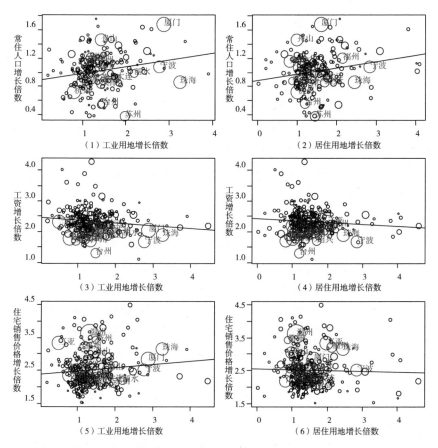

图4-5　城市建设用地增长与人口、工资和房价增长（2005—2011年）

注:圆圈大小代表2011年住宅平均销售价格,显示名称的为高于7000元/m²的高房价城市;数据来
　　源于对应年份的《中国城市建设统计年鉴》,常住人口数据等于公安机关统计的户籍人口加暂住
　　人口。

需要注意的是,工业用地供应的增加将降低职工居住于厂商集体宿舍的平均租金,但是,工业用地的扩张推动了劳动力需求上升与整个经济蛋糕的扩大,由此厂商获取的总租金将上升,厂商或城市精英(或城市部分户籍人口)正是凭借这一总租金水平的上升,抬高城市的房价水平与住宅的总

体价值。因此,工业用地增长与住宅价格增长之间体现的是正相关关系,下文的数理模型分析也可以清楚看到这一点。

二、居住模式与城镇化:理论框架

本文的工作着眼于经济转轨过程中地方政府在土地市场上的干预行为对中国城镇化的影响。相对于已有经典文献对于空间均衡模型的设定,本文的贡献是基于空间均衡核心思想基础上,建立适合中国国情的、包含地方政府在土地市场上干预行为的空间均衡模型,考察地方政府的土地市场干预对快速的城镇化与经济发展的内在机制。

假定一个经济体有 M 个城市,每个城市用下标 i 表示。经济体内有三类行为主体:城市精英、城市职工和地方政府。城市精英从地方政府获得工业土地,招聘职工,组织企业生产;城市职工受雇于城市精英,获得工资报酬;地方政府提供工业用地和居住用地。为简化,假设城市 i 只有一个地方政府和一个城市精英,有 N_i 个城市职工。在这一简化假设下,城市的人口完全由城市职工决定,即 N_i 是城市内生的人口规模。地方政府提供工业用地 L_f 和住宅用地 L_r,地方政府的土地供应视为完全无弹性。城市精英不流动,根据利润最大化决定当地工业用地需求和劳动力需求。城市职工(消费者)可在不同城市之间自由流动,根据当地的工资水平和生活成本选择城市。人口规模的变动影响城市生活成本和工资水平,人口流动的均衡结果是每一个职工在不同城市的保留效用达到一致,由此得到每个城市的均衡人口规模、工资水平和生活成本(房价)。

在居住模式设定中,我们假设两种极端情况:第一种是所有城市职工居住于住宅用地为主的普通商品房市场,由城市职工从地方政府购买居住用地(为简化,不考虑房地产开发等中间环节);第二种是所有城市职工居住于城市精英提供的工业用地住房,城市精英提供固定比例 $(1-\delta)$ 的工业用地给职工居住,职工支付租金,同时由城市精英购买地方政府提供的居住用地,形成商品房需求。

（一）基准模型：以住宅用地为主的普通商品房居住模式[①]

企业生产函数采用 Cobb-Douglas 函数形式，包括工业用地面积（L_f）、职工人数（N）、资本投入（K）和全要素生产率（A），各要素投入为规模报酬不变，即：

$$Y_i = A_i L_{f,i}^{\alpha} N_i^{\beta} K_i^{1-\alpha-\beta} \tag{4-1}$$

其中，$0<\alpha,\beta<1$，$\alpha+\beta<1$，K_i 是城市资本存量，假定外生给定。

假定城市 i 的居民实现充分就业，职工人数即等于城市人口。代表性职工的效用函数为 Cobb-Douglas 函数形式：

$$U_i = \theta_i C_i^{1-\gamma} H_i^{\gamma} \tag{4-2}$$

其中，U_i 是效用，θ_i 是城市 i 的公共服务（$amenity$），H_i 是住房消费，C_i 是除住房外的其他消费，职工的工资用于住房消费和其他消费，$0<\gamma<1$。住房的租金为 $r_{h,i}$，职工的预算约束为：

$$C_i + r_{h,i} H_i = w_i \tag{4-3}$$

假定地方政府提供工业用地给企业、提供住宅用地给居民使用。在土地均衡市场上，可以得到住宅用地价格与工业用地价格：

$$p_{h,i} = \frac{\gamma w_i N_i}{r \bar{L}_{r,i}} \tag{4-4}$$

$$p_{f,i} = \frac{\alpha}{r} A \bar{L}_{f,i}^{\alpha-1} N_i^{\beta} K_i^{1-\alpha-\beta} \tag{4-5}$$

根据人口流动的空间均衡思想（Glaeser 等，2006），人口流动导致城市人口规模的变动将影响当地房价和当地劳动力需求，均衡的结果是职工在各个城市达到相同的保留效用，假设为 u。按照消费者间接效用函数等于保留效用 u 原则，得到劳动力供给函数：

$$U_i = (1-\gamma)^{1-\gamma} \theta_i \bar{L}_{r,i}^{\gamma} N_i^{-\gamma} w_i^{1-\gamma} = u \tag{4-6}$$

式（4-6）表明，给定其他条件不变，当城市公共服务（θ）越好，或居住用

[①] 限于篇幅，本处模型的细节省略，如有兴趣，可直接向作者索取。

地面积(L_r)越多,或工资(w)越高,或保留效用(u)越低,则该城市的劳动力供给(N)越多,人口规模越大。

根据劳动力市场与土地市场的均衡条件,可求得均衡的人口、工资以及房价,取对数后①:

$$\ln N_i = \ln k_N + \frac{\alpha(1-\gamma)}{1-\beta+\beta\gamma}\ln \bar{L}_{f,i} + \frac{\gamma}{1-\beta+\beta\gamma}\ln \bar{L}_{r,i} +$$

$$\frac{(1-\alpha-\beta)(1-\gamma)}{1-\beta+\beta\gamma}\ln K_i + \frac{1-\gamma}{1-\beta+\beta\gamma}\ln A_i + \frac{1}{1-\beta+\beta\gamma}\ln \theta_i \quad (4-7)$$

$$\ln w_i = \ln k_w + \frac{\alpha\gamma}{1-\beta+\beta\gamma}\ln \bar{L}_{f,i} + \frac{-\gamma(1-\beta)}{1-\beta+\beta\gamma}\ln \bar{L}_{r,i} +$$

$$\frac{\gamma(1-\alpha-\beta)}{1-\beta+\beta\gamma}\ln K_i + \frac{\gamma}{1-\beta+\beta\gamma}\ln A_i + \frac{-(1-\beta)}{1-\beta+\beta\gamma}\ln \theta_i \quad (4-8)$$

$$\ln p_{h,i} = \ln k_p + \frac{\alpha}{1-\beta+\beta\gamma}\ln \bar{L}_{f,i} + \frac{-(1-\beta)}{1-\beta+\beta\gamma}\ln \bar{L}_{r,i} +$$

$$\frac{(1-\alpha-\beta)}{1-\beta+\beta\gamma}\ln K_i + \frac{1}{1-\beta+\beta\gamma}\ln A_i + \frac{\beta}{1-\beta+\beta\gamma}\ln \theta_i \quad (4-9)$$

当职工居住在住宅用地(L_r)时,表达式(4-7)—(4-9)包含以下几点重要启示:

第一,工业用地的扩张能同时提高城市的人口、工资和房价水平。其背后机制是,工业用地的增加提高职工的边际产出,劳动力需求增加,工资上升,吸引更多的劳动力流入城市,同时,房价由于人口增加、购房需求上升而上涨,最终职工效用达至均衡u。

第二,居住用地的减少将提高房价和工资水平,减缓城市人口增长。在本模型中,居住用地影响劳动力的居住成本。当居住用地减少,城市房价上升,居住成本上升将阻碍人口流入,同时,相对于房价的工资补偿也有所上升。这一结论与空间均衡理论和美国实证经验相一致。

第三,其他控制变量中,城市资本存量和企业生产效率的增加,均提高城市的人口规模、工资和房价水平。其作用机制类似于工业用地的提高职

① 其中 $k_N = ((1-\gamma)\beta)^{\frac{1-\gamma}{1-\beta+\beta\gamma}} u^{\frac{-1}{1-\beta+\beta\gamma}}, k_w = \beta^{\frac{\gamma}{1-\beta+\beta\gamma}}(1-\gamma)^{\frac{-(1-\gamma)(1-\beta)}{1-\beta+\beta\gamma}} u^{\frac{1-\beta}{1-\beta+\beta\gamma}}, k_p = \gamma r^{-1}\beta^{\frac{1}{1-\beta+\beta\gamma}}(1-\gamma)^{\frac{\beta(1-\gamma)}{1-\beta+\beta\gamma}} u^{\frac{-\beta}{1-\beta+\beta\gamma}}$。

工边际产出。城市公共服务质量的提高将吸引更多人口流入和提高房价水平,但降低名义工资,因为公共服务质量补偿了部分的效用水平。

为了更直观分析,图4-6(1)通过数值模拟展示工业用地扩张对工资、人口的影响。斜向下曲线是劳动力需求函数(式4-2),斜向上曲线是劳动力供给函数(式4-3)。当工业用地供给变为原来10倍时,劳动力需求曲线向右上方移动,工资和人口同时增加。值得注意的是,工业用地的变化没有影响劳动力供给,这是因为基准模型假定劳动力居住在以住宅用地为主的商品房市场,只受到住宅用地供给的影响。当职工居住在以工业用地为主的非商品房市场时,我们将看到劳动力供给和需求同时受到工业用地扩张的影响。

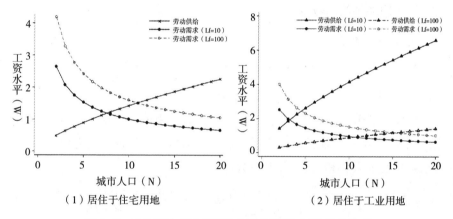

图4-6 工业用地扩张与劳动力市场均衡:两种居住模式

注:数值模拟中设定 $\alpha = 0.2, \beta = 0.4, \gamma = 0.3, u = 1, A = 1, K = 100, L_r = 10, L_f = 10\&100, N = [1, 20]$。

基于上述对基准居住模式的分析,我们给出如下命题1:

在住宅市场居住模式中,地方政府增加工业用地供给将同时提升城市人口、工资与房价水平,压缩住宅用地供给将减缓城市人口增长,并加速提升工资与房价水平。

(二)拓展模型:以工业用地为主的非普通商品房居住模式

当职工居住于以住宅用地为主的普通商品房市场,工业用地的扩张将提高工资水平。然而,本处修改居住条件假设,当职工居住于工业用地为主的非普通商品房市场时①,工业用地的扩张反而降低名义工资水平。这是实证上区分两种居住模式的重要切入口。

假定企业决定将比例为 δ 的工业用地作为生产使用,$(1-\delta)$ 比例的工业用地作为职工居住用地,其中 δ 为恒定常数($0<\delta<1$),职工支付租金给企业,城市精英将职工的住房租金用于购买商品房。与前一节的重要区别是,购买普通商品房的主体不是职工,而是城市精英,显然这是一种极端假设。企业生产函数式(4-1)变为:

$$Y_i = A_i \left(\delta L_{f,i}\right)^{\alpha} N_i^{\beta} K_i^{1-\alpha-\beta} \tag{4-10}$$

居住用地供给函数变为:

$$H_i^s = (1-\delta)\bar{L}_{f,i} \tag{4-11}$$

除以上变化外,企业和职工的决策不变。劳动力供给函数(4-6)变为:

$$U_i = (1-\gamma)^{1-\gamma}(1-\delta)^{\gamma}\theta_i L_{f,i}^{\gamma} N_i^{-\gamma} w_i^{1-\gamma} = u \tag{4-12}$$

与原来的劳动力供给相比,此处人口与居住用地不再相关,而是与工业用地相关,即工业用地扩张带来了劳动力供给增加。根据劳动力市场均衡,可求得均衡的人口和工资,并取对数②:

$$\ln N_i = \ln k_N + \frac{\gamma+\alpha(1-\gamma)}{1-\beta+\beta\gamma}\ln\bar{L}_{f,i} + \frac{(1-\alpha-\beta)(1-\gamma)}{1-\beta+\beta\gamma}\ln K_i +$$

$$\frac{1-\gamma}{1-\beta+\beta\gamma}\ln A_i + \frac{1}{1-\beta+\beta\gamma}\ln\theta_i \tag{4-13}$$

---

① 本处假定基于如下事实:实际生活中的确存在大量的厂商集体宿舍(例如,深圳流动人口的50%居住在厂商集体宿舍),其用地属于工业用地,且居住成员绝大多数为流动人口,其对不断飞涨的房价不敏感。另外,职工交纳的租金成为企业主购买普通普通商品房的资金,这一强假定是基于如下考虑:流动人口集聚在城市制造业和服务业部门,户籍制度等因素致使其无法享受到其自身创造的经济增长果实,集聚效应主要是由制造业企业主和更广泛意义上的城市户籍居民所享有,这一区域性的经济蛋糕扩大主要体现在不可流动的土地要素价格上。

② 其中,$k_N = \left((1-\gamma)\beta\right)^{\frac{1-\gamma}{1-\beta+\beta\gamma}}(1-\delta)^{\frac{\gamma}{1-\beta+\beta\gamma}}\delta^{\frac{\alpha(1-\gamma)}{1-\beta+\beta\gamma}}u^{\frac{-1}{1-\beta+\beta\gamma}}$,$k_w = \beta^{\frac{\gamma}{1-\beta+\beta\gamma}}(1-\gamma)^{\frac{-(1-\gamma)(1-\beta)}{1-\beta+\beta\gamma}}(1-\delta)^{\frac{-\gamma(1-\beta)}{1-\beta+\beta\gamma}}\delta^{\frac{\alpha\gamma}{1-\beta+\beta\gamma}}u^{\frac{1-\beta}{1-\beta+\beta\gamma}}$。

$$\ln w_i = \ln k_w + \frac{-\gamma(1-\alpha-\beta)}{1-\beta+\beta\gamma}\ln \bar{L}_{f,i} + \frac{\gamma(1-\alpha-\beta)}{1-\beta+\beta\gamma}\ln K_i +$$

$$\frac{\gamma}{1-\beta+\beta\gamma}\ln A_i + \frac{-(1-\beta)}{1-\beta+\beta\gamma}\ln\theta_i \qquad\qquad (4-14)$$

对比上一小节的均衡人口和工资公式不难发现,此处的人口、工资与商住用地的供给不再相关,工业用地的扩张对人口的提升作用相对更强,对工资反而起降低作用。背后的传导机制是,工业用地增加使得职工居住成本—租金水平大大下降,劳动供给增加;同时工业用地提高职工边际产出,劳动需求也上升。由于制造业厂商内职工需交纳的租金水平下降,尽管劳动需求上升对提升工资有一定的作用,但是,两者综合起来,工资水平总体上表现出下降的态势。图4-6(2)是基于上述分析基础上的工资—人口模拟分析图,其中工业用地供给从原先的10提升至100。与图4-6(1)不同,图4-6(2)的工业用地扩张不仅使得劳动力需求曲线右移,同时使得劳动力供给曲线右移,其移动幅度大于劳动力需求曲线的变动幅度。图4-6(2)显示人口的增加主要来源于劳动供给的增加,同时职工的工资水平下降。

在商品房市场上,假定城市精英将获得的职工租金收入购买商品房,住宅用地由地方政府提供。此时房价上涨的动力并非源于职工对商品房的需求,而是职工在工业用地上的租金转化为城市精英收入(或受户籍制度保护的城市居民),形成对商品房的需求。例如,当工业用地供给增加,企业提供的工业用地住房租金降低,尽管职工数量快速增加,职工工资相对降低,但是,整个经济蛋糕仍然在做大,职工住房租金转化而来的购房需求上升,推动房价持续上涨。[1] 一方面职工工资处于下降的趋势中,另一方面企业集中了更多的职工租金收入,城市精英或户籍城市居民与职工之间的收入差距被不断扩大[2]。

---

[1] Moretti(2010)已经证明,经济增长果实的分配取决于要素的供给弹性大小,供给弹性越小,其越能在分配中取得主动地位。对于区域性的经济实体来说,土地的稀缺性和不可流动性决定了其要素价格大小。

[2] 户籍制度相当于在劳动力要素分配中、对流动人口来说增加了一个障碍,保护了户籍人口的利益分配。

在劳动力市场与住房市场达到均衡时,房价的表达式是①:

$$\ln p_{h,i} = \ln k_p + \frac{\alpha + \beta\gamma}{1 - \beta + \beta\gamma}\ln\bar{L}_{f,i} - \ln\bar{L}_{r,i} + \frac{(1 - \alpha - \beta)}{1 - \beta + \beta\gamma}\ln K_i +$$

$$\frac{1}{1 - \beta + \beta\gamma}\ln A_i + \frac{\beta}{1 - \beta + \beta\gamma}\ln\theta_i \tag{4-15}$$

与上一节房价表达式相比,(4—15)式工业用地扩张对房价的影响更大。因为工业用地的扩张降低了职工居住成本,吸引更多的劳动力进入城市,整个经济蛋糕做得更大,最后由企业或城市户籍居民转化为住房需求,进而推高了商品房价格。

命题2:在工业用地居住模式中,地方政府增加工业用地供给将增加城市人口与房价水平,降低工资水平;减少住宅用地供给直接导致房价上涨,但与城市人口与工资水平无直接联系。

三、关于居住模式的实证检验

本部分将实证检验中国过去十多年的城市人口是以工业用地为主还是以普通商品房为主的居住模式。鉴于城市常住人口的增量有85%以上是流动人口贡献的,本文的另一个重要目标是回答过去十多年为何高房价没有阻止人口流入。根据理论分析框架,当增量的城市常住人口居住于住宅用地为主的普通商品房市场,工业用地扩张将同时提高城市人口、工资和房价水平;当增加的城市人口居住于工业用地为主的"非普通商品房"时,工业用地扩张将提高城市人口和房价水平,降低工资水平。因此,两种居住模式对城市化的影响是完全不同的,其主要区别是工业用地扩张对工资的影响完全相反。为此,我们建立如下一组计量模型进行检验:

$$\ln N_{i,t} = k_N + \alpha_1\ln L_{f,it} + \alpha_2\ln L_{r,it} + \sum_j \alpha_j X_{ij,t} + u_i + v_t + \varepsilon_{it} \tag{4-16}$$

$$\ln w_{i,t} = k_w + \beta_1\ln L_{f,it} + \beta_2\ln L_{r,it} + \sum_j \beta_j X_{ij,t} + u_i + v_t + \varepsilon_{it} \tag{4-17}$$

---

① 其中,$k_p = \gamma r^{-1}\beta^{\frac{1}{1-\beta+\beta\gamma}}(1-\gamma)^{\frac{\beta(1-\gamma)}{1-\beta+\beta\gamma}}(1-\delta)^{\frac{\beta\gamma}{1-\beta+\beta\gamma}}\delta^{\frac{\alpha}{1-\beta+\beta\gamma}}u^{\frac{\beta}{1-\beta+\beta\gamma}}$。

$$\ln p_{i,t} = k_p + \gamma_1 \ln L_{f,it} + \gamma_2 \ln L_{r,it} + \sum_j \gamma_j X_{ij,t} + u_i + v_t + \varepsilon_{it} \qquad (4\text{-}18)$$

其中,N_{it},w_{it},p_{it} 分别是地级市 i 第 t 年人口、工资和住宅平均销售价格,$L_{f,it}$,$L_{r,it}$ 分别是地级市 i 第 t 年的工业用地面积和居住用地面积,X_{it} 是其他控制变量,包括地级市 i 第 t 年的固定资产投资($\ln K_{it}$)、外商直接投资($\ln FDI_{it}$)等。u_i 是城市不随时间变化的个体效应,v_t 是时间效应,ε_{it} 是随机误差项,假设服从独立同分布。实证检验目标是:

假如中国城市新增人口的居住模式偏向商品房市场,则预期系数满足:$\alpha_1 > 0$,$\alpha_2 > 0$,$\beta_1 > 0$,$\beta_2 < 0$,$\gamma_1 > 0$,$\gamma_2 < 0$;假如居住模式偏向工业用地为主的非普通商品房市场,预期系数满足:$\alpha_1 > 0$,α_2 不显著,$\beta_1 < 0$,β_2 不显著,$\gamma_1 > 0$,$\gamma_2 < 0$。

(一)数据来源与处理

1. 工业用地和居住用地数据

土地数据包括两种类型:一是《国土资源年鉴》公布的土地出让数据,属于流量数据;二是《中国城市建设统计年鉴》公布的各类型建设用地面积,属于存量数据。流量的土地进行累加后,就是城市各类建设用地面积的存量数据,本文第二部分主要介绍基于地方政府供地行为基础上的工业用地与商住用地出让面积比较。鉴于理论模型讨论的是生产函数中的存量土地要素以及住房存量面积,本文采用第二种存量土地数据方法。存量土地数据最早从 1999 年开始,覆盖地级市及以上的城市。值得注意的是,《中国城市建设统计年鉴》的土地数据按照市辖区进行统计分类,本文关于城市的所有其他变量都尽量以市辖区为统计口径,不包括地级以上城市行政区中的市辖县(市)。

本文使用的工业用地数据是《中国城市建设统计年鉴》中的"工业用地"与"仓储用地"面积之和;居住用地数据是统计中的"居住用地"面积。数据范围从 1999—2011 年共 287 个地级市及以上城市的市辖区(见表4-1)。

2. 城市人口

已有城市人口数据包括两种类型:一是公安部门统计的户籍人口数据,二是人口普查统计的常住人口数据。本文主要考察的是人口流动,对象为常住人口。人口普查每十年一次大普查,五年一次小普查,只有 2000、2005、2010 三年数据,故本文的基准变量采用《中国城市建设统计年鉴》中的"城区人口"+"暂住人口"之和作为替代变量。① 这一做法的优点有三:一是补充暂住人口数据,考虑了外来务工人员规模;二是时间序列数据较长,1999 年起每年公布;三是统计范围与土地数据保持一致。缺点是暂住人口数据缺失较多,个别城市的个别年份数据存在跳跃,数据质量不稳定。考虑到数据的质量问题,本文采取三种不同的人口数据作为稳健性检验:一是市辖区在岗职工人数:与理论模型的职工概念相吻合,且与工资数据统计口径一致,每年随着宏观经济有波动,并非是单纯的户籍人口基础上的统计指标;二是市辖区从业人员人数:与在岗职工类似,区别是基于产业统计;三是人口普查数据:仅三年样本,全市范围。为加强对比,本文同时给出对户籍人口的回归结果。

3. 工资

本文的工资数据采用《中国城市统计年鉴》中市辖区在岗职工平均工资,即市辖区在岗职工工资总额除以在岗职工人数而得。考虑到统计上的偏误,平均工资数据可能偏低,本文使用全市的人均可支配收入作为稳健性检验,同时报告全市平均工资的回归结果。考虑到本文工资是名义值,可能受到消费价格的影响,本文将工资除以省份的城市居民消费价格指数(2000 年 = 1)作为稳健性检验。

4. 房价

本文采用《中国区域经济统计年鉴》的住宅平均销售价格作为基准变量,使用商品房平均销售价格作为稳健性检验。由于缺乏市辖区统计数据,本处统计口径为全市范围内,平均房价数据是按照商品房销售总额除以销

---

① 城区人口指划定城区范围的人口数,按公安部门的户籍统计为准;暂住人口指离开常住户口地的市区或乡镇,到本市居住一年以上人员,一般按公安部门的暂住人口统计为准。

售总面积计算得到的,其中商品房包括住宅、别墅、高档公寓、办公楼和经济适用房等,考虑到商品房统计口径过宽。本文研究的主要针对普通商品房,选择住宅平均销售价格作为基准变量,缺点是住宅类型的价格只从2005年才开始公布数据。

5. 其他控制变量

根据理论模型,影响人口、工资和房价的变量包括资本投入、企业生产率和城市公共服务质量。假定城市公共服务质量不随时间变化,例如城市的地理位置、气候、空气质量、行政等级等,由城市固定效应进行控制。我们采用城市市辖区的固定资产投资总额作为资本投入的替代变量,用省份固定资产价格指数平减后从2000年开始进行累加;采用城市市辖区的当年实际使用外资金额作为生产率的替代变量,用省份固定资产价格指数平减后从2000年开始累加。

表4-4给出各变量的数据来源和基本统计描述。考虑到个别城市数据存在明显错误,为避免测量误差对实证分析的影响,本文对土地、人口、工资和房价数据均剔除最高和最低1%的样本。

表4-4　变量描述性统计

变量	名称	统计范围	数据来源	样本数	平均值	标准差	最小值	最大值
Lf	工业用地(平方公里)	市辖区	《中国城市建设统计年鉴2000—2012》	3540	19.9	22.6	1.1	179.1
Lr	居住用地(平方公里)	市辖区	《中国城市建设统计年鉴2000—2012》	3561	23.5	24.7	2.5	199.9
N	城区人口加暂住人口(万人)	市辖区	《中国城市建设统计年鉴2000—2012》	2689	90.7	102.9	13.0	880.0
N_worker	在岗职工平均人数(万人)	市辖区	《中国城市统计年鉴2000—2012》	3309	19.9	25.6	2.0	189.1
N_job	从业人员(万人)	市辖区	《中国城市统计年鉴2000—2009》	2690	20.5	25.0	2.0	190.2
N_census	人口普查(万人)	全市	人口普查2000,2010,2005(1%抽样)	844	401.7	234.3	46.4	1356.9

续表

变量	名称	统计范围	数据来源	样本数	平均值	标准差	最小值	最大值
N_huji	户籍人口（万人）	全市	《中国城市统计年鉴2000—2012》	3243	407.0	232.0	45.3	1186.7
w	职工平均工资（元/年）	市辖区	《中国城市统计年鉴2000—2012》	3303	20624.5	10313.0	6235.3	53638.6
w_huji	职工平均工资（元/年）	全市	《中国城市统计年鉴2000—2012》	3234	16704.1	8446.6	5479.0	43946.6
P	商品房平均销售价格（元/平方米）	全市	《中国区域经济统计年鉴2000—2012》	3305	2268.0	1488.9	608.1	11920.8
P_r	住宅平均销售价格（元/平方米）	全市	《中国区域经济统计年鉴2006—2012》	1952	2677.1	1620.7	838.3	12364.0
CPI	居民消费价格指数（2000=1）	省	《中国统计年鉴2000—2012》	3696	1.1	0.1	1.0	1.3
fapi	固定资产投资价格指数（2000=1）	省	《中国统计年鉴2000—2012》	3674	1.1	0.1	1.0	1.5
FDI	累计实际使用外资金额（万美元）	市辖区	《中国城市统计年鉴2000—2012》	3091	100028.6	265166.5	3.0	2354921.0
K	累计固定资产投资总额（万元）	市辖区	《中国城市统计年鉴2000—2012》	3315	715.4	1355.4	6.9	11138.9
yd	人均地区生产总值（元）	市辖区	《中国城市统计年鉴2000—2012》	3037	27810.8	20113.3	3327.6	109425.0

注：为排除个别城市的异常数据，所有变量均剔除最高和最低1%的样本。

（二）实证结果

表4-5是计量模型(4-16)、(4-17)、(4-18)的基准回归结果。人口、工资和房价变量分别采用市辖区户籍和暂住人口之和、市辖区职工平均工资、住宅平均销售价格，并采用城市与年份固定效应模型。表4-5前三列是不含控制变量的回归结果，后三列包含固定资产投资和外商直接投资等控制变量的结果。工业用地扩张与人口、工资和房价之间的计量结果关系

显示中国城镇化基本符合以工业用地为主的非普通商品房居住模式的理论
预期,即工业用地扩张将吸引更多的人口流入,同时提高房价,但降低职工
工资水平。当控制固定资产投资等因素的影响后,工业用地与工资之间的
负相关关系在统计上更是从 10% 的显著水平上升到 5%。居住用地与人
口、工资和房价的关系同样符合以工业用地为主的非普通商品房居住模式
的预期,即居住用地与工资之间没有稳健的相关关系。① 居住用地与人口
的显著正相关关系虽然符合以住宅用地为主的普通商品房居住模式的理论
预期,但是,我们认为,现实中城市常住人口既有居住于普通商品房的,也有
非户籍的流动人口居住于以工业用地为主的厂商集体宿舍等,因此,此处显
示的是两者的混合效应。综合上述人口、工资等的回归结果,我们的基本判
断是,中国过去十多年的快速城镇化与工业化可以用流动人口居住在工业
用地为主的非普通商品房这一模式来解释。同时,更进一步的事实是,随着
土地城镇化的推进,流动人口以工业用地为主的非普通商品房居住模式实
际上加剧了城乡之间、城市内部新二元的严重收入差距等事实,流动人口虽
然是财富的创造者,但不是经济增长果实的分享者。②

表 4-5 基准回归

	(1)	(2)	(3)	(4)	(5)	(6)
	lnN (市辖区含 暂住人口)	lnW (市辖区职 工平均工资)	lnP (住宅平均 销售价格)	lnN (市辖区含 暂住人口)	lnW (市辖区职工 平均工资)	lnP (住宅平均 销售价格)
lnLf	0.096***	−0.023*	0.040**	0.091***	−0.036**	0.060***
	(0.030)	(0.013)	(0.017)	(0.032)	(0.014)	(0.018)
lnLr	0.114***	−0.021	−0.048**	0.143***	−0.026*	−0.066***
	(0.043)	(0.015)	(0.020)	(0.040)	(0.015)	(0.020)
lnK				0.085	0.058***	0.047

① 表 4-5 第(5)列中居住用地与工资的负相关可理解为两种居住模式的混合。
② 从本文理论模型中可以推出关于中国城乡收入差距、城市内部收入分配不均的理论
命题,读者如有兴趣,可向作者索取。

续表

	（1）	（2）	（3）	（4）	（5）	（6）
	lnN（市辖区含暂住人口）	lnW（市辖区职工平均工资）	lnP（住宅平均销售价格）	lnN（市辖区含暂住人口）	lnW（市辖区职工平均工资）	lnP（住宅平均销售价格）
				（0.061）	（0.019）	（0.038）
lnFDI				−0.000	0.011*	−0.050***
				（0.019）	（0.006）	（0.014）
常数项	3.488***	9.169***	8.238***	2.919***	8.951***	8.487***
	（0.127）	（0.040）	（0.059）	（0.457）	（0.084）	（0.275）
观测值	2604	3129	1843	2386	2908	1694
城市固定	是	是	是	是	是	是
年份固定	是	是	是	是	是	是
R²	0.728	0.747	0.329	0.798	0.814	0.236
组内 R²	0.092	0.955	0.900	0.108	0.957	0.909
组间 R²	0.858	0.033	0.004	0.890	0.233	0.089
F	18.588	1401.058	697.038	14.646	1153.951	548.041

注:括号是稳健异方差的标准误。*、**、***分别代表10%、5%和1%显著性水平。

考虑到《中国城市建设统计年鉴》中户籍人口加暂住人口的缺失值较多,结果可能有偏差,表4-6第1-3列、5-7列给出其他3种人口统计指标的稳健性检验结果。不管使用在岗职工人数、从业人员或是普查人口数据,工业用地面积对人口的显著正相关关系仍然稳健。另外,居住用地面积系数对人口的影响并不稳定,其中第2列、第6列的该系数没有达到显著水平。因此,在总体上过去十多年的中国城镇化道路符合本文关于常住人口增量是以工业用地为主的非普通商品房的居住模式理论预期。有意思的是,应用同样的指标对城市户籍人口做回归(如表4-6第(4)、(8)列所示),两类土地面积系数与户籍人口均没有显著的相关关系,因为户籍数据不能反映中国的城市间人口流动情况。

表 4-6 稳健性检验：城市人口的不同衡量方法

	（1）	（2）	（3）	（4）	（5）	（6）	（7）	（8）
	lnN（市辖区在岗职工）	lnN（市辖区从业人员）	lnN（人口普查）	lnN（全市户籍人口）	lnN（市辖区在岗职工）	lnN（市辖区从业人员）	lnN（人口普查）	lnN（全市户籍人口）
lnLf	0.111***	0.111***	0.028**	−0.016	0.114***	0.084***	0.030**	−0.014
	(0.022)	(0.032)	(0.014)	(0.015)	(0.024)	(0.031)	(0.014)	(0.014)
lnLr	0.082***	0.029	0.019*	0.027	0.088***	0.037	0.018	0.032
	(0.027)	(0.031)	(0.011)	(0.026)	(0.028)	(0.027)	(0.013)	(0.025)
lnK					0.079**	0.150***	0.016	0.009
					(0.033)	(0.043)	(0.011)	(0.011)
lnFDI					−0.008	−0.012	−0.010**	−0.005
					(0.010)	(0.014)	(0.004)	(0.004)
常数项	2.099***	2.388***	5.681***	5.759***	1.932***	1.240***	5.739***	5.839***
	(0.074)	(0.094)	(0.032)	(0.039)	(0.135)	(0.340)	(0.051)	(0.056)
观测值	3169	2597	790	3101	2941	2194	713	2694
城市固定	是	是	是	是	是	是	是	是
年份固定	是	是	是	是	是	是	是	是
R^2	0.709	0.649	0.122	0.004	0.793	0.808	0.110	0.016
组内 R^2	0.164	0.094	0.242	0.219	0.184	0.109	0.275	0.283
组间 R^2	0.826	0.809	0.174	0.002	0.874	0.876	0.145	0.017
F	20.686	503.284	22.259	35.347	17.700	63.255	15.254	35.030

注：括号是稳健异方差的标准误。*、**、*** 分别代表10%、5%和1%显著性水平。

　　表 4-7 使用市辖区、全市职工平均工资、全市人均可支配收入作为对市辖区职工平均工资的替代而得到的稳健性检验结果。考虑到物价因素的影响，表 4-7 同时报告工资变量除以省份的城市居民消费价格指数（2000年＝1）的回归结果。工业用地面积指标与各类收入的衡量指标之间的负相关关系仍然是稳健的。在控制物价因素后，工业用地系数的大小有所下降，但依然显著为负。同时，居住用地面积基本与各类工资收入之间基本不

存在显著的统计相关关系。表4-7给出的稳健性检验结果进一步支持了本文关于中国城镇化过程是以城市人口增量是以工业用地为主的居住模式论断。[①]

表4-7 稳健性检验:工资的不同衡量方法

	(1) lnW (市辖区职工名义工资)	(2) lnW (全市职工名义工资)	(3) lnW (全市人均可支配收入)	(4) lnWr (市辖区职工实际工资)	(5) lnWr (全市职工实际工资)	(6) lnWr (全市实际人均可支配收入)
lnLf	−0.036 **	−0.040 ***	−0.030 ***	−0.024 *	−0.028 **	−0.023 **
	(0.014)	(0.014)	(0.011)	(0.014)	(0.013)	(0.011)
lnLr	−0.026 *	−0.011	−0.007	−0.027 *	−0.012	−0.007
	(0.015)	(0.014)	(0.012)	(0.015)	(0.013)	(0.012)
lnK	0.058 ***	0.054 ***	0.099 ***	0.064 ***	0.061 ***	0.104 ***
	(0.019)	(0.017)	(0.024)	(0.019)	(0.017)	(0.026)
lnFDI	0.011 *	0.019 ***	0.013 **	0.008	0.017 ***	0.010
	(0.006)	(0.006)	(0.006)	(0.007)	(0.006)	(0.007)
常数项	8.951 ***	9.892 ***	9.036 ***	8.924 ***	9.637 ***	8.805 ***
	(0.084)	(0.122)	(0.162)	(0.085)	(0.124)	(0.168)
观测值	2908	2676	2116	2908	2676	2116
城市固定	是	是	是	是	是	是
年份固定	是	是	是	是	是	是
R^2	0.814	0.808	0.782	0.746	0.751	0.695
组内R^2	0.957	0.969	0.964	0.938	0.956	0.941
组间R^2	0.233	0.248	0.459	0.216	0.268	0.483
F	1153.951	1162.581	974.085	836.794	900.486	606.994

注:括号是稳健异方差的标准误。*、**、*** 分别代表10%、5%和1%显著性水平。

[①] 考虑到工资水平显著受城市的发展水平影响,表4-7进一步控制城市人均生产总值,结果显示工业用地与工资之间的负相关关系依然稳健。

最后是对房价的稳健性检验。鉴于地级市层面的住宅价格数据只从2005 年开始公布,数据样本总体上较少,我们选择对商品房市场的平均价格做稳健性检验(如表 4-8 所示)。商品房是对市场中的别墅、高档公寓、办公楼等不同类别物业的总称,其价格易受宏观经济政策、投资需求等外界因素影响。表 4-8 的结果表明,工业用地面积系数仍然显著为正,符合本文的理论预期,但居住用地面积系数没有预期中的符号方向。我们认为,本文关注的焦点是工业用地扩张对城市人口、工资与房价水平的影响,从这一意义上讲,表 4-8 的稳健性检验达到我们的目标。[①] 另外,鉴于包含办公楼、别墅等物业内容的商品房更易受投资需求、宏观经济波动等因素的影响,受居住用地的供给性因素影响的权重可能相对偏弱。

表 4-8　稳健性检验:房价的不同衡量方法

	（1）	（2）
	lnP(商品房平均销售价格)	lnP(商品房平均销售价格)
lnLf	0.047 *** (0.017)	0.040 ** (0.019)
lnLr	−0.000(0.022)	−0.011(0.024)
lnK		0.070 ** (0.034)
lnFDI		−0.008(0.013)
常数项	6.894 *** (0.057)	6.814 *** (0.120)
观测值	3137	2874
城市固定	是	是
年份固定	是	是
R^2	0.541	0.623
F	508.617	457.133

注:括号是稳健异方差的标准误。* 、** 、*** 分别代表 10%、5% 和 1% 显著性水平。

总体来说,本文证实了中国城镇化道路特色之一是新增常住人口居住在以工业用地为主的非普通商品房模式。其中最主要的机制是工业用地扩

[①] 表 4-8 的结果实际上从侧面说明,城市商品房价格上升实际上更可能反映的是由招商引资产生的经济蛋糕做大但收入分配不公等事实,而不是由住宅用地面积缩减引起的。

张带动了城市人口与房价的上升,降低了工资成本的快速提升。在这一机制中,存在以下若干机制:其一,工业用地扩张通过改变厂商要素配置来提升劳动力需求进而带动城市人口增长;其二,工业用地扩张对房价水平的提升作用实际上较为间接,是通过城市精英或城市户籍人口占有了流动人口创造的集聚效应这一途径体现的,也是城乡收入差距、城市内部新二元结构收入差距扩大的体现;其三,工业用地扩张通过新增常住人口居住选择厂商集体宿舍等以工业用地为主的非普通商品房,减缓工资水平的快速上升,降低了城镇化过程中的劳动力成本。

　　本文始终围绕以下目标展开讨论:相比于西方国家的城市化道路,处于经济转型时期的中国城镇化道路走的是一条完全不同的转轨,集中体现为新增常住人口的居住模式选择差异上。客观上讲,这一城镇化道路选择可能是推动中国过去十多年经济迅速增长的秘籍之一,使得城镇化所必需的基础设施投资、制造业产能扩张、城镇面积扩张等任务迅速完成。同时,其后果也是显而易见的,城乡、城市内部之间的收入差距迅速扩大,以投资带动的经济增长所产生的金融风险、产能过剩风险迅速累积。在一定程度上讲,这一城镇化模式是不可持续的。

城市规模标准研究[*]

——基于珠三角地区若干城市的调研

研究提出城市规模标准,是决定我国新型城镇化规划落地实施成效的关键性问题之一,也是我国2014年深化经济体制改革的一项重要任务。围绕这一主题,笔者团队先后走访了广州市、佛山市顺德区、东莞市、深圳市等不同规模类型的城市,深入了解各地对城市规模标准的想法,并在此基础上提出相关政策建议。

一、我国城市规模的基本情况

当前,我国城市规模划分标准依据1980年由国家建委颁发的《城市规划定额指标暂行规定》,即城市人口100万以上为特大城市,50万—100万为大城市,20万—50万为中等城市,20万和20万以下为小城市。

随着城镇化快速推进,我国城市人口迅速增长,城市规模普遍扩大。1978年我国百万以上人口城市仅29个,2010年已达140个;1978年,1000

* 本文作者谢琳灿:国家发展改革委国际合作中心咨询研究员,博士;鲍家伟:国家发展改革委城市和小城镇改革发展中心副研究员;康光荣:国家发展改革委办公厅副处长。

万以上人口城市为零,2010 年发展到 6 个(见表 4-9)。

表 4-9 我国城市(镇)数量和规模变化情况

	1978 年	2010 年
城市	193	658
1000 万以上人口城市	0	6
500 万—1000 万人口城市	2	10
300 万—500 万人口城市	2	21
100 万—300 万人口城市	25	103
50 万—100 万人口城市	35	138
50 万以下人口城市	129	380
建制镇	2173	19410

注:2010 年数据根据第六次全国人口普查数据整理。

珠三角作为改革开放的先行地区,经济快速发展带来了城市人口的高度集聚,成为我国主要的人口流入地。在深圳市,1979—2013 年间常住人口从 31.41 万迅速增加至 1062.89 万,非户籍人口占比由 0.47% 扩大至 70.79%(见表 4-10)。在东莞市虎门镇,2013 年常住人口 64.42 万,实际上已具备中等城市规模。城市规模迅速扩大、人口流动活跃、外来常住与本地户籍人口倒挂、经济和人口规模特大镇等,成为该区域城市规模的显著特点。

表 4-10 珠三角部分城市人口数据　　　　　　(单位:万人)

	2011 年		2012 年		2013 年	
	常住人口	户籍人口	常住人口	户籍人口	常住人口	户籍人口
广州市	1275.14	814.58	1283.89	822.30	1292.68	832.31
广州市区	1111.42	671.32	1118.56	677.97		
深圳市	1046.74	267.90	1054.74	287.62	1062.89	310.47
东莞市			829.23	187.02	831.66	188.93
佛山市顺德区	247.34	123.83	248.38	124.79	249.34	125.94
东莞市虎门镇	64.07	12.91	64.32	12.98	64.42	13.06

二、城市规模标准存在的问题

(一)难以准确反映城市发展的现实

如果沿用原有城市规模划分标准,现已过百万人口的 140 个城市都算特大城市,但这些城市中既包括北上广深这样的一线城市,也有为数不少的地级城市甚至是县级城市,城市发展差异可谓巨大,不能一概而论。在珠三角,即便是广州、深圳、佛山、东莞这些人口规模已超过 500 万的城市,人口结构也不尽相同,只有广州、深圳被普遍认为是特大城市。因此,当前沿用的城市规模划分标准,不利于合理判断并评价我国城市体系格局和城市规模结构,也与我国城市快速发展的现状不相适应。

(二)难以作为相关政策制定的依据

在实际的城市建设中,水、电、路、气、信息网络等基础设施,教育、医疗、文化体育、社会保障等公共服务设施,人均住宅、公园绿地面积等建设指标,这些建设标准均与城市规模挂钩。推进新型城镇化,城市人口、财政、产业、土地等政策的制定,需要有区别、有分类地对待不同规模的城市,制定差别化的政策措施。如果沿用原有标准,将对城市发展和城镇化相关政策的制定带来误判。

在差别化落户政策方面,中央提出严格控制特大城市人口规模,如果 140 个百万以上人口的城市都作为特大城市进行落户控制,不利于解决农业转移人口市民化问题。因为,这些城市不仅是我国最具经济活力的城市,而且绝大多数是未来吸纳农业转移人口的主体,不可进行"一刀切"处理。以东莞市为例,2013 年常住人口 831.66 万,户籍人口仅 188.93 万,有多数符合条件的新莞人需要解决落户问题,而且该市也有足够的承载空间,如果将其作为控制对象,会误导户籍政策方向。即便是规模相近的城市,因区位条件、发展阶段、资源禀赋、人口结构的不同，未来可容纳的人口规模也不一样，落户政策也应因地制宜。比如东部人口流入地的城市想着如何有效吸纳农业转移人口，而中西部人口流出地的城市则想着如何防止劳动力资源过快流失。

（三）城市规模的界定模糊不清

以城市常住人口规模为标准来划分城市规模，已成共识。而确定城市人口规模，关键在于两个方面：一是确定城市边界；二是界定城市人口。目前关于城市边界和城市人口的界定还存在疑问。以广州市为例，现下辖 11 区，广州的城市范围是指整个广州行政辖区，还是指城市建成区域？如果是指前者，2014 年 4 月刚刚撤市改区的增城区、从化区，甚至番禺区、南沙区等都存在较多的农村区域，这些区域显然不是城市形态；如果是指后者，哪些区域该纳入城市建成区，实际操作起来并非简单之事。而由于城市范围的不确定，正确界定城市人口也成为一件难事。

另外，基于我国人口多的国情，除了设置特大、大、中、小城市之外，是否还应设置超大城市？城市规模划分的区间值如何选择？这些问题也众说纷纭，还未形成共识。

（四）城市规模政府管控多于市场配置

一个城市集聚了产业，有了就业机会，就能聚集人口，而能容纳多大的人口规模，还取决于资源环境、基础设施、公共服务的综合承载能力。在这个过程中，市场扮演着重要角色，而老百姓则是用脚投票的。广州召开2010 年亚运会之前，关闭了很多建筑工地，当地人事部门特别担心因为农民工失业导致上访等社会问题，但这种情况并未出现，那些农民工都去了有工作的地方。可见，人是流动的，哪里有就业机会，哪里的工资收入高、生活成本低，人就往哪里走，而单纯用行政手段控制城市规模显然没有意义。

从走访珠三角的几个城市来看，大家普遍认为只要财力可承担、就业岗位可提供、资源环境可承载,城市规模就还有发展的空间。在广州市,人口的老龄化促使补充新生劳动力成为当务之急;在深圳市,产业结构升级需要大量引进高素质技术人才,城市规模还有继续扩张的趋势;在佛山市顺德区,乡镇经济"一镇一品"的发展特点形成了城市组团式发展模式,使得每个街镇的规模相当,人口规模与城市配套能够相互适应,城市规模趋于合理,且还有一定的发展空间;在东莞市,每年的用工缺口在 20 万左右,劳动力成为稀缺资源,迫切需要吸纳更多的劳动力以支撑当地制造业的发展。

(五)中央和地方对城市规模的认知存在差异

中央提出城市规模标准研究,意在准确反映当前城市发展的新趋势,并为今后实施人口分类管理提供依据,即管哪些城市,管哪些事情。地方对于确定城市规模的意义和作用普遍没有清晰的认识,认为如果以人口规模对城市进行分类,给他们带上大中小城市的帽子,并没有实际意义。地方真正在乎的是,这个帽子下面到底会蕴含哪些好处。

如果城市规模与行政等级相挂钩,不同等级的城市将被赋予与之相适应的管理权限,也就意味着获得不一样的发展机会。像东莞市,城市规模已经超过成都、南京等省会城市,因是地级城市,获取资源(如新增土地指标、新增信贷额度)的能力远不如与之等级高的城市。不同的城市规模是否意味着能获得与之匹配的财权和事权?像东莞市虎门镇,其规模已达中等城市,但只有镇级管理权限,财权、事权等受到限制,按 13.06 万户籍人口配置的政府人员服务着 64.42 万常住人口,"权力小、责任大"成为这些特大镇的普遍现实。

中央的意图与地方的实践,也存在着差异。中央明确严格控制特大城市人口规模,然而以广州、深圳等为代表的城市,决策者们已经敏锐地意识到人口红利拐点即将到来,已相继调整人口发展战略,制定了相对积极宽松的落户政策。深圳市为确保 2015 年户籍人口增加到 400 万人以上,明确将符合城市发展需要的各类人才无障碍转为深圳户籍,如具有大专以上普通高等教育学历的应届毕业生可直接入户,农民工积分落户门槛也有所降低。

随着近三年年均落户 20 多万人，2013 年深圳户籍人口达到 310.47 万，但之后的两年还有近 90 万的落户计划需要完成。在宽松的政策之下，落户井喷现象并未出现，甚至还有已经办完落户手续之后申请放弃的情况发生，值得思考。

三、关于城市规模标准的政策建议

（一）尽快提出符合现实要求的新标准

尽快厘清和界定城市规模相关概念，探索建立以人口规模为主，经济密度等为辅的城市规模标准体系。强调人口规模作为城市发展成果的最重要体现，是城市规模划分的首要标准。可根据城市主城区人口规模，设置超大城市、特大城市、大城市、中等城市和小城市五个等级；将城市主城区常住人口超过 1000 万的城市划分为超大城市，300 万—1000 万的城市划为特大城市，100 万—300 万人口的划为大城市，20 万—100 万划为中等城市，5 万—20 万为小城市，镇区常住人口超过 5 万人的建制镇，赋予所需经济社会管理权限并配置一定财权。制定公共政策切忌"一刀切"，不能只单纯依据行政级别或总人口规模分配资源；必须针对该项政策的特殊需求，考虑区域性特征，将国家统一政策与各地实际情况有机结合，将城市经济密度、人口密度等体现地区开发程度，以及反映水土资源承载力、人居环境适宜度、物质积累基础和人类发展指数等特征，作为人口标准的补充。

（二）进一步明确城市规模的统计口径

加大力度完善统计口径，严格统计制度并建立核查机制，提升城市统计数据质量，建立中央与地方统一的统计话语体系。要通过"两个严格"来完善统计口径：一是要严格界定不同人口统计指标的内涵，明确户籍人口、常住人口、实在人口等的具体范畴，并鼓励创新发展更能体现实际情况的新指标,其中常住人口数是当前界定人口规模时较为科学的选择。二是要严格界定不同类型的土地性质,尽快明确城区面积、建成区面积等内涵,确保统计上报数据的内涵一致和公正公平,建议进一步明确城市主城区的概念和统计标准,用以确定城市规模边界,并区别于传统的市辖区概念。

(三)推进城市规模标准的科学合理运用

引入城市规模作为统筹资源分配的重要但并非唯一的基础依据,尽量避免将城市规模与行政等级挂钩,减少城镇行政等级对中小城市和小城镇发展的束缚;逐渐给予大中小城镇相对平等的发展权,激发中小城市发展的活力,促进中小城市的发展,防止小马拉大车和大马拉小车。探索将城市规模与基本公共服务均等化挂钩,鼓励跨行政区划人口沟通与协同,推动构建符合城市实际的基本公共服务标准;统筹计提和分配教育经费等资源时不要强制要求均等化投入,允许省、市级政府采用灵活的政策,区分传统老区、密集中心区、新兴产业区、外围副中心区等不同区域,根据不同区域前期发展程度和资源需求等差异化因素进行财政资源分配。

(四)务实解决特大镇管理问题

探索依据城市规模需求配置政府事权和财权,尤其深入调研流动人口占比很高的特大镇等具有典型特征的基层政府管理体制机制,建立基层政府事权分类管理体系,探索区分管理类、服务类和待遇类事权;对医疗、教育等待遇类事权,要加强政府间统筹,探索建立基于人口流动的中央转移支付机制;对与实际管理的人口规模达到某个水平,实际事权已经远超本级财权可支持范畴的城镇,探索增强特殊财政转移支付或适当扩大政府财权的政策试点。加强社会保障顶层统筹设计,建立全国统筹的唯一性、可转移的社会保障(主要关注医保和教育)账户;鼓励加大制度和管理创新力度,充分发挥市场作用,引入社会资金和力量参与城镇建设与管理,建设"小政府,大市场"。

（五）创新运用大数据等现代信息技术

要加大力度推动管理创新和技术创新,丰富政策制定的信息来源,优化决策过程和效率,将其作为实现国家治理体系和治理能力现代化的重要路径;鼓励模式创新和现代信息技术应用,探索构建全国城市规模动态监控系统。应深入研究符合新型城镇化要求,重视解决政府服务和管理的效率问题,运用先进的现代信息技术手段,探索构建全国城市规模动态监控系统,全面集成城市人口、产业、环境等的动态变化数据,监测和总结城市经济社会发展的基本规律,为医疗、教育、环保等公共政策制定提供基础数据库。基于大数据建立全国和各省区市人口统筹管理与服务机构,加强对流动人口管理,比如广州设立来穗人口服务管理局,推动整合公安、计生、民政等各方数据。

表 4-11　国家新型城镇化规划（2014—2020 年）
对不同规模城市的政策描述

	内容
实施差别化的落户政策	以合法稳定就业和合法稳定住所(含租赁)等为前置条件,全面放开建制镇和小城市落户限制,有序放开城区人口 50 万—100 万的城市落户限制,合理放开城区人口 100 万—300 万的大城市落户限制,合理确定城区人口 300 万—500 万的大城市落户条件,严格控制城区人口 500 万以上的特大城市人口规模。大中城市可设置参加城镇社会保险年限的要求,但最高年限不得超过 5 年。特大城市可采取积分制等方式设置阶梯式落户通道调控落户规模和节奏
促进各类城市协调发展	优化城镇规模结构,增强中心城市辐射带动功能,加快发展中小城市,有重点地发展小城镇,促进大中小城市和小城镇协调发展; 把加快发展中小城市作为优化城镇规模结构的主攻方向,加强产业和公共服务资源布局引导,提升质量,增加数量; 加强市政基础设施和公共服务设施建设,教育医疗等公共资源配置要向中小城市和县城倾斜,引导高等学校和职业院校在中小城市布局、优质教育和医疗机构在中小城市设立分支机构,增强集聚要素的吸引力; 完善设市标准,严格审批程序,对具备行政区划调整条件的县可有序改市,把有条件的县城和重点镇发展成为中小城市

续表

	内容
优化城市产业结构	推动特大城市和大城市形成以服务经济为主的产业结构。强化城市间专业化分工协作,增强中小城市产业承接能力,构建大中小城市和小城镇特色鲜明、优势互补的产业发展格局
土地供给政策	有效控制特大城市新增建设用地规模,适度增加集约用地程度高、发展潜力大、吸纳人口多的卫星城、中小城市和县城建设用地供给

新农保对家庭消费
影响的面板数据研究[*]

本文使用中国家庭追踪调查(Chinese Family Panel Studies,CFPS)面板数据,考察了新农保对家庭储蓄和消费的影响。我们发现,对于60岁以下的参保居民,新农保并没有降低他们的储蓄。但是对于60岁以上已经在领取养老金的居民来说,新农保降低了他们的储蓄。我们认为,由于60岁以下的居民新农保缴费额占收入的比重仅有2.5%,其所产生的养老保险效应很小。而对于60岁以上的居民,其领取养老金数额虽然数额不大,但占收入的比重达到了15.6%,因此对消费产生了显著的促进作用。因此,新农保要起到减少居民储蓄的作用,需要适时提高缴费额,加大保障力度。

中国居民的低消费、高储蓄受到了全世界的普遍关注。消费这架"马车"在拉动中国经济增长上步伐过慢,而高储蓄促使中国经常账户顺差长期居高不下(樊纲等,2009)。对于中国居民高储蓄率的原因,一个常见的解释是社会保障体系的不健全,家庭需要为应对养老、医疗等未来支出风险

---

　*　本文作者马光荣:中国人民大学财政金融学院讲师;周广肃:北京大学国家发展研究院博士研究生。此篇文章发表于《经济研究》2014年第11期。

而进行储蓄（Meng，2003；Chamon 和 Prasad，2010）。近年来，中国也在致力于建设覆盖城乡居民的社会保障体系，尤其是在农村地区扩大保障范围和力度。继 2008 年"新型农村合作医疗"实现全国覆盖后，2009 年 9 月我国开始启动了"新型农村社会养老保险"（以下简称"新农保"）的试点。

那么，新农保是否起到了降低储蓄、提高消费的作用？这是一个需要进行实证研究的重要问题。事实上，中央政府在推行新农保时，一个重要考虑正是"应对国际金融危机、扩大国内消费需求"①。从养老保险对储蓄影响的理论上看，理性人在整个生命周期最优化自身消费，养老保险可以增加退休后可领取的养老金财富，因而减少了当期的自愿储蓄。养老保险本身减少了未来的收入风险，也可以减少预防性储蓄。但是新农保的缴费数额低、预期收益低，不具有典型养老保险的特征，新农保对降低居民储蓄、提高居民消费上作用并不明朗。

本文首次使用中国家庭追踪调查（CFPS）数据，考察了新农保对家庭储蓄和消费的影响。我们使用的数据来自 2010 和 2012 两个调查年度，刚好覆盖新农保试点前后。使用面板数据可以控制家庭不随时间变化的固定因素，我们还使用了工具变量方法进一步解决了农民参保的自选择问题。实证研究发现，对于 60 岁以下的参保居民，新农保并没有降低他们的储蓄率。但是对于 60 岁以上已经在领取养老金的居民来说，新农保降低了他们的储蓄率。由于 60 岁以下的居民新农保缴费额占收入的平均比重仅有 2.5%，其所产生的养老保险效应很小。而对于 60 岁以上的居民，其领取养老金的绝对数额虽然不大，但占收入的平均比重达到了 15.6%，因此对消费产生了显著的促进作用。

---

① 国务院《关于开展新型农村社会养老保险试点的指导意见》中指出，"建立新农保制度是深入贯彻落实科学发展观、加快建设覆盖城乡居民社会保障体系的重大决策，是应对国际金融危机、扩大国内消费需求的重大举措……"时任总理温家宝在全国新型农村社会养老保险试点工作会议上的讲话中也明确提出"建立新型农村社会养老保险制度，有着重大的现实意义和深远的历史意义。第一，在当前应对金融危机的背景下，对亿万农民发出国家将为他们建立由财政全额支付的最低标准基础养老金这一信号，使他们老有所养。农民无后顾之忧，就会敢于消费，这对开拓农村市场、扩大国内消费需求，无疑将产生强大而持久的动力。第二……"

一、关于养老保险对家庭储蓄影响理论的文献回顾和背景介绍文献回顾和背景介绍

（一）文献回顾

养老保险对家庭储蓄影响的理论，可以追溯到阿梅代奥·莫迪利亚尼（Amedeo Modigliani）提出的生命周期理论。这一理论指出，人们会在整个生命周期内实现消费的最佳配置，人们会在年轻的时候储蓄，以用于老年退休后的消费。马丁·费尔德斯坦（Martin Feldstein）根据这一理论，提出养老金对储蓄具有"财富替代效应"，养老金所带来的预期财富将挤出等额的储蓄。如果人们储蓄仅仅是为了退休后的消费，那么当养老保险的收益和私人储蓄的收益相等，私人储蓄和养老保险缴费存在一对一的完全替代关系。

但是，如果人们储蓄还具有其他目的，并不仅仅是为了养老，养老金对储蓄的挤出作用将减少。例如，某些学者指出，大额医疗支出等风险的存在，导致人们存在目标储蓄动机，即居民有一个储蓄的目标值，因此养老保险财富增加可能导致人们仍然不愿意减少储蓄。[①] 如果存在流动性约束，养老保险对降低储蓄的作用也将大打折扣。

除此之外，养老保险也降低了人们未来的收入风险，因此也会降低预防性储蓄。而根据易行健和白重恩等的研究，预防性储蓄是中国家庭为应对收入风险的一种重要储蓄动机。

自从马丁·费尔德斯坦提出养老金对储蓄具有"财富替代效应"以来，大量研究开始从实证上检验养老保险对居民消费和储蓄的影响。马丁·费尔德斯坦用时间序列数据研究了美国家庭养老金财富和家庭储蓄之间的替代关系，但这难以排除同时期其他因素变化的影响。此后很多研究开始使

---

① 另外，Thaler 还提出，自我约束性储蓄、短视以及金融知识（financial literacy）的缺乏等原因，也可能导致养老保险缴费增加居民储蓄率。

用微观家户数据考察养老金对家庭储蓄的影响。金(King)和迪克斯·密思(Dicks Mireaux)、戴蒙德(Diamond)和豪斯曼(Hausman)、威廉·G.盖尔(William G.Gale)等研究都发现养老金对家庭储蓄具有显著的负向作用,但这些研究估计出的养老金财富与储蓄之间的替代率却差异很大,在20%—100%之间。另外一些研究则没有发现养老金财富对储蓄具有显著影响。

但是这些研究使用的均是截面数据,并没有解决养老金的内生性问题,有很多不可观测因素同时影响养老金和家庭储蓄率,而且个人参与养老保险本身存在自选择,这些因素都会导致估计量有偏。进入21世纪,很多研究开始利用自然实验、工具变量等方法克服内生性问题。奥拉西奥·阿塔纳西奥(Orazio Attanasio)和罗韦德(Rohwedder)分别研究了意大利和英国的养老金财富的外生变化对家庭储蓄率的影响,发现养老金财富对家庭储蓄具有显著的负向作用,前者对后者的替代率在30%—100%左右。一些学者利用美国和欧洲的数据,通过利用外生规则构造了养老金财富的工具变量,也发现养老金财富显著挤出了私人储蓄。上述研究都是考察已经参保人群的养老金净财富对储蓄的影响,都没有考察一项新的养老保险体制建立对家庭储蓄的影响。

目前基于中国数据考察养老保险对家庭储蓄影响的文章主要有如下两项研究。何立新等使用中国1997年城镇职工养老保险的改革,发现这次改革带来的养老金净财富减少提高了居民储蓄。白重恩等利用2002—2009年城镇住户数据,发现尽管养老保险覆盖会促进消费,但是缴费额增加挤出了居民消费。这两项研究使用均是混合横截面数据,而不是面板数据,无法控制家庭层面的固定不可观测因素。与这些研究不同,我们估计了一项新的养老保险体系建立对家庭消费和储蓄的影响。而且,我们所使用的面板数据集,可以有效控制家庭固定效应。

新农保推行之后,已经有一些研究评估了新农保的政策效果。陈华帅和曾毅、程令国等使用2008和2011/2012年的中国老年健康影响因素跟踪调查(China Family Panel Studies,CLHLS)数据,考察了领取新农保养老金对老年人养老模式的影响,他们发现新农保降低了参保老人在经济来源和照料方面对子女的依赖,提高了老人与子女的分开居住的概率,因此挤出了子女为老人提供的赡养支持。但是他们都没有考察新农保对居民储蓄的影响，而且他们使用的 CLHLS 数据只包含 65—110 岁老人，无法考察新农保对 60 岁以下参保人群的影响。

（二）背景介绍

2009 年之前，我国仅有城镇职工养老保险，是为城镇企业职工提供的养老保险。[①] 为了建设覆盖城乡居民的社会保障体系，解决农村居民老有所养的问题，国务院从 2009 年 9 月发布了《关于开展新型农村社会养老保险试点的指导意见》，并确定了首批 320 个新农保国家级试点县。随后，新农保在全国各地快速推进。2010 年和 2011 年，新农保国家级试点县分别新增 518 个和 1076 个。到 2012 年年底，全国所有 2853 个县（市、区）都已经实施了新农保，参保人数达 4.6 亿人。[②]

新农保的参保对象为未参加城镇职工养老保险且年满 16 周岁的农村居民，实行农民自愿参保。新农保制度实施后，已年满 60 周岁、未享受城镇职工基本养老保险待遇的，不用缴费，可以按月领取基础养老金（不低于 55 元）。不满 60 岁的是人，需要按年缴费。[③]

参保人领取的养老金来自社会统筹账户和个人账户两个部分。个人账户的基金来源于个人缴费、集体补助、政府补贴三个部分。其中，个人缴费标准分为每年 100—500 元 5 个档次，各地也可以根据实际情况增设缴费档次。参保人自主选择档次缴费，多缴多得。有条件的村集体会对参保人缴费给予补助。政府也对参保人缴费给予补贴，补贴标准不低于 30 元。社会统筹账户来自政府财政资金。在社会统筹账户养老金中，政府对参保人全

---

① 在部分地区存在老农保，但仅靠农民自我储蓄积累，没有政府财政支持。

② 2011 年，开始实施城镇居民养老保险，为城镇居民提供养老保险。2014 年 2 月，中国政府进一步将新农保与城镇居民社会养老保险并轨。2013 年年底的数据显示，这两类保险参保人数共计 4.98 亿人（其中领取养老金的人数 1.38 亿人），加上城镇职工养老保险参保人数 3.22 亿人，全国养老保险已经覆盖 8.2 亿人。

③ 距领取年龄不足 15 年的，应按年缴费，也允许补缴，累计缴费不超过 15 年；距领取年龄超过 15 年的，应按年缴费，累计缴费不少于 15 年。

额支付新农保基础养老金,标准为不低于每人每月 55 元。个人账户养老金的月计发标准为个人账户全部储存额除以 139。

总体来看,新农保的制度设计体现了当初设定的"保基本、广覆盖、有弹性、可持续"的原则。在尽可能提高参保率、不增加农民负担的考虑下,新农保的年缴费额较低,大多数地区都不超过 500 元,实际当中大多数农民都选择了 100 元的缴费数额,根据 CFPS2012 年的调查数据显示,年缴费额占农民人均纯收入的比重仅有 2.5%,缴费可产生预期的养老金财富非常小。与之相比,城镇职工养老保险,其缴费额占工资的比重达到 28%(其中工作单位缴费 20%,个人缴费 8%)。对于 60 岁以上已经领取新农保养老金的农民来说,可以领取年基础养老金 660 元,相对于这些老年人的收入来讲,数额还是可观的。CFPS2012 年的调查数据显示,对于 60 岁以上已经领取新农保养老金的农民来说,其占收入的比重达到了 15.6%。

二、数据和实证策略

(一)数据描述

本文所使用的数据来源于中国家庭追踪调查(China Family Panel Studies,CFPS)。该数据是两年一期的跟踪调查数据,旨在通过对全国代表性家庭的跟踪调查,反映中国的经济发展与社会变迁状况。该调查由北京大学中国社会科学调查中心和美国密歇根大学调查研究中心等机构合作实施,在 2008 和 2009 两年分别做了三个城市的预调查和追踪调查之后,2010 年和 2012 年开展了两期全国调查。CFPS 数据问卷的设计参考了美国 PSID(Panel Survey of Income Dynamics)的问卷结构,包括村居数据、家户数据、家户成员数据、成人数据和儿童数据五个模块。

CFPS2010 年的调查数据涉及中国 25 个省份。① 调查时点是从 2010

---

① 不包含西藏、青海、新疆、宁夏、内蒙古、海南、中国香港、中国澳门和中国台湾。

年4—9月。抽样方法的设计采用分层、多阶段、与人口规模成比例的概率抽样方式,并且分三个阶段来完成:第一阶段抽取 144 个县级行政单位区;第二阶段每个县抽取 4 个左右的村,共抽取 640 个行政性村居;第三阶段每村抽取 28 到 42 户,共抽取 14000 多个家庭户。CFPS2012 年在 2010 年的基础上,进行了追踪调查。除去部分脱离原有家庭的成员或是后来新进入的家庭成员,大部分样本都拥有两期调查数据。由于我们的研究对象为农村家庭,因此仅保留农村样本。本文研究新农保对中国农村家户消费行为的影响,受新农保影响的有两类家户,一类是家庭成员在 60 岁以下,需要参保缴费的家户,另一类是家庭成员在 60 岁以上,不需要缴保险费,已经直接可以领取基础养老金的家户。由于新农保对这两类家户的影响完全不同,我们对这两类样本分别进行回归。由于一个家庭内部同时可能包含 60 岁以上和 60 岁以下的成员,我们对第一类家庭进行如下限制:家庭中至少有一个在 2010 年小于或等于 58 岁、不在上学且没有在 2010 年参加城镇基本养老保险的家庭成员。第二类家庭是家庭所有成员都在 58 岁以上,且没有在 2010 年参加城镇基本养老保险的家庭成员。

经过上述限制之后,我们选取了两类家庭的平衡面板数据。其中第一、二类样本家庭分别有 3629 和 682 个。对于第一类家庭,我们考察的是参与养老保险对消费和储蓄的影响。对于第二类家庭,我们考察的是领取养老保险对消费和储蓄的影响,社会保险带来的效果仅仅是通过收入效应。

(二)模型设定和关键变量描述

本文使用如下面板数据双向固定效应模型,来研究"新农保"实施对中国农村家庭消费行为的影响:

$$Consumption_{it} = \beta_0 + \beta_1 NRP_{it} + \beta_2 X_{it} + \theta_i + \mu_t + \varepsilon_{it} \qquad (4-1)$$

其中,$Consumption_{it}$ 表示第 i 个家庭第 t 年消费数额的对数值。NRP_{it} 表示第 i 个家庭第 t 年"新农保"参与情况。X_{it} 表示家庭 i 随时间 t 变化的相关控制变量,θ_i 表示家庭 i 不随时间变化的固定效应,μ_t 表示时间固定效应。考虑到同一村居内不同家户随机扰动项之间的相关性,因此回归中我们均使用社区(村居)层面的 cluster 稳健标准误。

对于第一类家庭的关键解释变量 NRP_{it}，我们使用三种方式衡量一个家庭的"新农保"参与情况。第一种方式使用家里是否有人参加新农保的虚拟变量，如果有，则变量 participation 取值为 1，否则取值为 0；第二种方式使用家庭参加新农保的人数，变量名称为 partnum；第三种方式是全部家庭成员新农保缴费数额的对数值，变量名称为 lnpensionfee。样本当中 2010 年参与新农保的家庭占 7.8%，2012 年上升到 48.6%。新农保的缴费额最低为 100 元，2012 年数据显示农村 60 岁以下参加新农保的居民样本当中 84.4%的人参保缴费额为 100 元，选择更高缴费档次的人数不多。

对于第二类家庭的关键解释变量 NRP_{it}，我们使用家庭成员内是否有人领取养老金来衡量。样本当中，2010 年领取养老金的家庭占 3.1%，2012 年领取养老金的家庭占 33.9%。

我们使用两种方式计算一个家庭消费数额 $Consumption_{it}$。第一种度量中消费为一年所有的消费，包括食品、衣着、家庭日常/服务、出行、通信、居住、医疗保健、教育支、文娱休闲和其他十类。第二种度量为去除教育和医疗之外的消费支出，这是因为教育和医疗保健支出可作为对人力资本的投资，而且与家庭的特定情况存在较强的关系。

家庭控制变量 X_{it} 包括家户收入对数值，家庭所在社区(村居)平均家庭收入的对数值，家庭规模，家庭里少儿(16 岁以下)的比例，家庭里老年人(60 岁以上)的比例，家中是否有儿子的虚拟变量。另外，在第一类家庭中，仍然可能有部分家庭成员在 60 岁以上，因此已经可以领取基础养老金，而对于第一类家庭，我们重点考察的是参保对消费的影响，为此我们还控制了家中是否有人领取养老金的虚拟变量。以上这些变量的统计特征都显示在表 4-12 之中。

(三)内生性问题

新农保不是在全国各地同时全部实施，而是在各地试点和不断推广。但是已经开展试点的村庄，其中部分家庭并没有选择参保。回归模型(4-19)

表 4-12 变量的描述性统计

第一类家庭

变量名称	观测值数	均值	标准差	最小值	最大值	含义
participation	7258	0.28	0.45	0.00	1.00	是否有人参加新农保的虚拟变量
pensionfee	7258	69.03	210.16	0.00	6000.00	家庭缴纳新农保保费总额
partnum	7258	0.48	0.88	0.00	6.00	家庭参加新农保人数
exp_hh	7258	21588.77	17624.30	0.00	165780.00	家庭消费总额
exp_hh_r	7258	15899.84	14815.69	0.00	147780.00	去除教育医疗的家庭消费总额
inc_hh	7244	33361.30	46805.56	1.00	2042105.00	家庭收入总额
meaninc_comm	7258	8480.36	5314.00	1241.47	70482.98	所在社区人均收入
famsize	7257	4.31	1.71	1.00	26.00	家庭成员总数
childratio	7257	0.32	0.24	0.00	0.89	家庭中小孩的比例
elderratio	7257	0.06	0.14	0.00	1.00	家庭中老年人比例
son	6710	0.82	0.38	0.00	1.00	户主是否有儿子的虚拟变量
receipen	7258	0.02	0.14	0.00	1.00	家中是否有人领取养老金的虚拟变量

第二类家庭

变量名称	观测值数	均值	标准差	最小值	最大值	含义
receipen	1364	0.20	0.40	0.00	1.00	家中是否有人领取养老金的虚拟变量
exp_hh	1364	11679.52	13497.69	0.00	111780.00	家庭消费总额
exp_hh_r	1364	7654.89	9183.77	0.00	74740.00	去除教育医疗的家庭消费总额
inc_hh	1356	17269.96	28412.71	5.00	382349.40	家庭收入总额
meaninc_comm	1364	8470.47	5208.75	1412.12	70482.98	所在社区人均收入
famsize	1364	2.88	1.89	1.00	14.00	家庭成员总数
childratio	1364	0.22	0.28	0.00	0.90	家庭中小孩的比例
elderratio	1364	0.68	0.35	0.00	1.00	家庭中老年人比例

式中,关键变量为农户是否参保。新农保的参保行为可能内生于家庭的内部决策机制或家庭的某些隐性特征,所以很可能出现自选择问题。在回归当中也可能遗漏了家庭消费习惯等特征变量,而这可能和新农保的参保变量相关,从而产生遗漏变量问题。这些问题的存在都会使得系数估计不一致,产生内生性问题。

为了克服这一问题,我们根据家庭所在区(县)实施新农保的时间,定义一个二值变量 $CNRP_{it}$ 为该县实施了新农保,以此作为家庭参加新农保情况的工具变量。从 2009 年 11 月国务院确定第一批新农保试点县名单之后,2010 年和 2011 年,新农保国家级试点县分别新增 518 个和 1076 个。到 2012 年 9 月 10 日官方宣布全国所有的县级行政区全部启动了新农保。每个县是否进入新农保试点很大程度上决定了农户是否参与新农保,而一个县是否进入该批次试点很大程度上外生的,与家庭层面的消费行为无关,因此满足工具变量的外生性条件。① 对于 60 岁以上的老人,是否开始领取养老金与个人是否参保无关,因此不存在这一内生性问题,无须使用工具变量。

三、参与新农保缴费对家庭消费的影响

(一)面板数据双向固定效应模型估计结果

对于家庭有 60 岁以下成员的"第一类家庭",参与新农保缴费对家庭消费影响的双向固定效应模型结果报告在了表 4-13 当中,其中第 4-6 列的被解释变量为全部消费支出的对数值,第 6 列为去除教育和医疗支出外的消费支出对数值。关键解释变量分别使用家庭内是否有人参与新农保、家庭内参与新农保缴费的人数、家庭内新农保缴费数额。回归结果显示,无

---

① 当然,工具变量实际估计的系数为局部处理效应(LATE),即只估计了新农保对顺从者(complier,即新农保试点后参保的人群)的效果(Angrist 和 Pischke,2009)。

论选取哪种关键解释变量和被解释变量,回归结果都不显著。这表明,农村家庭参加新农保并没有对其家庭的消费行为产生影响。我们认为,由于60岁以下的居民新农保缴费额占收入的比重仅有2.5%,其所产生的养老保险效应很小。

表 4-13　新农保对家庭消费的影响(面板数据双向固定效应模型)

	(1)	(2)	(3)	(4)	(5)	(6)
VARIABLES	lnexp_hh			lnexp_hh_r		
participation	−0.0410			−0.0031		
	(−1.026)			(−0.071)		
lnpensionfee		−0.0072			0.0004	
		(−0.981)			(0.044)	
partnum			−0.0138			0.0066
			(−0.795)			(0.316)
lninc_hh	0.0608***	0.0608***	0.0610***	0.0930***	0.0930***	0.0932***
	(4.267)	(4.275)	(4.296)	(5.613)	(5.622)	(5.632)
lnmeaninc_comm	0.0491	0.0490	0.0482	0.0806	0.0805	0.0807
	(1.214)	(1.213)	(1.195)	(1.573)	(1.571)	(1.570)
famsize	0.0671***	0.0671***	0.0673***	0.0563***	0.0562***	0.0557***
	(4.336)	(4.341)	(4.364)	(3.625)	(3.620)	(3.606)
childratio	−0.0425	−0.0427	−0.0437	−0.0914	−0.0909	−0.0887
	(−0.576)	(−0.578)	(−0.590)	(−1.081)	(−1.075)	(−1.048)
elderratio	−0.3536**	−0.3541**	−0.3535**	−0.3672*	−0.3668*	−0.3655*
	(−2.032)	(−2.035)	(−2.034)	(−1.825)	(−1.825)	(−1.820)
son	0.1129	0.1135	0.1141	0.0602	0.0603	0.0604
	(0.781)	(0.786)	(0.789)	(0.413)	(0.414)	(0.415)
receipen	−0.1230*	−0.1237*	−0.1255*	−0.1485	−0.1489	−0.1490
	(−1.698)	(−1.708)	(−1.733)	(−1.613)	(−1.617)	(−1.617)
家庭固定效应	是	是	是	是	是	是
年份固定效应	是	是	是	是	是	是

续表

	（1）	（2）	（3）	（4）	（5）	（6）
Observations	6691	6691	6691	6691	6691	6691
R-squared	0.131	0.131	0.130	0.151	0.151	0.151

注:本表是面板数据双向固定效应模型的回归结果,所有列均控制了年份和家庭的固定效应。我们将标准误群聚(cluster)在县层面。括号内为 z 统计量。*、**、*** 分别代表在 10%、5% 和 1% 水平下显著。

就控制变量来看,家庭收入的对数值和家庭人口规模都与家庭消费呈现显著的正向关系,而家中老年人的比例则与家庭消费呈现显著的负向关系。家庭人口数量增加一个人,家庭消费将会上涨 7%;老年人比例增加 1%,家庭的消费将会下降 0.32%,这可能是由于老年人消费倾向低于年轻人导致的。

（二）工具变量估计结果

表 4-14 是使用工具变量后的两阶段最小二乘估计结果。从 Panel B 当中一阶段回归的系数来看,区县是否实施了新农保对农行是否参与新农保具有显著的作用,一阶段回归的 F 统计量远远大于 10。Cragg-Donald 统计量也大于临界值,因此可以排除工具变量是弱工具变量的可能。

Panel A 是二阶段的回归结果,1—3 列的被解释变量是家庭消费对数值,4—6 列的被解释变量为去掉教育和医疗支出的家庭消费对数值。结果仍然显示,无论采用哪种新农保参与的衡量变量,其系数仍然不显著。

表 4-14　新农保对家庭消费的影响(面板数据
双向固定效应模型,工具变量)

Panel A:二阶段回归结果						
	（1）	（2）	（3）	（4）	（5）	（6）
VARIABLES	lnexp_hh			lnexp_hh_r		
participation	0.0554			0.0832		

续表

	Panel A：二阶段回归结果					
	（0.801）			（1.050）		
lnpensionfee		0.0106			0.0160	
		（0.801）			（1.050）	
partnum			0.0308			0.0461
			（0.801）			（1.050）
lninc_hh	0.0621***	0.0621***	0.0621***	0.0942***	0.0942***	0.0941***
	（4.475）	（4.475）	（4.474）	（5.932）	（5.933）	（5.931）
lnmeaninc_comm	0.0477	0.0479	0.0492	0.0793**	0.0796**	0.0815**
	（1.381）	（1.386）	（1.424）	（2.007）	（2.014）	（2.064）
famsize	0.0651***	0.0649***	0.0638***	0.0545***	0.0542***	0.0526***
	（4.477）	（4.454）	（4.315）	（3.278）	（3.253）	（3.108）
childratio	−0.0335	−0.0327	−0.0275	−0.0833	−0.0822	−0.0744
	（−0.494）	（−0.482）	（−0.399）	（−1.075）	（−1.059）	（−0.944）
elderratio	−0.3461**	−0.3450**	−0.3435**	−0.3605**	−0.3588**	−0.3566**
	（−2.515）	（−2.505）	（−2.493）	（−2.290）	（−2.278）	（−2.262）
son	0.1163	0.1155	0.1148	0.0633	0.0621	0.0610
	（0.938）	（0.932）	（0.926）	（0.446）	（0.438）	（0.430）
receipen	−0.1304	−0.1297	−0.1274	−0.1551	−0.1541	−0.1507
	（−1.464）	（−1.457）	（−1.433）	（−1.522）	（−1.513）	（−1.482）
家庭固定效应	是	是	是	是	是	是
年份固定效应	是	是	是	是	是	是
Observations	6,691	6,691	6,691	6,691	6,691	6,691
	Panel B：一阶段回归结果					
县实施了新农保	0.4888***	2.5453***	0.8813***	0.4888***	2.5453***	0.8813***
	（31.449）	（30.927）	（26.696）	（31.449）	（30.927）	（26.696）
其他控制变量	是	是	是	是	是	是
F 统计量	989.05	956.46	712.70	989.05	956.46	712.70
Cragg-Donald 统计量	989.05	956.46	712.70	989.05	956.46	712.70

注：本表是使用工具变量后的面板数据双向固定效应模型回归结果，所有列均控制了年份和家庭的固定效应。我们将标准误群聚（cluster）在县层面。括号内为 z 统计量。*、**、*** 分别代表在 10%、5% 和 1% 水平下显著。

（三）替代性样本的回归结果

我们对第一类家庭的定义是只要求至少有一个家庭成员在 2010 年小于等于 58 岁,但这样的家庭内仍然可能有成员大于 60 岁,即领取新农保养老金。为此,我们进行更为严格的样本限制,我们只保留那些在 2010 年所有家庭成员都小于等于 58 岁的样本家庭,而且这些家庭中至少有一个不在上学的且没有在 2010 年和 2012 年参加城镇基本养老保险的家庭成员,经过限制之后,小样本的样本数量有 2721 个。其中 2010 年参保的比例为 8.2%,2012 年参保的比例为 50.4%。

表 4-15 显示了这一小样本回归的结果,Panel A 是面板数据的双向固定效应模型得到的回归结果,Panel B 是在面板数据固定效应模型下使用工具变量回归得到的结果。从表 4-15 的回归结果中可以看出,无论采用何种方法和设定,依然能够得到新农保并不会影响农村家庭消费行为的结论。

表 4-15　新农保对家庭消费的影响（使用更小的样本）

面板数据,固定效应					
VARIABLES	lnexp_hh			lnexp_hh_r		
participation	−0.0513 (−1.140)			−0.0354 (−0.701)		
lnpensionfee		−0.0091 (−1.084)			−0.0050 (−0.527)	
partnum			−0.0192 (−0.969)			−0.0068 (−0.298)
Observations	4957	4957	4957	4957	4957	4957
面板数据,固定效应（Ⅳ）						
VARIABLES	lnexp_hh			lnexp_hh_r		
participation	0.1180 (1.513)			0.1033 (1.143)		

续表

面板数据,固定效应					
lnpensionfee		0.0226			0.0198	
		(1.513)			(1.144)	
partnum			0.0639			0.0560
			(1.512)			(1.144)
Observations	4957	4957	4957	4957	4957	4957

注:本表是使用工具变量后的面板数据双向固定效应模型回归结果,所有列均控制了年份和家庭的固定效应。我们将标准误群聚(cluster)在县层面。括号内为 z 统计量。*、**、*** 分别代表在 10%、5% 和 1% 水平下显著。

(四)使用消费率作为被解释变量

在本部分,我们将被解释变量换做消费率(也即消费/可支配收入),由于消费率容易受极端值的影响,我们分别对消费率上下 2% 样本进行了剔除。表 4-16 是的 Panel A 对消费率 winsorize 上下 2% 之后的面板数据固定效应回归结果,表 4-16 的 Panel B 是使用工具变量进行回归之后的结果。回归结果中可以看出,无论是否使用工具变量,新农保都对家庭的消费率没有产生显著影响。

表 4-16　新农保对家庭消费率的影响

面板数据固定效应					
	消费率			去掉教育和医疗支出的消费率		
participation	−0.0593			−0.0068		
	(−1.078)			(−0.153)		
lnpensionfee		−0.0150			−0.0039	
		(−1.474)			(−0.461)	
partnum			−0.0354			−0.0103
			(−1.428)			(−0.459)

续表

面板数据固定效应,IV					
	消费率			去掉教育和医疗支出的消费率		
participation	0.0209			0.0520		
	(0.213)			(0.650)		
lnpensionfee		0.0040			0.0100	
		(0.213)			(0.650)	
partnum			0.0115			0.0286
			(0.213)			(0.650)
Observations	6430	6430	6430	6430	6430	6430

注:本表是使用工具变量后的面板数据双向固定效应模型回归结果,所有列均控制了年份和家庭的固定效应。我们将标准误群聚(cluster)在县层面。括号内为 z 统计量。* 、** 、*** 分别代表在 10%、5%和1%水平下显著。

四、领取新农保对家庭消费和储蓄的影响

对于成员都是60岁以上的第二类家庭,其领取养老保险对消费的影响如表4-17所示。表4-17第1列的被解释变量为家庭消费的对数值,第2列的被解释变量为去掉教育与医疗支出的家庭消费的对数值,关键解释变量为家庭是否有人领取新农保养老金。从回归结果中看出,领取新农保养老金的家庭与没有领取的家庭相比,消费水平高出38%左右。造成这种结果的一个重要原因是,农村的老年人通常没有收入保障,所以以收入水平较低,边际消费倾向较高,这时收入的增加将会明显地提高消费水平。

表4-17 领取养老金对消费行为的影响(面板数据固定效应)

	(1)	(2)	(3)	(4)	(5)	(6)
VARIABLES	lnexp_hh	lnexp_hh_r	lnexp_hh	lnexp_hh_r	expratio	expratio_r
receipen	0.3281**	0.3729**	0.2826***	0.3169***	0.2191	0.3997**
	(2.391)	(2.395)	(3.069)	(3.060)	(0.740)	(2.060)
lninc_hh	0.1830***	0.2148***	0.1404***	0.1654***	−2.0776***	−1.3228***

续表

	（1）	（2）	（3）	（4）	（5）	（6）
	（3.547）	（3.611）	（5.154）	（5.368）	（−9.479）	（−7.988）
lnmeaninc_comm	0.1314	0.2496	0.0560	0.1344	0.5432*	0.5512***
	（1.072）	（1.600）	（0.778）	（1.522）	（1.941）	（2.657）
famsize	0.1614***	0.1122**	0.0712***	0.0710***	0.5075**	0.3785**
	（3.521）	（2.236）	（4.176）	（3.905）	（2.427）	（2.336）
childratio	−0.7193***	−0.4529	−0.2029	−0.2573	−2.2974***	−0.9874***
	（−2.704）	（−1.556）	（−1.372）	（−1.549）	（−3.523）	（−2.824）
elderratio	−0.4611**	−0.3917**	−0.5397***	−0.5761***	−1.0515*	−0.3899
	（−2.478）	（−2.062）	（−3.641）	（−3.721）	（−1.963）	（−1.430）
yeardummy	−0.3002***	−0.3678***	0.0264	−0.0179	−0.3386	−0.2296
	（−3.295）	（−3.189）	（0.118）	（−0.075）	（−1.421）	（−1.133）
Constant	6.1122***	4.3407***	−0.3475***	−0.3679***	15.4304***	7.4996***
	（5.055）	（2.771）	（−7.357）	（−6.084）	（5.396）	（3.782）
R−squared	0.213	0.217	0.180	0.187	0.345	0.312
Observations	1231	1231	3222	3222	1187	1187

注:本表是使用工具变量后的面板数据双向固定效应模型回归结果,所有列均控制了年份和家庭的固定效应。我们将标准误群聚(cluster)在县层面。括号内为 z 统计量。*、**、*** 分别代表在10%、5%和1%水平下显著。

本文对第二类家庭的定义仅限于家庭成员都在 2010 年时 58 岁以上的家庭,这样严格限制的样本无法体现领取养老金对普通家庭的影响,所以本部分放松对第二类家庭的限制,要求家里面至少有一个在 2010 年达到 58 岁以上的成员,且没有在 2010 年参加城镇基本养老保险的家庭成员,样本大小为 1728。关键解释变量仍然是是否有家庭成员领取养老金,2010 年和 2012 年,该样本中领取养老金的家庭比例分别是 1.9%和 20.8%。结果报告在表 4-17 第 3—4 列使用的被解释变量为家庭消费数额的对数值,结果显示家庭中有成员领取养老金对家庭的消费水平有显著的促进作用。

我们同样还使用消费率作为被解释变量,结果显示在表 4-17 的第 5—6 列当中。结果显示,领取养老金对去掉教育和医疗的消费率有显著的正向影响。

　　总的来说,本文使用中国家庭追踪调查(CFPS)面板数据,考察了新农保对家庭储蓄和消费的影响。我们发现,对于 60 岁以下的参保居民,新农保并没有降低他们的储蓄。但是对于 60 岁以上已经在领取养老金的居民来说,新农保降低了他们的储蓄。我们认为,由于 60 岁以下的居民新农保缴费额占收入的比重仅有 2.5%,其所产生的养老保险效应很小。而对于 60 岁以上的居民,其领取养老金数额虽然数额不大,但占收入的比重达到了 15.6%,因此对消费产生了显著的促进作用。因此,新农保要起到减少居民储蓄的作用,需要适时提高缴费额,加大保障力度。

中国环境分权体制改革研究：
制度变迁、数量测算与效应评估[*]

环境保护事务的特殊性决定了财政联邦主义无法也不可能替代环境联邦主义，只有依据环境事务的内在逻辑，构建直接度量环境分权的指标体系，才能够全面客观揭示环境分权背后的效应机理。立足环境管理体制变迁的视角，本节系统梳理了中国环境分权演进的三个阶段，运用环境机构人员分布数据，测算环境分权、行政分权、监测分权和监察分权指数，阐述了分权指数变化的内在逻辑。在此基础上，采用静态、动态和动态空间面板模型及方法，考察了环境分权与环境污染之间的关系。研究发现，四类分权与环境污染之间呈现出显著且稳定的正向关系，环境分权加剧了财政分权对环境保护的激励不足，西部地区环境分权的负面影响更为明显；伴随着环境分权度的下降，其年度效应逐步降低并由正转负，凸显了近年来中央政府环保

---

 * 本文作者祁毓：武汉大学经济与管理学院博士研究生；卢洪友：武汉大学经济与管理学院教授、博导；张宁川：武汉大学经济与管理学院硕士研究生。

 本文为国家社科基金重大招标项目"城乡环境基本公共服务非均等程度评估与均等化路径研究"（项目批准号11&ZD041，主持人卢洪友）、教育部博士研究生学术新人奖项目"环境基本公共服务供给与均等化路径研究"（项目批准号5052012105001，主持人祁毓）的阶段性研究成果。

干预力度加大的有效性和重要性；环境分权、监测分权与环境污染呈 U 型关系，而行政分权、监察分权与环境污染呈倒 U 型关系，赋予地方政府适度有限的环境管理权、监测权以及充分的环境行政权和监察权更有利于改进环境治理。推进环境管理体制结构性改革与做对地方环境保护激励约束是持续提升中国环境治理水平和改善环境质量的重要制度基础。

一、环境污染日益加剧和环境基本公共服务供给严重不足的矛盾显现

近年来，由环境污染日益加剧和环境基本公共服务供给严重不足之间矛盾所引发的环境问题是中国在环境治理过程中所遭遇的一个前所未有的难题。在中国，环境基本公共服务供给低效不仅仅是技术和财力问题，更是分权制度安排下所产生的激励扭曲和约束不足问题，将环境基本公共服务供给责任下放给地方政府而建立起的分权型环境管理体制已经暴露出明显的问题。十八届三中全会对构建生态文明制度提出了全面部署，其中改革生态环境保护管理制度是重中之重，如何选择合理的环境基本公共服务供给分权制度是解决中国环境问题的前提和制度基础。

环境污染所产生的外部性在美国、欧盟等诸多联邦制国家（地区）以及中国这样的后起发展中国家和地区已经成为一个司空见惯且急速加剧的问题。环境保护职能在不同级次政府间进行合理配置已经被认为是制定环境政策来解决这一问题的关键"药方"，因而形成了一个根植于财政分权理论的环境联邦主义理论。从理论上讲，外溢程度和辖区间异质性影响着环境保护事权的划分，如发展一个包含两个地区、两种在辖区间产生外部性问题的产品模型和一个完全竞争的市场，分析在分权和集权政府体制下环境政策绩效。进一步来看，已有的研究主要是通过间接方式来度量环境分权。一些研究通过法律制度证据和事实特征来判断样本国家（地区）是分权还是集权，在该前提下分析地方政府行为及其对环境所产生的影响。还有一些研究者将财政分权指标近似的代替环境分权，进而用财政分权来刻画分权后地方政府的行为逻辑和结果。我们认为，根据先验的证据判断一个国

家是否属于环境分权体制,并以地方政府的环境治理行为和策略互动来判断环境分权体制的优劣,无论在逻辑上还是在研究精确性上都有较大的改进空间;而且政府间环境事权划分是一个渐进的动态变迁和互动博弈均衡过程,只有寻找刻画环境事权划分变化的直接度量指标,才能全面挖掘和运用这一过程中的有效信息。

基于此,本节拟在以下三个方面来回应已有研究涉及不足的领域:一是从环境正外部性矫正的角度着手,从财政支出干预所转换成的环境基本公共服务切入,一改近年研究偏向于从负外部性矫正和过度市场化方法的倾向性[①],探究政府间环境保护事权(职能)划分;二是着眼于环境管理体制变迁的视角,梳理环境分权演进的历程,并在此基础上构建契合中国环境管理实际的分权指标,评估1992—2010年中国环境分权程度及其变化趋势;三是依据中国环境事务的特征,将环境分权进一步细分为环境行政分权、环境监测分权和监察分权,研究不同类型环境分权与环境污染之间的关系及其效应机理,以此为中国环境事权划分或环境管理体制的结构性改革提供经验证据。

二、中国式环境分权:变迁演进与数量测算

(一)中国是环境联邦主义国家吗?——基于环境保护管理体制变迁的梳理

中国式财政分权并不是严格法律意义上的分权,而是一种"事实分权"。对于包括环境保护在内的各项公共事务的分权程度,必须依托于各项公共事务的演进逻辑和体制变迁的规律做出判断和度量。

第一阶段(1973—1994年):一种倾向于分权的环境管理和事权划分体

---

① 当前经济学对环境问题的关注更多地集中于负外部性矫正领域,如环境生产率、环境规制、总量控制、碳税、能源效率等领域,而对环境基本公共服务为核心的正外部性矫正明显不足。

制的建立。中国政府正式介入环境保护领域是最近四十年的事情,此后的很长一段时期内,环境管理特别是环境管理机构处于临时性、非正式性和非独立性状态。从1973年起,环境保护基本建设列入国家预算内基本建设投资计划。在中央与地方有关环境保护支出责任划分上,实行的是"包干补助"制度。环保管理机构的非独立性形成了环境监督管理部门受制于被监督部门的环境管理体制,因而难以在政府部门综合决策功能中发挥作用,既不能保证环境管理机构有效地依法独立行使环境监督管理权,又不利于从宏观调控的高度来组织协调全国环境保护事务。1988年,国家环境保护局从城乡建设环境保护部划分出来,作为国务院直属机构,统一监督管理全国环境保护事务。与此同时,中央与地方之间有关环境保护事权与支出责任划分不明确,以及不同环境事务领域分别由不同部门进行管理所产生的"条"和"块"矛盾和分割问题逐步暴露出来,1989年修订并正式实施的环境保护法对这一问题进行了明确。1978年实施管理权下放的"财政包干"体制使得地方政府拥有了独立的预算制定权并享受一定的财政自主权,但是由于中央政府较难真实地掌握地方经济的运行情况,这种体制催生了地方政府隐藏税源的行为,逐渐导致中央无法获得足够的财政资源,从而形成了事实上的地方政府向中央政府的转移支付。这种体制在相当程度上制约着中央和地方的环境管理和污染治理,中央财力占比的降低弱化了中央政府宏观调控能力和统一环境监管,不利于中央动用财政资源协调地区间的环境污染纠纷等外溢性问题,同时还强化了地方保护和无序竞争,环境污染日趋严重。

第二阶段(1994—2008年):在分权的体制框架下环境管理呈现出集权的趋势。1994年中国正式实施分税制改革扭转了中央收入占整个财政收入比重持续下滑的趋势,提高了中央政府在财政分配中的角色。财政体制改革给整个环境保护管理带来了重要影响。一是直接提高了中央政府在整个环境管理中的地位,提升了协调和处理地区间环境污染外溢问题及纠纷的能力;二是伴随着财力上移和事权逐步下放,地方政府可支配财力比重开始下降并在一定程度上影响着地方政府环境保护(投入)能力;三是基于地方基本预算收支的不平衡性,中央财政开始通过转移支付并在转移支付制度设计中逐步纳入了环境因素,这主要体现在专项转移支付中。由于分税制改革进一步理顺和稳定了政府间的财政管理,增强了中央宏观调控能力,这一时期环境保护投入大大增加。与此同时,国家层面的环境管理能力不断提升:环境监管地位不断强化,职能不断拓展,地方环境机构不断健全和规格不断提升,"条块"协调机制开始建立,环境保护纳入地方政府政绩考核的机制逐步建立,环保机构和人事双重管理体制建立并推广,环保垂直管理开始试点。

第三阶段(2008年至今):分权体制下中央调控力度和地方环境治理激励不断加强。2008年的政府机构改革使国家环境保护总局调整设置为环境保护部,为国务院主要组成部门。中央与地方之间、各部门之间有关环境保护责任的划分继续沿用原有体制,原有环境管理体制改革继续推进。主要体现在中央对地方政府环境治理的干预和调控程度不断加强以及地方环境治理激励与约束开始强化。一是将环境保护因素正式列入均衡性转移支付标准财政支出测算中,同时加大了对重点生态功能区转移支付力度和生态考核(从政治激励转向经济激励)。二是尝试性的组织协调地区间开展跨地区、跨流域生态补偿。按照谁开发和谁保护、谁受益和谁补偿原则,建立生态补偿机制,来矫正资源开发和环境保护过程中的成本—收益不对等问题,做对激励与约束。三是节能减排进入地方政府政绩考核评价体系中(约束进一步细化),对地方政府及官员实施问责制和一票否决制。

总体上看,从政府介入环境保护领域并将其作为一项政府职责和事权确立下来之后,中国实行的就是一种倾向于分权的环境管理体制,伴随着环境治理重要性和紧迫性的凸显、地区间环境污染负外部性的加剧和环境保护正外部性补偿机制缺失所引致的地方政府环境治理激励不足问题的显现,在原有的分权体制框架下,开始呈现出一种集权的趋势,这种集权趋势更多地体现在中央政府所分摊的财力比重开始增加,对地方政府环境治理的监督和考核力度加大,是中央政府试图调整环境管理权的努力,主要目的在于提高中央政府在环境管理中的角色,在既有的分权框架下通过政府间环境事权划分的逐步调整和优化,形成央地环境管理激励相容的局面。但是,中国的环境管理分权与欧美国家的环境联邦主义制度既有相似之处,又有较大区别。相似之处体现在两种体制都包括政府间环境管理事权的划分,只不过在中国,对地方环境管理授权更大。而且中央政府缺乏对地方政府的环境强制力,在地方保护主义的作用下,国家环境政策得不到真正的贯彻实施;地方环保机构在人财物上依附于地方政府,缺乏环境管理的独立性。接下来,本节将利用环境保护机构人员数据构建一个刻画中国式环境联邦主义的多重指标体系,进一步与本部分对中国环境管理分权及其变化趋势的判断进行相互印证。

(二)中国环境分权的数量测度

1. 中央与地方之间的环境分权程度测算

由于中国环境管理体制变迁演进的历史依赖性,使得沿用传统的狭义财政分权范式和法律先验框架难以客观准确地反映中国环境分权的演进历程,而且还会掩盖中国环境管理中的结构信息。但是构建一个实践与理论自洽的环境分权指标是非常困难的。首先,不同国家甚至一个国家内部的环境监管结构差异非常大,单一的环境分权度量指标很难兼顾到这一点;其次,法律上对分权界定远没有实际分权复杂,如在美国,大部分环境标准(政策)由联邦政府制定,而具体如何实施则是由州政府决定的,也就是说地方政府在环境监管上具有很大的自由裁量空间;再次,环境监管仅仅是政府行为影响到环境质量的一个方面,而类似土地管理、污染治理等同样重要却在政府环境监管中很难兼顾到。进一步来看,环境联邦主义并不仅仅关注于分权与集权的优劣,更多是根据环境保护的特性,在其不同的事务领域选择不同程度的环境分权,进而实现环境保护公共服务的有效供给。在中国,环境保护事权划分比较细致,具体包括环境政策制定、环境监测、环境监察、环境基础设施、环境投融资、环境信息服务等。结合已有的文献和相应环境事权优先次序安排,本节主要集中探讨环境行政服务与管理、环境监测权、环境监管权三个具体方面。主要结合环保机构及人员设置和变迁过程来透视环境事权的设定与划分,原因如下:首先,从一般意义上讲,机构和人员编制是政府提供公共服务和职能实现的载体,不同级次政府该项事务所依托机构和人员设置能够在一定程度上体现该项事务在不同级次政府间的具体划分。其次,在法律法规约束下,从中央到地方,机构和人员规模都呈现出一个相对稳定的态势,环境保护部门的总体规模更为稳定,更多的变化体现在不同级次政府和不同环境事务领域相应环境部门和人员的再组合。再次,机构和人员特别是财政供养问题是中国政府体制改革的一个缩影,不同级次政府环保机构人员规模及占比变动反映的可能是以环境管理事权划分为核心的环境管理体制变动。最后,从国际通行的分权度量指标来看,人员分布和支出分配均可衡量,环境分权在很大程度上隶属于管理分权,人员分布更符合环境分权的本质内涵。因此,运用不同级次政府环境保护部门的人员分布特征来刻画这一事实存在着较强的适用性和可行性。测算公式如表 4-18 所示,为进一步地缓解内生性问题,采用 $\left[1-\left(\dfrac{GDP_{it}}{GDP_t}\right)\right]$ 对所有的分权指标进行平减。

表 4-18 环境分权度量指标及变量含义

指标和类型	公式	变量含义
环境分权（ED）	$ED_{it}=\left[\dfrac{\left(\dfrac{LEPP_{it}}{POP_{it}}\right)}{\dfrac{NEPP_t}{POP_t}}\right]\times\left[1-\left(\dfrac{GDP_{it}}{GDP_t}\right)\right]$	$LEPP_{it}$、$LEAP_{it}$、$LEMP_{it}$、$LESP_{it}$：分别表示第 i 省第 t 年环保系统人员、环保行政人员、环保监察人员、环保监测人员；$NEPP_t$、$NEAP_t$、$NEMP_t$、$NESP_t$：分别表示第 t 年全国（含中央与地方）环保系统人员、环保行政人员、环保监察人员、环保监测人员；POP_{it} 表示第 i 省第 t 年人口规模；POP_t 表示第 t 年全国总人口规模；GDP_{it} 表示第 i 省第 t 年国内生产总值；GDP_t 表示第 t 年全国国内生产总值。
环境行政分权（EAD）	$EAD_{it}=\left[\dfrac{\left(\dfrac{LEAP_{it}}{POP_{it}}\right)}{\dfrac{NEAP_t}{POP_t}}\right]\times\left[1-\left(\dfrac{GDP_{it}}{GDP_t}\right)\right]$	
环境监察分权（EMD）	$EMD_{it}=\left[\dfrac{\left(\dfrac{LEMP_{it}}{POP_{it}}\right)}{\dfrac{NEMP_t}{POP_t}}\right]\times\left[1-\left(\dfrac{GDP_{it}}{GDP_t}\right)\right]$	
环境监测分权（ESD）	$ESD_{it}=\left[\dfrac{\left(\dfrac{LESP_{it}}{POP_{it}}\right)}{\dfrac{NESP_t}{POP_t}}\right]\times\left[1-\left(\dfrac{GDP_{it}}{GDP_t}\right)\right]$	

2. 中国环境分权结果(1992—2010 年)分析

总体上看,中国的环境管理从属于一种分权体制,无论是在环境规划、计划和投资等综合性事务,还是在环境影响评价、环境监测、环境监管以及具体的环境要素管理中,地方政府在财力、人员编制和实际管控上均具有充足的自由裁量空间。从 1992—2010 年,中国环境管理的平均分权度为 1.075,换言之,在大部分年份中,由于环境管理权配置到地方,大部分省份的环境机构平均规模高于全国平均规模。事实上,中国的环境分权程度处于较高水平。以中央环境保护机构规模为例,与美国、日本、欧盟等国家(地区)相比(如表 4-19 所示),中国环境保护部人员数量仍处于较低的水平,中国环境管理呈现出明显的金字塔形。

表 4-19   中国与主要发达国家的中央环保机构和预算

(单位:人;亿元)

国家/年度	机构名称	人员	预算	中央经费占比
美国/2011	国家环保局	17359	545.7040	—
日本/2011	环境省	1298	1278.4548	45.02%
英国/2011	环境署	—	458.367	40%
法国/2009	资源与环境保护部	2531	283.0846	—
德国/2009	联邦环境、自然保护与核安全部	2000	738.9903	—
中国/2011	环境保护部	3020	74.19	2.8%

注:相应国家的货币单位均按照当年汇率换算成人民币单位。

资料来源:卢洪友等《外国环境公共治理:理论、制度与模式》,中国社会科学出版社 2014 年版。

但是在这一时区,环境分权呈现出下降趋势,在 1992 年,环境分权度达到 1.22,2010 年环境分权度降至 1.014。这一过程中,中国环境保护部的机构人员数呈现明显的上升趋势。这背后所体现的是环境管理和环境事务的上移,或者说,以往尚未涉及的环境管理事务开始由中央政府承担,由此所引致的上一级特别是中央政府环保机构人员规模扩大。

在具体的分项环境管理事务中,行政分权度从 1992 年的 1.19 下降至 2010 年的 1.02,在历史上很长一段时间内,地方环保行政机构行政隶属、人事任免和财政资金关系完全由地方政府进行管理,直到 1995 年,才正式确定环境保护部门领导管理体制改为"双重领导、以地方为主"的行政和人事管理体制,同时财政预算关系保留在地方。在这之后,上一级政府(包括中央政府)才开始逐渐对地方环境行政管理进行实质性的介入。环境监测是开展环境管理的基础,从1992—2010年,中国的环境监测分权从1992年的1.22下降至2010年的1.014,监测分权度相对较高。实际上,地方环境监测机构的建立早于中央环境监测机构,根据行政级别划分,目前在各行政区域内分别建立了国家级、省级、市级和县级环境监测网。各级环境监测站及监测网分别对各级行政区域内的环境质量、污染源、突发性环境事件以及其他环境事项进行监测。从分级监测的初步效果来看,常常由于技术手段和监测标准的不统一及其他因素的影响,使得监测结果不一致,而且由于监测机构的地方行政隶属关系,部分地区监测结果难以真实反映地方环境质量。这背后所凸显的是地方政府对环境质量话语权的争夺,特别是当中央政府将地区环境质量作为地方政府及官员绩效考核的内容而相应的环境监测尚未实现统一时,地方政府争夺环境监测权的激励更强,更何况这背后所涉及的是中央政府与地方政府以及地区间基于环境因素的转移支付和生态补偿以及跨区环境纠纷处理。

在环境监察事务中,中央和地方分权度从1992年的1.08下降至2010年的0.987,相较于环境行政分权和监测分权,环境监察分权略低。这背后所反映的逻辑是,环境监察是由原有的环境监理演变而来,其职能范围在不断拓展,具体事务包括排污费管理、行政执法处罚、监察稽查以及相关的环保专项行动,事务繁杂但监察力量较为薄弱,更为关键的在于,这些事务直接对象就是地方短期经济增长所带来的负面影响,被认为是给地方经济发展"揭黑",因而地方政府在一定程度上对环境监察的重视程度较低,相应地所给予的人员编制和经费也会相对偏少。

三、环境分权与环境污染(治理):实证准备

本部分将重点从省级层面观察环境分权是如何影响到各地区的环境污染(治理),即中国式环境联邦主义的环境效应。在参照有关分权与公共物

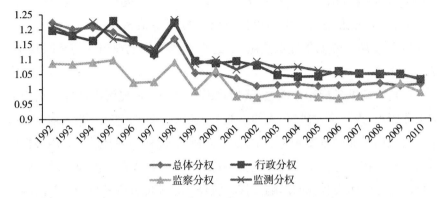

图 4-7　中央与地方环境分权度（1992—2010 年）

资料来源:本图数据来自于上述部分的分权指数测算。

品供给关系模型的基础上,同时纳入环境管理分权指数和财政分权指标,控制财政分权激励条件下,考察环境管理向地方政府分权对地区环境质量的影响,本节主要选择了静态面板数据模型、动态面板数据模型和空间动态面板数据模型,如下:

$$POL_{i,t} = \alpha_0 + \beta_1 ED_{i,t} + \beta_2 FD_{i,t} + \sum \alpha_j CT_{ijt} + \eta_i + \mu_t + \varepsilon_{i,t} \quad (4\text{-}2)$$

$$POL_{i,t} = \alpha_0 + \beta_0 POL_{i,t-1} + \beta_1 ED_{i,t} + \beta_2 FD_{i,t} + \sum \alpha_j CT_{ijt} + \eta_i + \mu_t + \varepsilon_{i,t} \quad (4\text{-}3)$$

$$POL_{i,t} = \alpha_0 + \beta_0 WLnPOL_t + \beta_{01} POL_{i,t-1} + \beta_1 ED_{i,t} + \beta_2 FD_{i,t} + \sum \alpha_j CT_{ijt} + \eta_i + \mu_t + \varepsilon_{i,t} \quad (4\text{-}4)$$

式中,i 和 t 分别表示省份和年份,POL 表示所在地区环境污染水平,ED 和 FD 分别表示地区环境分权程度和财政分权度,CT 表示影响地区污染水平的其他控制变量,η 和 μ 分别表示不可观测的地区和时间特定因素,ε 为残差项。选择静态面板数据模型主要是为了与其他两类模型进行参照比较的需要,考虑到模型本身所面临的内生性风险以及因变量存在的滞后效应,引入动态模型滞后项可以较好地控制滞后因素,同时将滞后一期的内生变量作为其工具变量,运用系统 GMM 方法可以缓解内生性问题,见(4-3)式。最后运用动态空间面板数据模型考察空间维度特征,采用 Elhorst 发展的一种改进最大似然估计方法,首先用一阶差分消除固定效应,然后考虑用每个空间单位一阶差分观察值密度函数的乘积来建立一阶差分模型的无条件似然函数,这里选择的是地理相邻的空间权重,见(4-4)式。

在具体的度量指标选择上,我们将因变量——环境污染指标分别用人均工业废水、人均工业废气、人均工业二氧化硫、人均工业粉尘、人均工业烟尘以及人均工业固体废弃物表示,为了分析的简练性和稳健性,运用熵权法对六类污染物进行合成得到环境污染综合指数,来考察环境分权对不同污染物以及总体污染状况的影响。核心解释变量环境分权来自于本节的测算数据,即环境总体分权、环境行政分权、环境监测分权和环境监察分权。作为模型的制度性控制变量,选择财政自给度作为财政分权(FD)的度量指标。其他控制变量包括:经济发展水平(Pgdp)以人均国内生产总值作为度量指标,二二产业比重(Indu)用第二产业增加值占国内生产总值比重来表示,科技信息化水平(Tech)选取各地区的研发经费支出与 GDP 之比来衡量,城镇化率(Urban)用非农人口占总人口比重之比来衡量,人力资本水平(Human)使用全部 6 岁及 6 岁以上人口的平均受教育年限来度量,地区开放程度(Open)选择进出口总额占 GDP 比重来表示,地区治理环境(Corrup)选择每万人贪腐腐败立案数来表示。

以上所有数据均来自于《中国环境年鉴》《中国环境统计年鉴》《中国统计年鉴》《中国科技统计年鉴》《中国检察年鉴》,所有货币单位表示的指标均以 1992 年的价格指数为基期进行价格平减。由于西藏和重庆数据的独特性,分别采取删除和并入四川两种方式处理,时间区间为 1992—2010 年。

四、实证结果

(一)不同污染物实证检验

表 4-12 为环境分权(ED)对三类主要工业污染物影响的回归结果。

回归结果(1)、(3)、(5)为固定效应模型估计的静态回归方程,(2)、(4)、(6)为运用动态面板模型系统 GMM 方法的回归结果,由于所选择的环境分权指标与因变量之间可能存在着双向因果关系以及存在的遗漏变量问题,进一步将滞后一期的内生变量——总体环境分权作为其工具变量,Ar(1)和 Ar(2)以及 Sargan 检验的报告值均表明本节工具变量较为合理。根据固定效应模型的估计结果,在控制其他因素的条件下,环境分权与三类工业污染物之间呈现出显著且稳定的正相关关系,环境分权程度越高,地区环境污染可能更为严重,赋予地方过大的环境管理权可能是造成目前环境污染问题重要的体制性因素。尽管目前的研究已经指出了财政分权与污染之间的关系,但本节则是直接从环境管理本身的视角分析环境分权与污染之间的关系,结果可能更契合评估环境联邦主义效应的主题。进一步从动态面板系统 GMM 方法的结果来看,与固定效应结果基本一致,环境分权与环境质量之间显著负相关表明环境公共服务外溢性程度高的特征与环境管理向地方过度分权现实的矛盾不断加剧,相比于其他公共服务,环境的外部性更强,理应在分权程度上更倾向于一定程度的集权。

尽管财政分权与环境污染之间为正相关,但是基本不显著,这背后所反映的可能是财政分权、环境分权与环境污染三者间特殊的传导关系,财政分权赋予地方的是发展经济的强大激励,环境分权赋予地方的是保护环境和环境治理的权力,只有将两者合一,地方政府才有足够的激励和手段(工具)以牺牲环境来发展经济。我们还发现,腐败与环境污染呈现出明显的正相关,腐败进一步恶化了环境污染,可能通过降低环境规制强度或扭曲环境政策引致污染水平上升。

表 4-20 环境分权与不同污染物的回归结果

解释变量	Ln 工业废水		工业废气		Ln 二氧化硫	
	(1)FE	(2) SYS-GMM	(3)FE	(4) SYS-GMM	(5)FE	(6) SYS-GMM
$L.lny$		0.9033 *** (8.04)		0.8649 *** (25.35)		0.6744 *** (19.71)

续表

解释变量	Ln 工业废水		工业废气		Ln 二氧化硫	
	(1) FE	(2) SYS-GMM	(3) FE	(4) SYS-GMM	(5) FE	(6) SYS-GMM
ED	0.2365 *** (4.65)	0.1906 ** (2.22)	0.2366 * (2.00)	0.6769 *** (4.22)	0.0652 (1.18)	0.2364 *** (2.62)
FD	0.0855 (1.01)	0.0110 (0.48)	0.1379 (0.32)	0.0358 (0.48)	0.0333 (0.36)	0.0015 (0.02)
CORUP	0.1791 *** (3.08)	0.0580 ** (2.17)	0.3824 * (2.09)	0.0500 * (1.78)	0.1076 * (1.71)	0.1068 *** (4.14)
cons	9.0542 *** (4.90)	−5.2216 (−1.35)	29.2592 *** (3.10)	11.6644 *** (3.43)	−3.6750 * (−1.83)	−7.1072 * (−2.08)
AR(1)		0.0023		0.00614		0.0054
AR(2)		0.7332		0.6103		0.8471
Sargan		1.0000		1.0000		1.0000
R^2	0.4420		0.5444		0.444	
Obs	544	517	544	517	544	517

注:其他控制变量略。系数下方括号内为 t 值;*、**、*** 分别表示在 10%、5% 和 1% 下的显著性水平,Ar、Sargan 中的数分别表示为 prob>z、prob>F(chi2) 的值。

(二)各项环境分权检验

我们进一步将环境分权细分为环境行政分权、环境监测分权和环境监察分权,来考察不同类型环境分权与环境污染之间的关系,同时为分析的简洁性和结论的稳健性,采用熵权法将六类工业污染物合成为环境污染综合指数。回归结果如 4-12 所示,模型(1)为加入财政分权与环境分权、腐败与环境分权交互项之后的结果,两个交互项的系数均为正,随着环境分权度的提高,财政分权对环境污染所产生的影响可能会提高,这说明当环境分权与财政分权合一之后对环境污染及治理带来的负面影响将会扩大;进一步地,伴随着腐败程度的提高,环境分权对环境质量的负面影响将会显著提升,腐败在相当程度上恶化了环境分权对环境污染的影响。模型(2)进一步加入了环境分权的二次项,其系数在 10% 的显著水平为正,而环境分权的系数变为负,这说明环境总体分权与环境污染之间呈显著 U 型关系,即适度的环境分权有利于环境污染治理,但是应限定在一定的范围内,其拐点为 0.8958,1992—2010 年,环境分权度平均为 1.075,显著高于最优点。这表明,总体上看,中国的环境管理还需要做进一步的集权调整。进一步来看,行政分权、监测分权和监察分权与环境污染之间的关系为正,其中行政分权和监测分权的系数显著为负。加入了各类环境分权的二次项后,行政分权、监察分权的二次项系数为负,而监测分权二次项系数为正,这表明,行政分权与环境污染之间呈倒 U 型关系,而监测分权与环境污染之间呈 U 型关系。我们认为,这与各项环境事务的特征及所处的制度背景有着密切联系。

对于环境行政事务而言,主要涉及的如地方环境法规、环保规划、环保投资等事务均需要充分的掌握辖区政治、经济、社会和生态环境等方面的充分信息,而且这些事务本身并不直接涉及环境污染的监督管理,因而如果将这些事务更多地交由地方政府负责,信息优势会更为明显;并且在目前的激励体制下,有利于地方政府在环境行政事务上培育和形成"向上赛跑"的良性竞争机制,从 1992—2010 年,平均环境行政分权度为 1.1074,远低于环境行政分权的拐点(1.364),这表明,在环境行政事务上还需要进一步赋予地方政府充分的权力。

对于环境监测事务,监测数据直接反映地区环境质量的好坏,与地方政绩挂钩以及投资软环境密切相关,地方政府有足够的激励在数据上进行"修改调整"。目前中国的环境监测网络包括中央、省、市、县四级,四级环境监测网归属于相应级次的政府,不可避免在各级政府目标不一致的条件下出现"数据打架"现象,同一地区、同一流域不同部门公布的环境质量数据不同、环境质量评价不一,不利于为环境管理提供统一可靠的数据支撑。所凸显的是地方政府对环境质量话语权的争夺,环境质量数据背后所涉及的是中央政府与地方政府以及地区间基于环境因素的转移支付和生态补偿以及跨区环境纠纷处理。进一步来看,环境监测事务属于技术密集型和资金密集型领域,对技术和资金要求较高,如果交由过低级次的政府负责,由于财力和技术限制,在客观上也制约着环境监测数据质量,如果将监测事务适度上移并辅助以其他配套政策是有利于从整体上形成对地方政府的"真实约束"。实证结果发现环境监测分权的拐点为0.8333,而1992—2010年的平均环境分权度为1.1106,这表明目前的环境监测分权不利于从总体上改进环境治理。

表4-20 不同类型环境分权与环境污染的回归结果

解释变量	因变量:环境污染合成指数 SYS-GMM							
	总体分权		行政分权		监测分权		监察分权	
	(1)	(2)	(3)	(4)	(5)	(6)	(7)	(8)
$L.PPOLL$	0.3851**	0.2137	0.6448***	0.7478***	0.7402***	0.6580***	0.8131***	0.7287***
	(2.35)	(1.08)	(4.03)	(9.38)	(4.08)	(3.17)	(3.82)	(10.55)
ED	0.0017	−0.0043	0.0045***	0.0030	0.0017	−0.0010	0.0006	0.0063**
	(1.12)	(−1.59)	(2.54)	(1.45)	(1.69)	(−1.23)	(0.63)	(−2.35)
$ED*ED$		0.0024*		−0.0011*		0.0006*		−0.0021***
		(1.85)		(−1.81)		(1.75)		(2.58)
FD		0.0011	−0.0020***	−0.0007	0.003***	0.0001	0.0002	0.0017
		(1.41)	(−2.63)	(−0.75)	(6.78)	(0.2)	(0.08)	(0.57)
$ED*FD$	0.0008							
	(0.8)							
COR		0.0011*	0.0008	0.0014*	0.0014*	0.0001*	0.0015*	0.0011*
		(1.79)	(1.12)	(1.8)	(2.01)	(2.02)	(1.9)	(1.84)
$COR*ED$	0.0012***							
	(2.78)							
$AR(1)$	0.0913	0.0579	0.0245	0.01	0.015	0.0059	0.0348	0.0089
$AR(2)$	0.603	01871	0.822	0.093	0.0995	0.0664	0.1659	0.8193
Sargan	1.0000	1.0000	1.0000	1.0000	1.0000	1.0000	1.0000	1.0000
Obs	517	517	516	516	516	485	516	516

注:本表和表4-12中的ED包括相应的环境总体分权、行政分权、监测分权和监察分权。

最后,在环境监察事务上,其与环境污染关系的U型拐点为1.5,而1992—2010年的环境监测分权度为1.0193,远低于拐点。其中的原因可能在于:环境监察事务涉及的范围广,包括事前—事中—事后全过程的监管,属于劳动密集型领域,并且这些事务在地方所面临的阻力较大,与地方政府短期经济增长目标可能存在一定的矛盾。有部分观点认为,由于人事任免和工资都掌握在地方政府手中,环境监察要独立抵抗政府追求经济发展速度造成的环境压力显得并不现实,进而提出将环境监察进行垂直管理。相比较监测事务,环境监察更多的涉及环境执法、环境监督等事项,如果上级执法机构人员多、力量大,会产生干预过度而影响地方经济发展的风险;而且垂直管理是一种更官僚主义的难以为社会所监督的行政管理体制,制度风险和制度效率可能更大,一旦与地方经济利益冲突加剧,就难以获得地方政府的有效支持而影响监察绩效。以环境监察机构负责的"排污费"为例,其程序履行的交易成本非常高,包括申报、审核、核定、征收和交纳等程序,每个程序都有严格的时间限制,一个环境监察人员往往要面对上百家甚至上千家污染企业;而且在监测数据存在虚报、谎报、拒报的情况下,排污收费标准存在着严重的失真。此外,排污收费还存在着"协商"执法收费的现象。与此同时,中央政府为防止地方环境监管尤其是环境监察中的扭曲性行为,通常通过设置大片区环保督查中心,来协调地区间和央地间环境行为,但是常常由于地方政府缺乏足够的重视和参与,再加之规模小,并没有产生预期效果。相反,如果能够设计出中央与地方监察激励相容、地方政府兼顾权衡发展与监管的机制,将环境监察事务依然交由地方政府并辅之以中央政府的协调和适度监督,潜在优势可能更大。

(三)分地区检验

由于经济发展、财力水平差异所形成的不同激励以及环境资源状况所导致的自然禀赋差异,东、中、西部地区在环境治理上可能存在着较大的差距,因此,有必要进一步考察环境分权所产生的地区差异。我们按照以往地区分类方法,将 29 个省区市分为东、中、西三个地区,分别用三个地区虚拟变量 dum1、dum2 和 dum3 表示,并将其与环境分权的交互项分别代入回归方程,采用系统 GMM 方法。从回归结果来看,ED * dum1 和 ED * dum2 的系数显著为负,而 ED * dum3 的系数显著为正,这表明,相比较东部和中部地区,环境分权对西部地区环境质量的影响更大。西部地区是中国环境与发展矛盾最为突出和激烈的地区,资源丰富,但经济发展水平较低,且生态基础脆弱,如果不改变现有的政绩考核机制,西部地区挖掘开采资源发展工业的激励将会更大,一旦将环境权下放,势必成为其发展经济的有效"工具",这将进一步加剧甚至恶化西部的环境形势。而近年来,中央政府在加大环境保护干预力度的同时,对西部的关注程度更为引人注目,而且在地方绩效考核权重的选择上,提高西部地区尤其是重点生态功能区的环境保护权重,赋予西部地区足够的环境保护激励,也正是着眼于这方面的考虑。

(四)年度效应检验

从 1992—2010 年,伴随着中央政府介入干预力度的不断加大,环境分权对环境质量所产生的负面影响是否会伴随着分权度的下降而存在着减小的趋势,中央政府环境政策是否产生了积极的效果,有待进一步的检验。对此,需进一步借助年度虚拟变量与环境分权的交互相乘项来估计环境分权的年度效应。以 1992 年为基期,其后每年的作用为各年系数与 1992 年系数相加所得到的值。如图 4-2 所示,1993—2005 年的交互项系数大部分为正,但系数逐渐变小,这表明尽管环境分权对工业污染的影响依然为正,但是这种效应正逐步减小。2005 年之后,交互项系数由正转负,环境集权趋势对环境污染开始发挥一定程度的遏制作用,分权的负面影响正在逐步减小且正面效应开始显现。那么,从 1993—2010 年,为何环境分权对环境污染影响系数由大变小、由正转负?原因可能在于:一是中央和地方政府环境分权开始发生明显变化,环境分权度开始呈现下降的趋势,环境分权度下降直接引致了其对环境质量负面影响的下降,伴随着环境分权度下降所释放的效应逐渐累积,逼近最优分权度,并开始对环境质量释放"正能量"。二是地方政府环境激励约束机制开始建立并不断强化。从 1993—2010 年,中央政府逐步将环境保护纳入地方政府政绩考核体系当中,在权重不断提升的条件下,开始根据各地区的生态功能、经济发展水平等因素制定差异化的环保考核机制,并将此与对地方政府的转移支付等经济激励有机结合。

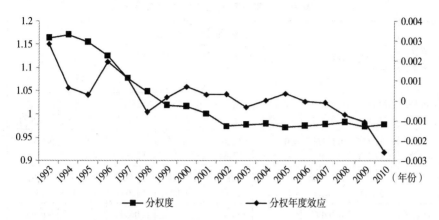

图 4-8　环境分权度及其年度效应变化（1993—2010 年）

注:本图数据来自于分地区回归系数和分权指数,由于篇幅所限,其他变量系数和检验值未展示,如有需要作者可提供。

（五）空间因素的稳健性分析

考虑到环境污染外部性所带来的空间性问题,地方政府所选择的监管策略可能会发生一定程度的改变,那么这种改变在多大程度上影响着本节结论? 对此,我们进一步将空间因素纳入到分析中,构建了动态空间面板数据模型。空间系数 λ 的估计值显著为正,说明省际之间环境污染存在着显著的空间依然特征,根据空间相关性和两个拉格朗日乘数及其稳健形式的结果选择空间误差模型,回归结果如表 4-14 所示。临近省份的环境污染越严重,本省的环境污染同样严重,环境污染存在着明显的负外部性。无论是总体分权,还是行政分权、监测分权和监察分权,与环境污染指数的关系保持稳定,与表 4-21 结果比较发现,纳入空间权重后,总体分权、行政分权、监测分权和监察分权的拐点发生了不同程度的变化,四类分权的拐点分别为 0. 9286、1. 1667、0. 8333 和 1. 4375。

表 4-21 考虑空间因素的回归结果

解释变量	因变量:环境污染综合指数							
	总体分权		行政分权		监测分权		监察分权	
	(1)	(2)	(3)	(4)	(5)	(6)	(7)	(8)
L.PPOLL	0.6129*** (6.1)	0.4638*** (5.24)	0.4370** (2.509)	0.5140*** (3.25)	0.5573*** (2.76)	0.5439** (2.51)	0.6428** (2.44)	0.5952*** (2.63)
λ	0.1639*** (3.025)	0.1327** (2.56)	0.0250*** (3.57)	0.0220** (2.64)	0.1489*** (2.72)	0.1743** (2.33)	0.026*** (4.26)	0.0300*** (3.75)
ED	0.0078*** (3.03)	−0.0026 (−1.22)	0.0057* (1.83)	0.0042 (0.89)	0.0019* (1.92)	−0.0015 (1.63)	0.0020 (1.46)	0.0023* (1.7)
ED * ED		0.0014* (2.15)		−0.0018 (1.24)		0.0009* (1.95)		−0.008* (2.06)
AR(1)	0.0062	0.003	0.006	0.008	0.015	0.003	0.0001	0.0004
AR(2)	0.8449	0.6561	0.8535	0.9034	0.432	0.842	0.92	0.8735
Sargan	0.9462	0.8849	1.0000	0.96	0.6643	0.792	0.7746	0.8542

这可能与在考虑空间外部性之后,地方政府所选择的环境监管策略发生变化有关,环境污染的空间负外部性使得地方政府更加放松环境管制、降低环境公共服务的供给水平。如本部分总体分权的拐点明显小于表 4-13 中的拐点,从另外一个侧面也凸显了一定程度环境集权趋势的紧迫性。

五、基于中国环境分权体制改革研究提出的建议

伴随着"四化同步"建设的快速推进,当前中国的环境污染形势比以往任何都要严峻、社会公众对环境质量的诉求比以往任何时候都要迫切。选择有效的环境治理模式和构建科学的环境管理体制是政府履行环境保护职能和提供环境公共服务的关键,是破解中国环境困局的制度基础。

本节依据中国环境管理实际以及科层制特征,立足分权体制框架,通过不同级次政府环保机构人员设置和变迁过程来透视环境事权划分和测算环境分权度,中国环境分权的数据显示,从 1992—2010 年,中央和地方政府之间的环境管理总体上处于分权阶段,但无论是总体分权,还是行政分权、监

测分权和监察分权,都呈现出一定程度的集权趋势,这与中国环境管理体制变迁的阶段性特征完全吻合,也符合近些年来中央政府介入和干预地方环境管理以及力度加大的实际。在此基础上,采用静态、动态和动态空间面板模型及方法,全面客观直接地考察和评估了环境分权的效应。结果显示,环境管理分权、行政分权、监测分权、监察分权与环境污染之间呈现出显著且稳定的正向关系;环境分权加剧了财政分权对环境保护的激励不足,地区腐败水平恶化了环境分权对环境污染所产生的影响;分地区的实证检验发现,与东中部地区相比,西部地区环境分权对环境质量产生的负面影响更为严重,这也从另一方面解释说明了中央政府对西部地区生态环境问题更为关注;伴随着环境分权度的下降,环境分权的年度效应逐步降低并由正转负,这表明近年来中央政府环保干预力度的加大产生了积极效应;环境分权、监测分权与环境污染之间呈 U 型关系,而行政分权、监察分权与环境污染呈倒 U 型关系,这表明,适度的环境分权和环境监测分权式有利于环境污染治理,充分的环境行政分权和环境监察分权同样有利于环境污染治理,这背后所凸显的是各项环境事务(环境基本公共服务)特征结构差异。立足以上结论和中国环境管理实际,提出了以下几点建议或启示。

(一)推进中央和地方政府环境事权和管理权划分的结构性改革

中国环境管理体制的结构性特征及其制度背景决定了中央与地方有关环境公共服务事权划分必须分类处理。依据实证结果,我们认为,中国环境管理还需进一步集权,加大上一级政府尤其是中央政府在环境治理中的职责范围和支出范围,正如尹振东所指出的,以垂直管理体制为代表的集权体制在实现地方监管部门否决坏项目上优于属地分权管理体制,能够减弱地方政府的干扰。环境管理在很大程度上所肩负的否决或矫正具有负外部性的行为,从这一点来看,适度垂直管理可能具有一定的适用性。环境监测权可以进一步上收,保证环境监测数据的统一性和权威性,但要确保监测数据的公开性,做到数据透明;在环境行政上,应当赋予地方政府充分的行政管理权,尤其在环境规划、环境投资、环境教育和地方性环境行政法规制定等方面,发挥地方政府的信息优势,引导地方政府环境行政服务和管理的"向上竞争";在环境监察上,重点应集中于加强地方环境监察能力建设,加强对地方政府环境监察激励,同时中央政府还需进一步凸显在地方环境监察事务中的协调和监督。

(二)合理设置东、中、西三大地区差异化的环境分权度

西部地区需要差别化的环境发展战略与政策,需要一个更有计划、更为系统的方案,无论是在环境分权的数量形式上,还是在环境分权的具体内容上,都应该充分考虑西部地区的特殊性。根据实证结果,我们建议,中央政府应继续加大对西部地区环境干预和介入的力度,因为仅依靠西部地区现有的财政能力难以兼顾基本公共服务和生态保护,极易陷入因生态保护所导致的"生态贫困陷阱",中央应从环境基础设施、环境基础监测能力、环境监察事务等方面进行不同程度的倾斜,形成中央和西部省份共建生态屏障的格局。同时,为避免西部地区地方政府在环境治理中的"依赖症",应依据监测数据,加大环境考核,建议按照"生态安全、国民健康"原则设定生态环境底线标准和奖励门槛值,进一步增加生态环境质量梯度,考虑到生态环境质量改善的"边际难度"逐步提升,可以采取"累进制"生态环境改善奖励办法,同时为防止生态环境质量出现恶化,还可以采取"负累进制"的生态环境质量惩罚办法,即生态环境质量改善越多,奖励更多;生态环境质量恶化越多,惩罚更多。此外,基于各生态功能区生态环境基础的差异性,以及各地区生态环境保护的侧重点,可以设置不同权重或不同类型的生态环境质量考核标准。

(三)建立环境管理体制改革的配套机制

环境管理体制改革的配套机制应着眼于加大激励和约束,在激励上,建

立跨区域的生态补偿机制和考虑环境因素的转移支付制度,补偿正外部性,提高均衡性转移支付在整体转移支付中的比重,提高生态环境保护和基本公共服务的分配权重。除进行均衡性和横向转移制度改革外,可考虑进一步增加生态环境保护投资在专项转移支付中的比重;在约束上,细化国土主体功能区划分,建立不同功能区的考核机制,矫正负外部性,加大生态环境保护在重点生态功能区政府和官员政绩考核中的权重,鼓励社会资本参与重点生态功能区的生态环境建设,采取多样化的运行机制,加强转移支付资金的监督、管理和绩效评估,鼓励社会公众参与生态环境建设。

智慧城市与节能环保
产业协同发展研究[*]

一、智慧城市与节能环保产业
协同发展的研究背景

全球化已经成为我国经济发展和城市管理的重要特征。党的十八大提出工业化、新型城镇化、信息化、农业现代化"四化融合"的发展思路，将信息化建设提高到了前所未有的国家战略高度。智慧城市作为我国信息化与工业化高度融合的重要载体，通过借助智慧技术，以更智慧的方法感测、分析、整合城市运行核心系统的各项关键信息，改变政府、企业和人们相互交往的方式，对各种需求做出快速和智能化的响应，从而提高城市系统的智慧水平，促进我国经济发展的质量和效率。

从我国经济发展存在的问题看，我国经济发展存在的高能耗和环境污染等问题，不仅制约了我国产业转型与智慧城市建设，并且与"国家富强、民族振兴、人民幸福"为核心的"中国梦"存在着极大的冲突。

从国际经济环境看，在应对全球金融危机和气候变化的挑战中，世界主

* 本文作者吴维海：国家发改委国际合作中心城市发展咨询院副院长、研究员、博士。

要经济体把实施绿色新政、发展绿色经济作为刺激经济增长和经济转型的重要内容,通过推进以节能环保产业、新能源产业为核心的绿色产业发展,来降低单位能耗和环境污染,实现绿色 GDP。以节能环保为重点的绿色产业及相关产品将在今后国际经济、技术和贸易领域展开激烈的市场竞争。我国要想在新一轮经济增长中占据有利地位,必须不断提升节能环保产业的竞争力。

从国内经济形势看,"十二五"期间,我国处在工业化、城市化加快发展阶段,能源资源短缺和生态环境脆弱的问题进一步加剧,为实现"十二五"规划《纲要》确定的单位 GDP 能耗降低、主要污染物排放总量减少等约束性指标,必须不断提升我国节能环保技术装备水平和服务水平,为大规模节能减排、大力发展循环经济提供坚实的产业支撑,是我国转变发展方式、调整经济结构的必然选择。国务院、发改委、环保部、住建部、工信部等各部委纷纷出台智慧城市或节能环保产业发展的推动政策与具体文件。如:交通运输部《交通运输业智能交通发展战略(2012—2020 年)》提出,到 2020 年总产值规模超过千亿元。国家住建部在公布智慧城市试点 90 个城市之后,2013 年又公布 103 个试点城市。

从智慧城市与节能环保的融合来看,智慧城市包含了新一代信息技术的发展,也包括对现有工业、农业和服务业的信息化和智能化,对节能环保产业的智能化等,它与节能环保产业是高度融合的,也存在协同发展的诸多交集和重要环节,有必要构建一种规范的概念模型与运行机制,推动两大产业的协调发展。因此,研究智慧城市与节能环保产业的协同发展,对于中国经济结构调整和"中国梦"的实现具有重大的实践价值和战略意义。

二、智慧城市与节能环保产业的协同分析

分析智慧城市与节能环保产业的协同程度,有助于科学研究和前瞻性地制定有关产业政策,进行智慧城市顶层设计,提高跨产业系统设计的质量,推动"中国梦"的顺利实现。国家"十二五"规划纲要将节能环保产业列入"培育发展战略性新兴产业"之一。近几年,我国节能减排形势严峻,高

能耗和环境污染等问题突出,资源能源利用率长期处在较低水平,雾霾和空气质量等制约了人们生活质量的提高,带来了诸多社会问题。这都需要通过节能环保与智慧城市建设的内在协同,逐步解决问题。

分析我国智慧城市与节能环保产业的协同发展,主要包含三个方面。

(一)节能环保产业与智慧城市的建设理念有较高的一致性

解决环境安全问题,保持生态环境的可持续,建设环境友好型社会,是智慧城市建设的内在要求。节能环保产业以降低能耗和改善环境质量为前提,它是国家大力推进的七大战略性新兴产业之一,是节约能源资源、发展循环经济、保护生态环境的保障性产业,它与智慧城市的核心理念——低碳、节能、绿色、环保、宜居等相一致、相协调。

2013 年《国务院关于加快发展节能环保产业的意见》明确指出,资源环境制约是当前我国经济社会发展面临的突出矛盾。解决节能环保问题,是扩内需、稳增长、调结构,打造中国经济升级版的一项重要而紧迫的任务,也是智慧城市建设的经济基础。2014 年全国与地方政府纷纷把节能环保列为关注焦点,雾霾防治、水污染治理、生态红线划定是环保的三大要务,各地区投入了较大精力和资金推进节能环保基础设施建设,如华北地区、长三角地区以大气治理为主,长三角、珠三角地区以水污染防治为主。

《智慧北京行动纲要》确立了"人文北京、科技北京、绿色北京"的战略任务,"智慧北京"的基本特征是宽带泛在的基础设施、智能融合的信息化应用和创新可持续的发展环境,其中:"绿色北京"的智慧城市战略任务体现了环保、节能的核心理念,这从侧面印证了智慧城市与节能环保产业在建设理念、建设内容等行业或领域是高度一致的、产业协同的。

节能环保产业属于典型的政策法规驱动型产业,既要突出市场导向,充分发挥市场配置资源的决定性作用,又要加强政府引导,驱动潜在需求转化为现实市场。这与智慧城市的建设方针,是密不可分的。智慧城市是以人为本的社会代表,是以物联网为桥梁的高度联通的社会。节能环保产业的发展,能从根本上改善民生,确保智慧城市建设的顺利、有效进行。二者存在理念上的高度一致性。

(二)节能环保产业与智慧城市的建设目标、技术手段有较高的一致性

我国智慧城市的顶层设计在发展战略方面强调绿色、泛在和协同的综合应对方案。绿色是智慧城市建设的灵魂,智慧城市的基本要素以绿色为核心,围绕节能减排和优化环境进行谋划建设,以可持续发展为出发点和归宿,努力提高城市的宜居度。泛在城市即实现各城市内和城市间在智慧技术支持下的跨越时空的物与物、人与物、人与人的网络数字信息联系,使各类资源的效能最大化和最优化,以此提高市民生活和工作的便捷度。协同城市就是要实现城市社会管理各要素间的整合转型,以信息集群为基础,实现跨系统应用集成、跨部门信息共享、跨网络融合互通,体现城市反应的即时性和适时性,以此提高城市管理的灵敏度。

王璐等提出五种智慧城市的建设路径:创新驱动型、产业驱动型、管理服务驱动型、可持续发展型、多目标发展型。从技术手段看,节能环保产业与智慧城市建设都需要下一代信息技术的强力支撑,需要构建云应用和大数据为核心的技术路径,以及以政府、产业和企业等为服务目标的信息化的基础设施综合服务平台。

(三)节能环保产业与智慧城市在智慧化产业链的重点环节有较高的一致性

从智慧城市建设的内容看,智慧城市包含智慧技术、智慧产业、智慧应用、智慧服务、智慧治理、智慧人文、智慧生活等基本内容。智慧技术的创新和应用是智慧城市建设的基本手段和驱动力,智慧产业和智慧应用是载体,智慧服务、智慧治理、智慧人文和智慧生活是目标。

从智慧城市的案例实践看,北京市"智慧北京行动纲要"在其智慧城市

的行动方案中明确提出"资源和生态环境智能监控"工程,通过完善北京市的节能监测体系,实现对工业、交通及大型公共建筑、公共机构等主要用能行业(领域)及场所、单位的能耗监测。建设智能的土地、环境和生态监管体系,实现对全市土地利用、生态环境、重点污染源、地质资源和灾害、垃圾处理等领域的动态监测。这表明了智慧城市建设与节能环保产业在部分重点产业环节有较高的协同性和融合度。

从产业价值链分析看,节能环保产业主要包括节能产业、环保产业和资源循环利用三大类产业,具有产业链长、关联度大的特点。从产业组织的角度来看,节能环保产业是先进制造业和生产服务业紧密结合的跨行业、涵盖面宽的综合性产业,包括方案设计、技术研发、材料采购、生产制造、销售物流、售后服务等基本环节,它需要大数据、云应用、智慧物流、工业自动化、电子商务等支撑,并与智慧城市的相关环节相协同,具体如图4-3所示。

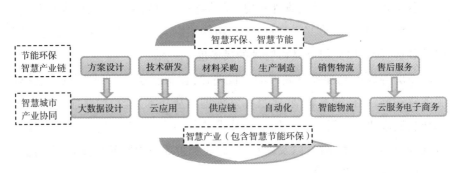

图4-3 节能环保制造业产业链与智慧城市产业的协同

如图4-3所示,智慧城市产业的大数据、智慧设计与节能环保产业的方案设计相协同;智慧城市产业的信息化、云应用与节能环保产业的技术研发相协同;节能环保产业的其他环节也包含或蕴藏着智慧城市产业的要素与内容,如:节能环保产业的销售和物流与智慧城市建设的电子商务、智慧物流等相协同。根据学者和专家的研究,以及智慧城市建设的基本实践,也可以得出智慧城市产业的重点环节与节能环保产业密不可分的基本结论。

三、智慧城市与节能环保产业的协同度概念模型

从智慧城市与节能环保的产业协同实践看,北京市在智慧城市的建设中强调"绿色北京"概念,建设理念和具体内容体现了与节能环保产业的协同发展。上海等城市将智慧城市建设列入"十二五"发展规划(2011—2015年),体现了智慧城市与节能环保等产业的协同作用。上海的智慧城市建设指标体系包含了智慧的环保、智慧的能源管理、政府信息化平台、企业信息化平台等核心要素,充分体现了智慧城市与节能环保产业的协同性,也体现了智慧城市与节能环保在服务平台支撑等方面实行资源共享与统一规划的必要性与发展潜力。杭州市以"智能+互联+协同"为理念,积极建设以政务信息共享和业务协同系统平台为基础的全新综合应用,推动智慧城市发展。国家住建部有关智慧城市评价指标体系从保证体系与基础建设、智慧建设与宜居、智慧管理与服务、智慧产业与经济四个维度进行评估,其中包含了节能环保产业等智能化建设的基本内容。工信部副部长杨学山认为,"智慧城市是当今城市发展的新理念和新模式,是新一代信息技术创新应用与城市转型发展深度融合的产物,是城市走向绿色、低碳、可持续发展的本质需求"。2014年国家标准化管理委员会发布《关于成立国家智慧城市标准化协调推进组、总体组和专家咨询组的通知》指出,为加强我国智慧城市标准化工作的统筹和协调管理,国家标准委经商发展改革委、科技部、工业和信息化部、住房和城乡建设部等有关部门,成立国家智慧城市标准化协调推进组、国家智慧城市标准化总体组和国家智慧城市标准化专家咨询组,发布了国家智慧城市标准化协调推进组名单、国家智慧城市标准化总体组名单以及国家智慧城市标准化专家咨询组名单,表明了国家部委层面在积极推动智慧城市与产业发展的协同机制与政策协调。

基于前面的研究分析,初步认为,智慧城市与节能环保产业在建设理念、建设路径与产业相关性具有较高的协同性。两者在国家政策、技术融合、产业融合、支撑平台等方面也有较高的协同性。本节从国家政策、发展理念、建设内容、技术融合、产业融合、支撑平台等六大维度,探索构建了智

慧城市与节能环保产业协同发展的概念模型（如表 4-15 所示）。

表 4-15　智慧城市与节能环保产业协同度概念模型

分析维度	主要内容	一级指标	协同度（理想状态）
国家政策	基于节能环保或智慧城市理念的政策	政策融合性 政策一致性 政策适应性	◔
发展理念	智慧城市与节能环保理念是否一致	发展思路一致性 发展模式协同性	◔
建设内容	智慧城市建设内容是否贯彻节能环保	基础设施建设	◑
		电子政务建设	◑
		重点应用项目	◕
技术融合	物联网相关技术运用的融合性	节能环保的信息技术应用 物联网硬件融合	●
产业融合	产业重要节点的融合性	重点环节的融合 重点环节的促进	◕
支撑平台	多级支撑体系	政府平台	◕
		企业平台	◑
		公众平台	◔

◔ 1/4 极少协同　　◑ 部分协同　　◕ 3/4 协同　　● 高度协同

注：本表使用特尔非法评估，并借鉴参考部分学者的研究成果予以制作。

　　如表 4-15 所示，智慧城市与节能环保产业在国家政策、发展理念、建设内容的重点项目、技术融合、产业融合和支撑平台方面具有较高的协同性，这是需要政府和行业研究人员持续关注和继续研究的重点课题。

四、智慧城市与节能环保产业
在协同发展中存在的问题

从国内智慧城市和节能环保产业发展的实践来看,国内智慧城市建设的重点城市中,一部分城市基于创新而推进智慧城市建设,如"智慧深圳""智慧南京""智慧佛山"等;多数城市围绕各自城市发展的战略需要,选择相应的突破重点,提出如"数字南昌""健康重庆""生态沈阳"等智慧城市建设目标,推动智慧城市建设和城市既定发展战略目标的统一。我国地方政府在推动智慧城市建设与节能环保产业发展中进行了积极的探索,从中产生了一些好的经验做法和典型城市,值得挖掘和推广。然而,我国不少城市和地方政府在智慧城市与节能环保产业的发展中,忽视了两大产业的协同规划与相互促进,导致不少地方政府在智慧城市建设方面存在突出的问题和缺陷。以"无线成都"的智慧城市建设与节能环保产业发展实践为例,初步分析两大产业的协同现状,如表4-16所示。

表4-16 成都市智慧城市与节能环保产业协同的现状分析

分析维度	主要方面	存在问题	协同现状
国家政策	基于节能环保或智慧城市理念的政策	成都市出台了智慧城市和节能环保政策,但协同度不高	◔
发展理念	智慧城市与节能环保理念是否一致	成都市智慧城市和节能环保建设的理念存在少量的协同性	◔
建设内容	智慧城市建设内容是否贯彻节能环保	成都市智慧城市建设的基础设施建设较少重视节能环保问题	◔
		成都市智慧电子政务建设部分体现了环保的理念	◐
		成都市智慧城市的重点应用项目建设考虑了节能或环保因素,协同较好	◕
技术融合	物联网相关技术运用的融合性	成都市缺少智慧城市的技术与节能或环保产业发展的统一性规划	◔

续表

分析维度	主要方面	存在问题	协同现状
产业融合	重要节点的融合性	成都市智慧城市的关键环节较少主动贯穿节能环保理念	
支撑平台	多级支撑体系	成都市政府平台建设有一些节能的理念和要求	
		成都市智慧城市的企业平台建设处在初级阶段,较少考虑节能等因素	
		成都市智慧城市的公众平台建设实践较少考虑节能环保因素	

1/4 极少协同　部分协同　3/4 协同　●高度协同

注:本表是基于对成都的智慧城市建设案例和有关研究得出的结论,仅供参考,不作为最终结论。

从表4-16分析可知,成都市在智慧城市与节能环保产业的协同发展方面,总体规划不够,技术与产业融合缺少主动性和一致性,重点项目与企业发展中需要强化两大产业的协同发展与总体布局。

研究与归纳我国部分地方政府和试点城市在推动智慧城市与节能环保产业协同发展方面存在的各种问题,主要有:

一是缺乏国家层面的顶层设计和宏观指导,国务院和各部委的政策规划和法律法规等仍不完善,存在智慧城市目标不明、概念不一致、投资盲目、建设基础参差不齐、各自为政等问题。

二是对智慧城市的内涵和精髓理解不透,智慧城市建设与发展偏重于技术层面和智能交通等个别领域,具有盲目性、长官意志、面子工程与业绩导向。

三是缺少规范完善的信息安全保障体系,智慧城市实施单位等存在安全隐患。由于缺乏国家政策约束和统一指导,各城市的智慧城市建设规划目标和标准不清,存在随意性、主观性和信息"孤岛"现象,少数城市大量聘请外资咨询公司进行技术设计和硬件设施配套,存在巨大的国家信息安全漏洞等。智慧城市建设投资分散、资源浪费、缺少城市安全防火墙。节能环保等新兴产业、基础设施、城市管理流程等缺失或缺少国家信息安全的规范标准。

我国智慧城市试点建设的基本模式可以归纳为三类：一是以信息基础设施建设为先导的建设模式，二是以物联网产业为驱动的建设模式，三是以社会应用为突破口的建设模式。分析我国不同智慧城市的建设模式，智慧城市与节能环保产业协同发展的存在问题，主要表现在以下几个方面：

一是在国家政策制定方面。国务院、各部委以及地方政府在智慧城市与节能环保产业领域往往出台各自独立的文件，有些文件、规定相互之间不一致，跨部门协调和沟通少，容易导致部委之间以及地方政府主管部门的本位主义和各自为政，如：目前，国务院、发改委、住建部、工信部、环保部等各自颁布了一些智慧城市、信息化建设的文件，各自推动智慧城市建设，导致了地方政府无所适从，或者主管部委太多，相互扯皮或跨部门协调困难等问题。

二是在发展理念方面。住建部的文件和一些地方政府往往追求大而全的智慧城市建设理念，这与西方欧美国家的行业性、区域性智慧城市的做法存在较大差异。同时，一些地方政府在节能环保产业的发展中不能做到与智慧城市"一盘棋"，容易出现各主管市长各唱各的戏，各念各的经，结果是各部门之间不一致，重复投资和重复规划。

三是在建设内容方面。有些地方政府和试点城市出现了智慧环保、智慧交通、智慧水务等各自的智慧信息系统，各套信息系统各自投资，其技术路径、信息源、大数据平台相互分散、分离，形成一个个信息孤岛，信息和相关人员不共享，造成了巨大的浪费和不必要的能耗。

四是在技术融合方面。国家还没有统一规范的技术标准和路径，智慧城市、节能环保的信息化建设要求和其主管部门都不统一，各层级跨部门的技术沟通与协同研究较少，技术存在相互分割的现象。

五是在产业融合方面。智慧城市规划与建设往往由政府成立一个信息化部门管理并推进，节能环保产业的信息化一般由工信部及下属机构推动，各个部门的职责与目标不协调以及部门之间职责分工不明晰容易导致智慧城市与节能环保产业融合的协调机制缺失，无法以系统的、协同的心态进行规划设计，并主动推进各产业的健康发展。

六是在支撑平台建设方面。当前智慧城市建设由于缺少资金和技术，多数地方推动电子政务比较多，而与智慧城市相关的企业云、产业云、电子商务等实施困难。同时，服务于节能环保的大数据基本空白，节能环保的智能化监控与管理信息系统多数城市没有建立，这些都是在智慧城市与节能环保产业协同发展中存在的突出问题。

我国智慧城市和节能环保产业协同总体水平不高，其中：智慧城市建设的节能意识、节能环保的智慧化和政府平台构建等方面协同度有一定的基础，但是协同度仍然偏低。国家在政策一致性、发展理念、技术融合等方面协同较差，理想状态与实践操作的差距更大。

五、对构建智慧城市与节能环保产业协同发展的对策建议

基于已有智慧城市的实践案例研究，结合我国智慧城市和节能环保产业的协同性分析，提出如下的对策与建议。

一是强化国家层面的政策协调和产业融合顶层设计，提高智慧城市与节能环保产业协同发展的政策支持与窗口指导。

国务院成立智慧城市工作协调小组，邀请国家发改委、工信部、住建部、环保部、国土资源部、人民银行等各部门参与，定期召开专题会，研究政策、协调行动，明确阶段工作目标，部署重点任务，协调解决难题，重要事项提请工作协调小组研究决策，并修订和出台智慧城市与节能环保协同发展的政策与办法。

强化国家层面、地方政府智慧城市与节能环保产业发展的顶层规划与行动计划，把智慧城市与节能环保产业发展目标和技术方案、主管部门、产业实现路径、运行机制等进行统一规划，确保顶层设计的规范性和一致性。

二是构建智慧城市与节能环保产业协同发展的组织体系与运行机制。各地成立省市长、区县长挂帅的智慧城市建设工作小组，完善职能部门的具体责任，进行职责与工作的分工，制定并下达智慧城市与节能环保产业协同发展的发展路线图，规范重大决策与实施流程，确保两大产业的协同发展和

重大智慧城市项目的低碳化、循环化,以及重大节能环保项目的智能化、自动化、融合化。

三是构建智慧城市与节能环保产业协同发展的技术融合方案。创新技术研发和技术应用的新模式、新思路,研究追踪国际前沿智慧城市与节能环保阴功技术,引进专业服务机构,进行智慧城市与节能环保信息化的技术路径的顶层设计和资源共享方案的拟定与审批,推动两大产业在地方经济发展中的技术融合、技术研发、技术应用、资源共享。

四是构建智慧城市与节能环保产业协同发展的产业融合方案。研究国家产业政策和新兴产业发展路径与模式,研究智慧城市建设的经验和教训,以产业融合的视角,进行跨部门工作协调和项目推进,打破各部门的藩篱和本位主义,以集约的、融合的、协同的、泛在的理念,研究制定各级政府、各类开发区、各部门的智慧城市和节能环保产业融合的实施方案与行动计划。在跨产额融合行动方案和重大项目建设的过程中,充分体现智慧的、环保的、节能的理念和目标要求。以智慧城市建设推进节能环保产业的信息化、智能化、泛在化,以节能环保产业发展目标推进、引导和落实智慧城市的减量化、循环化与低碳化。通过"四化融合"与跨行业协同等手段,推动我国智慧城市与节能环保产业的高度协同与均衡发展,提高我国地方经济发展的质量与效率。

五是构建智慧城市与节能环保产业协同发展的绩效考核体系。以智慧城市和节能环保产业协同发展为目标,分解职责与任务,明确指标与进度,分工到部门和岗位,进行定期的统计考核与评比,提高两大产业协同发展的执行力和绩效力。

立足节能环保等新兴产业的发展与智慧城市建设的需要,制定评估区域和行业智慧发展水平、节能环保产业协同的关键指标体系,明确指标责任主体,形成《智慧城市与节能化环保协同发展关键指标责任表》,与各地政府、各职能部门的主要负责人业绩与绩效考核挂钩,同部署、同兑现。各级政府、各部门根据责任分工和具体任务分解,明确各自任务与要求,制订年度实施方案,强化相关计划的具体执行。

建立智慧城市与节能环保产业协同发展的第三方评估机制,按照责任分工、任务分解计划与年度实施方案,开展季度、年度发展水平评估和年度各部门产业协同工作成果考核,将评估考核内容纳入各级政府、各部门和领导干部的工作绩效考核与兑现范围中。

六是构建智慧城市与节能环保产业协同发展的支撑平台体系。加强跨产业协同规划制定与综合服务平台建设的协调与资源共享管理。以智慧城市综合服务平台和专业化服务平台为重点,构建智慧环保、智慧产业智慧工业、智慧农业、智慧交通等,形成节能环保产业的智能化监测与控制,实现智慧城市重点服务平台的节能与环保。

论推进我国环境治理现代化[*]

随着环境恶化,环境治理问题成为各方关注的焦点。本节对"环境治理""环境治理现代化"概念进行了界定,分析了我国环境治理面临的形势,总结了环境治理存在的突出问题,并在此基础上,结合国家治理能力和治理体系现代化提出了我国环境治理现代化应坚持的原则和有关政策建议。

随着环境恶化,环境治理问题成为各方关注的焦点。深入分析我国的环境问题可知,我国环境问题已与经济发展、法治行政、社会民生等各方面紧密交织,破解当前环境难题,必须构筑环境治理的系统模式。中共十八届三中全会《关于全面深化改革若干重大问题的决定》提出了"完善和发展社会主义制度,推进国家治理体系和治理能力现代化"的总目标,环境治理理应成为国家治理的有机构成部分,且环境治理现代化是国家治理现代化的组成部分,顺应国家治理现代化,推进环境治理现代化是解决我国环境问题的必由之路。

---

* 本文作者毕超:财政部财政科学研究所在职博士生。

一、环境治理现代化的内涵

（一）环境治理的内涵

研究环境治理，首先需要分别弄清楚"环境""治理"的含义。那么，什么是"环境"？根据词典解释，"环境"总是相对于某一中心事物而言的，"环境"因中心事物的不同而不同，随中心事物的变化而变化。这里研究的大范畴是人类这一主体的外部世界，故采用新《环境保护法》对"环境"的定义：环境是指影响人类生存和发展的各种天然的和经过人工改造的自然因素的总体，包括大气、水、海洋、土地、矿藏、森林、草原、湿地、野生生物、自然遗迹、人文遗迹、自然保护区、风景名胜区、城市和乡村等。

"治理"一词首次使用于1989年，世界银行用"治理危机"一词来描述当时非洲的经济社会政治管理的总体形势，随后在越来越多的场合被提及，目前已成为政治学、经济学、管理学、环境科学等学科广泛使用的概念和提法，至今没有一个明确的概念界定。或许，正是由于"治理"一词定义的模糊性、复杂性，才使得其具备更好的适应性和更强的包容性，从而被应用于多学科领域和复杂问题研究。

"环境治理"的准确定义是什么？学界对其进行了广泛的研究讨论，但是至今尚无一致的、定论性的意见。笔者认为，"环境治理"有狭义和广义之分。狭义的环境治理与环境整治同义，是指利用技术手段对遭受破坏、污染的环境进行整治、改善，使其恢复到破坏、污染前的状态，或者使其尽可能接近破坏、污染前的状态。对于广义的环境治理，联合国开发计划署和联合国环境规划署给出了如下定义：如何进行环境决策，谁来决策，这一过程称为"环境治理"。综合有关定义，笔者在研究中将"环境治理"定义为：为了实现共同的环境目标，环境的有关中心、主体通过体制设计和机制建构，进而对环境事项行使决策权、执行权并实施政策行为的过程。

（二）环境治理现代化的内涵

从价值目标的角度看，环境治理现代化就是要实现环境善治目标，即达到公共利益最大化，使得人类主体和外部环境处于最佳状态，实现环境质量的先进性、可持续性，以保证人类社会永续发展。

从技术工具的角度看，环境治理现代化就是要树立科学、效率的理念，采用理性化程度高的、先进的、可达到善治目标的技术手段，实现环境治理的价值目标。

从系统的、发展的观点来看，环境治理现代化是一个有机的、协调的、动态的、整体的、持续的制度过程，它包括环境治理体系现代化和环境治理能力现代化两个维度，这两者相辅相成，构成一个有机互动的整体。

环境治理体系是政府领导人民管理环境的制度体系，包括以环境为中心的以及与环境相关的各种体制、机制和法律法规安排，是一个综合的、动态的、互动的制度运行系统。

环境治理能力是运用环境治理制度管理环境事务的能力，包括环境立法、环境保护、环境投入、环境污染整治、环境技术研发、环境保护产业化等多方面的能力。

环境治理体系现代化是环境治理能力现代化的前提和基础，环境治理能力现代化是环境治理体系现代化的目标和结果，要实现环境治理能力现代化，首要任务是建立健全理性、合法、完整、规范、有序、高效的环境治理体系。有了科学的环境治理体系才能产生和形成高水准、高效率的环境治理能力，而不断提升环境治理能力才能充分发挥和挖掘环境治理体系的效能。

所以，通过环境治理体系和治理能力现代化来体现的环境治理现代化，就是实现如下目标的过程：使环境治理体系制度化、科学化、规范化、程序化；使环境治理主体善于运用法治和制度的思维——环境治理的"道"，并广泛采用科学有效的手段、工具——环境治理的"术"，运用"道"和"术"的有机结合和相互促进，从而实现环境治理体系的效能最大化，最终达到环境善治的价值目标。

二、我国当前环境治理面临的形势和存在的突出问题

（一）我国环境治理面临的形势

自新中国成立以来，我国政府即着手环境管理工作，先后采取环境立法、成立环境行政机构、加大财政对环境领域的投入力度等措施，初步建立了环境管理体系，环境治理取得了一定成效。但是，过去粗放的经济发展方式直接或间接造成了一系列环境问题，当前环境治理面临的总体形势依然严峻。

1. 环境总体质量不容乐观

耶鲁大学和哥伦比亚大学联合研究并发布全球环境绩效指数（Environment Performance Index，以下简称 EPI），对全球国家的环境可持续性和当前环境质量进行评估，全面囊括了诸如气候变化、农业、渔业、森林、水源、空气污染、环境卫生及环境负担等指标。2014 年全球环境绩效指数报告将 178 个国家纳入评估范围，中国位列第 118 名，而 2010 年全球环境绩效指数报告显示，中国在 163 个国家中位列第 121 位。经过 4 年时间，参评国家数增加了 15 个，而我国排名仅提前了 3 个位次。

2. 环境问题造成的经济损失巨大

2012 年，我国环境污染治理总投资达 8253.6 亿元，占 GDP 的 1.59%。据有关研究，我国环境污染和环境退化占 GDP 总量的 8%—13%，即我国每年付出的环境代价与 GDP 增长量几乎相当。

3. 环境问题影响社会稳定

近年来，诸如宁波 PX 事件及四川什邡、江苏启东群体性事件等类似环境问题引致的不稳定、不和谐事件时有发生，环境问题引起群众不满，成为引发群体性事件的重要因素。群众对环境的不满增多，环境信访方面的电话或网络投诉呈增加态势，据环境统计公报数据，2012 年达 892348 件，比

2011 年增加近 4 万件。

4. 环境问题加重国家负担

环境污染致病进而因病致贫、环境退化致使生态薄弱地区和农村地区人口返贫,会增加我国贫困人口数量,扩大贫富差距,污染致病需要政府加大医疗卫生投入,这些都会增加国家的管理事务和财政负担。

5. 全球环境变化给我国环境治理带来新的挑战

国际社会愈来愈关注我国的环境状况,尤其是我国成为世界上第一大碳排放国之后,国际社会在多种场合下向我国政府施加压力,企图使我国在应对气候变化等全球环境问题方面承担更多不对等的责任,少数国家借碳减排抑制我国经济发展。一些国家甚至采用碳关税、碳壁垒来实行贸易保护,打击我国出口导向型经济,压抑我国的发展空间。

(二)我国环境治理存在的突出问题

面临严峻的环境形势,加之环境问题内在的复杂性、系统性和动态多变性,我国环境治理面临较大压力,在治理体系和治理能力方面还存在以下较为突出的问题。

1. 政府部门的环境治理理念落后

一些部门和地方政府对环境治理的重要性认识不足,认为我国的环境问题随着经济增长会自然而然地减轻,环境质量会随着国内生产总值大幅增长而越来越好,一味地强调环境为经济增长让路。我国环境治理的思维还停留在事后被动整治的阶段,尚未转变到积极预防、整治为辅的思路上来。治理手段还停留在行政命令控制的思维定式上,过分倚重政府行政力量,对基于市场的经济手段虽有尝试,但重视不够、推进步伐缓慢。当前环境治理未树立系统观,碎片化突出,"头痛医头,脚痛医脚"现象普遍,系统化治理水平低,与环境问题的高度复杂性不相适应。

2. 环境治理参与主体有限

从治理主体看,我国当前环境治理过分倚重和强调政府单一主体的作用,对环境企业、社会组织和公民的主体地位和重要性承认、重视不足,对他们参与环境治理的积极性调动不够。由于环境治理公益性较强、存在外部性,在制度设计欠缺的情况下,以营利为导向的企业参与环境治理的积极性显然不高。部分社会公益组织,虽有参与环境治理的积极性,但是参与的平台和渠道有限。部分公民的环境意识有待唤醒,但当前环境信息公开不够,也增加了公民参与环境治理的成本和难度。

3. 环境治理纵向权责不明

从纵向治理体制看,中央政府和地方政府在环境治理方面的事权、责任划分不清,中央和地方环境职责重叠,大量环境事项由中央和地方共同承担,环境治理财政投入存在"中央要地方加大投入,地方等中央倾斜救济",效率低下,却无从问责。地方环境部门因归属于地方政府,很容易受制于地方政府招商引资的冲动,在环境治理中的独立性难以保障,环境执法和监督作用难以切实发挥,甚至存在履职困难。诸如环境影响评价审批权限划分界定不够细化,尤其是法律法规对省及以下环保部门的环境影响评价审批权限未做明确规定,有些省级、地市级环保部门怕担责任,将环境影响评价审批权限层层下放,一方面基层环保部门人员专业素质相对较低,另一方面越到基层,环保部门的独立性和执法权威越显不足,这极易造成环境影响评价和审批把关不严,致使环境影响评价流于形式,不能达到环境影响评价制度设计的预期目标。

4. 环境治理横向统筹协调不力

从横向治理体制看,环境治理职能分散,部门之间的环境治理职责既有重叠又有空白,环境治理的综合统筹力度不够、水平不高,部门之间的环境治理协调机制有待完善,制约着环境治理效能的发挥。环境治理相关的财政资金、项目分散在财政、发展改革、住房城建、农业、林业、水利、环保等部门,各相关部门分头安排,导致一个部门、一个专项、一种政策,环境治理政出多门、缺乏沟通协调,环保部门难以综合统筹,不利于环境治理财政资金发挥合力,甚至存在资金浪费,环境治理方面的财政资金结构、投向难以根据环境治理形势进行优化调整。

5. 环境治理方式弊端明显且治理力度有限

在条块分割的环境治理体制下,行政命令控制型环境治理手段不仅执行成本高,而且越到基层越难以执行,容易造成地方政府、基层政府的"环境软约束",打开并放大了环境污染的风险缺口。环境立法滞后、执法不严,限制了法律手段在环境治理中的作用发挥。相关环境税制不健全,排污费由地方征收,且收费标准低、缺乏严肃性和刚性,都使得环境税费政策对环境污染的抑制作用大打折扣,比如,2012 年,全国排污费解缴入库户金额不足 200 亿元,占当年全国环境污染治理总投资的比重不足 2.4%,排污成本严重低于污染治理和环境修复的成本,排污费对环境污染抑制、惩戒力度远远不够。由于法律保障不充分、政府对排污权监管和配套服务都较为薄弱,排污权交易手段在我国环境治理中仍处于探索阶段,其作用空间范围较为有限。

6. 环境治理法治建设滞后

我国环境治理的立法进程明显落后于经济社会发展,环境问题不能及时有效纳入到法治框架下进行解决,造成环境治理"无法可依"。环境相关法律法规碎片化比较严重,覆盖面较窄,涉及水、固体废弃物等污染前段预防、综合控制和全过程管理以及公众参与环境治理等方面的法律法规还存在立法空白,现行法律法规对环境治理的系统化需求覆盖率低,已有环境法律法规之间系统化水平低、协调性差,法律与法律之间、法律与法规之间、中央与地方法律规章之间衔接配套不够,上位法统筹性不足,下位法细化程度不够、欠缺可操作性,不能有效指导和规制环境治理活动有序、有效开展。

三、推进我国环境治理现代化需坚持的原则

(一)坚持顶层设计的原则,从国家治理现代化的高度统筹推进环境治理现代化

环境问题已和经济发展、社会进步、民生保障等方面紧密交织在一起,单方面就环境论环境,就环境治理谈环境治理,已经难以解决我国当前紧迫而复杂的环境问题,要从根本上解决我国环境问题,必须把环境治理作为国

家治理的有机组成部分,结合深化改革加以强化。要把环境治理体系作为国家治理体系的重要内容、把环境治理能力作为国家治理能力的重要方面,从国家治理体系现代化的全局谋划和推进环境治理体系现代化,以国家治理能力现代化统领环境治理能力现代化,将环境治理体系有机嵌入国家治理体系之中,以国家治理能力现代化带动环境治理能力的有效提升。

(二)坚持统筹协调的原则,处理好我国环境治理现代化进程中的重要关系

环境治理现代化是环境决策、执行、评价、监督全过程和全环节的现代化,应统筹协调好决策与执行的关系、执行与评估的关系,以科学的决策保障有效的执行力,建立执行向决策的反馈机制和执行跟踪评估机制,以此不断提高决策的科学性。更为主要的是,要建立环境治理的评价和监督体系,环境治理的决策执行体系与评价监督体系不可偏废,评价监督体系的存在,可以发现"决策偏误"和"执行鸿沟",并纠正决策偏误和弥合执行鸿沟、改善环境治理、引导环境治理改革的方向,进而促进环境治理现代化目标的实现。

四、推进我国环境治理现代化的政策建议

(一)转变环境治理理念

转变环境治理理念,就是要从根本上认识到环境问题的复杂性、系统性以及与经济、社会等方面的交叉联动性,要树立环境治理的系统观,打牢综合施策,加强环境治理的前提和基础。要针对环境评价、污染预防、保护、开发利用、整治恢复、监测、跟踪评估等环节进行全系统考虑、全过程设计、全流程优化、全环节衔接,系统、科学地实施环境治理决策,优化全过程治理,动态监测跟踪环境治理,充分调动环境治理中各方面的有利力量和积极因

素,建立环境治理的良性互动系统。在树立系统的环境治理观念的基础上,加强环境治理立法的顶层设计,全面完善环境法律体系,科学划分环境治理的事权、责任,统筹设置环境治理职能,整合环境治理中的各种要素、资源,以切实提高环境治理效能,实现环境善治。

(二)吸纳多方主体共同参与环境治理

发达国家的实践经验表明,多方主体参与是成功实现环境治理的重要有效的机制和手段。厦门市民反对 PX 项目、启东市民联合抵制造纸厂、什邡市反钼铜项目等环境群体事件,表明政府单一主体实行环境决策的风险与危害。必须要认识到企业、社会组织、公众在环境治理中的重要作用,建立整套制度,明晰程序,可以将环境治理的各方主体吸纳整合到环境治理的大框架下,确保各方主体能够参与环境治理的决策、执行、监督、绩效评估、后评价等环节。

要用发展的眼光看问题,我国应该探索立法确保包括公众在内的多方主体参与环境治理,建立健全环境信息披露制度、听证会制度、监督制度、诉讼制度,做好环境信息公开,为企业、社会组织和公众在政府引导下参与环境治理提供制度渠道和平台。可以在环境治理预算领域,优先试行参与式预算,把环境治理财政预算编制和资金安排交给公众讨论,由公众参与决定,使环境预算编制更加公开、民主、透明,切实提高环境治理的财政资金的效率。

(三)完善环境治理体制

首先要通过立法等途径,确定政府、社会、市场、公民在环境治理中的职责边界,明确界定政府在环境治理中的责任和职能,防止政府在环境治理中出现全能化、单边化倾向。

在纵向体制上,应根据环境外部性影响和作用的区域范围、中央和地方环境信息处理的复杂程度与对称情况,按照激励相容的原则,科学划分中央和地方环境治理的事权、责任,合理设置环境治理职能,确保中央和地方在环境治理上各有侧重而又相互补充。

在横向体制上,中央政府应明确界定有关部门的环境治理责任和职能,并着力加强环保部门在环境治理方面的统筹协调职能,改变当前环境治理职能分割散落于各部门、统筹乏力、协调难度大的局面,在环境治理规划计划、财政预算安排、项目决策等方面,强化环保部门的参与权和话语权。

党中央、国务院近年来不断加大中央财政对环境治理的投入力度,但是大量资金分散在各部门、各科目下,资金安排碎片化,资金投向领域存在重叠和空白,未能很好地根据治理的轻重缓急进行资金的统筹分配,结果造成资金浪费和使用效率低下。今后,应在确保环境治理预算规模的同时,重点加强环境治理预算的统筹力度,优化环境治理的财政支出结构。

(四)健全环境治理法治体系

要按照系统化治理的思维推进环境法治建设。制定立法规划计划,分步有序推进立法工作,先行制定系统法、框架法、基础法,再行制定单项法、专门法,不断扩大法律法规对环境治理的覆盖面,直至全覆盖,确保环境治理有法可依。

要着眼于法律法规间的衔接、联系和配套,中央立法负责定基础、管框架、明方向,部门、地方立法要细化中央法律,把中央法律落实到操作层面上,部门规章和地方法规要完备、严谨、具体、详细,逐步建立健全完整、细化、可操作性强、能够有效实施的环境治理法律体系。

(五)注重发挥市场机制和经济手段的作用

一直以来,我国环境治理手段片面单一,过度倚重命令控制、环评限批等行政性手段,较少重视和采用经济手段、市场手段。与传统的行政性手段相比,经济手段、市场手段具有将环境外部性内部化的优势,能够减小对经济社会的扭曲,降低执行费用和交易成本,并可达到更为明显的治理效果。

我国应注重发挥市场机制作用,推广采用经济激励性的政策和手段,使不可再生资源的成本增高,使环境污染和环境破坏的代价变得昂贵,使得浪费资源、危害环境的行为无利可图,加快建立和利用碳排放交易、排污权交易等市场,优化资源环境税制,对资源节约、环境友好的生产活动、产品和服务给予财政补贴、贴息和税收优惠,鼓励各类企业节能减排、发展循环经济。

(六)加快转变经济发展方式

我国过去以经济建设为中心,忽视环境治理的重要性,粗放的经济发展方式已经不可持续,我国应通过转变经济发展方式来调整经济结构、协调经济发展和环境治理的关系。加大环境科研投入,扶持绿色科技发展,促进环境治理产业壮大,找到经济发展和环境治理的结合点,积极推出清洁能源发展战略、可持续的交通战略、环境友好的生产消费模式,以加快转变经济发展方式,带动产业结构、消费模式的优化,形成环境可持续的生产和消费的结构与模式,为环境治理现代化营造一个宽阔、通畅、平坦的快车道。

(七)建立环境治理评估体系

评估体系是环境治理的重要组成部分,建立科学、客观的评估体系,对于动态跟踪监测和评价环境治理决策、执行进展和推进环境治理现代化具有重要意义。治理评估的出发点是为了改善环境治理,扩大环境治理的参与范围,加强对决策和执行的监督,弥补环境治理决策的缺陷,引导环境治理及时调整方向。把抽象的环境治理变成可操作、可量化的指标体系,既可以纵向观测治理的变化发展情况,又能够进行横向地区、国别比较,以发现治理的优势和薄弱环节,同时也可以通过环境外交将我国的环境治理理念和价值观推向国际,为我国在全球环境治理中争取和扩大话语权,扭转国际社会认为我国是"污染大国"的消极认识。环境治理评估体系的制定,要坚持立足我国国情,既要具备发展中国家特点,又要能反映中国特色,同时也要借鉴吸收国外环境治理评估方面的有益经验。

后　记

久有凌云志，重上莫干山[*]

——这一代青年的改革心声

观察者网的破题之作《30年后再上莫干山：青年挑战者》，设置和引领了媒体关于新莫干山会议的议题。青年人要求发言权，挑战论资排辈的学界秩序，迅速成为报道的重点。作为事件的当事人，我有责任澄清：我上山的目的不在于此，也不觉得自己的几句话会有多大作用。真正的力量，来自于青年一代集体意识的觉醒和爆发。大家关心的不是我本人如何，而是这一代青年人的选择和命运。

作为青年人，我们循着前辈的足迹，重上莫干山，是为改革而发声，像当年一样参与改革、参与关系国家前途命运的大讨论。尽管现在媒体追逐的重点还是开幕式上的花絮、各位前辈的发言，但我相信，最后结晶下来的，将是我们这些青年人的讨论，是会议上真正讨论的那些改革问题。

莫干山会议是青年人支持改革、讨论改革、参与改革的会议。30年前的莫干山会议是50后、60后在二三十岁的青春年华勇于参与中国改革的大讨论。30年后的莫干山会议是同样风华正茂的70后、80后，以同样热情

＊　本文作者凌斌：北京大学副教授、法学博士。

和勇气参与的新一轮改革大讨论。莫干山会议不仅因为出了政治局常委、企业精英、学界领袖才有意义，更是因为青年人对改革、对国家前途命运的担当而有意义。那些我们敬仰的前辈人物，不是因为参加了莫干山会议而有担当，而是怀着当仁不让的家国情怀和天下责任，登上了莫干山。

这一代的青年，是以同样的情怀和责任，重上莫干山。30 年后的莫干山会议，不能只是回忆，不能还是 30 年前的那些人，不能在将来回忆起这次新莫干山会议时只是说，这次会议的意义就是回忆 30 年前的那次会议。那意味着 30 年的失败、莫干山会议精神的死亡。只有新一代的青年人参与进来、发出声音、成为主角，这次新莫干山会议才是名副其实的莫干山会议，才有意义，才不会"褪色"。正是在这个意义上，我们并非莫干山上的挑战者，而是莫干山精神的继承者。

这正是与会青年的首要共识：把前辈当作平等的对话者，是对他们最好的尊重；参与改革的大讨论，是对莫干山精神最好的继承。与 30 年前一样，这一代青年人也分专题、开小会，平等辩论。大家的讨论随时随地，遇到谁就和谁辩论，我们的争辩和而不同。大家的基本共识，就是不论资排辈，不在乎什么职称、学历、专业、背景，就是摆事实、讲道理，不打乱仗、不套理论，把分歧明确出来，通过争吵、求同存异、推进思考、形成共识。这是新一代青年的志气和气象。

开幕讨论中，有前辈提到，30 年前他们上莫干山时，都有知青上山下乡的经历，所以更了解实际。30 年后的青年人有着不同、然而更为多元的背景。以我们土地制度改革与新型城镇化的分论坛代表为例，他们有的在不同地方做过长期的土地改革调研，有的有很好的理论研究背景，有的在政府从事与土地制度相关的工作，还有的直接来自农村基层。

30 年后的中国与世界，已经融合在一起。讨论今天的中国，既需要了解中国，也需要了解世界。这次莫干山会议上的年轻学者，学历背景更加丰富，学科背景也更加多元，既有本土人才，也有学成归来的"海龟"，各有所长、互为补充。

思想的年龄与生理的年龄无关。真正有学问、有思考的前辈，思想比年轻人新，比年轻人快。年轻人中也有人老气横秋、故步自封，读了几本书就自以为掌握真理,听不得不同意见,看不得世界的多样。反之亦然。至少在我们的分组讨论中,青年人并不比前辈学者缺少成熟和稳健。甚至在一些具体问题上,他们中的很多人更了解实际情况,更注重实践成果,也就更务实、更接地气。从这些与会者中,我们可以看到未来中国的希望。

与 30 年前相比,今天的青年人参与重大问题的讨论和建言的渠道还不够通畅。今天的中国不再缺少媒体、智库,更不缺少开明睿智的决策者。今天的中国缺少的是青年人为改革发声、把自己的改革思考和建言献策转变为改革方案和大政方针的有效途径。一个青年人的登台提问,就引发了媒体的持续热议,足见青年人为改革发声的渠道已经封闭到了何种程度。

青年是今日中国的建设者,也是明日中国的继承者。当国家为我们的明天规划蓝图的时候,这代人有参与其中、建言献策的责任和梦想。青年总是会显得不够成熟。但所有人也都是从青年成长过来。只有让青年人参与到改革与发展的讨论和实践中来,在游泳中学会游泳,才会走向成熟。

时隔 30 年,前后两代人,同为改革上山,同为改革发声。我们上山的时候,天色已晚、夜雨滂沱。我们下山的时候,云开雾散、日丽风清。如此大好河山,如此大好青年,一个继往开来的时代终将到来。

附　录

2014 年中青年改革开放论坛
优秀论文评选结果（莫干山会议）

2014 年 9 月 18 日至 20 日，国家发展改革委国际合作中心联合全国金融系统青年联合会、清华大学中国发展规划研究中心成功举办第三届中青年改革开放论坛（莫干山会议·2014）。

本届论坛征文活动引发了热烈反响，共收到两百余篇优秀中青年代表的论文，且作者在年龄、职业方面分布广泛，论文内容涉及经济外交、国家治理、生态文明、金融改革、民族宗教等多个领域。论坛组委会延续上届论坛优秀论文评选方法，组织了专门的评选委员会。评选委员包括：国家发展改革委国际合作中心主任曹文炼、国家发改委学术委员会原秘书长宋群、国家发展改革委经济研究所教授常修泽、国民小微金融投资有限公司董事局主席贝多广、维也纳大学教授朱嘉明、中国城市发展研究院副院长袁崇法、北京大学社会学系副系主任刘世定等。

本次优秀论文评选活动遵循公正、公平、公开的原则，评选过程经论坛组委会初选和论坛评委会复评相结合，从观点新颖、论据充分、学术规范、表述清晰、决策参考价值高等多项指标综合评分，最终推选出获奖优秀论文。评选结果在国家发展改革委国际合作中心官方网站公示 10 天。具体获奖

论文及作者如下:

一等奖(空缺)

二等奖(2篇)

(1)论文题目:《中国环境分权体制改革研究:制度变迁、数量测算与效应评估》

作者:祁毓等(武汉大学经济与管理学院财政系)

(2)论文题目:《居住模式与中国城镇化:基于土地供给视角的经验研究》

作者:莫家伟等(香港大学经济及工商管理学院)

三等奖(4篇)

(1)论文题目:《贸易和金融开放对金融发展的抑制效应》

作者:张成思等(中国人民大学财政金融学院货币金融系)

(2)论文题目:《财政世界的治理:底线法则与防火墙建构》

作者:王雍君(中央财经大学财经研究院)

(3)论文题目:《新农保对家庭消费影响的面板数据研究》

作者:马光荣等(中国人民大学财政金融学院)

(4)论文题目:《战略性新兴产业政策改进与产能过剩治理》

作者:王冬等(江苏省委改革办)

优秀论文奖(3篇)

(1)论文题目:《政府间事权划分研究:目标模式、过程研究与顶层设计》

作者:杨振杰(中南财经政法大学公共管理学院)

(2)论文题目:《现代预算制度的构建与发展:从历史演化到现实路径》

作者:马蔡琛等(南开大学经济学院)

(3)论文题目:《关于促进我国经济可持续发展的战略思考——架设改革创新之桥,跨越"中等收入陷阱"》

作者:黄剑辉(国家开发银行研究院)

中青年改革开放论坛(莫干山会议·2014)组委会

2014 年 12 月 15 日

"五 论"

——在中青年改革开放论坛(莫干山会议·2012)上的闭幕总结

曹文炼[*]

同志们:

我们的中青年改革开放论坛(莫干山会议)已经召开五天,会议始终沉浸在一种热烈而不乏尖锐、理智而又有节制的研讨氛围中。代表们普遍认为,会议开得有收获,会风清新、多年少见。论坛组委会认为,会议已经取得圆满成功,超出预期效果。

一、会议的基本情况

参加会议的正式代表大约 110 多人,加上媒体代表和工作人员超过150 人。如果以 20 年算一代人的话,这次会议的一个特点是老中青四代同堂:最年长的是 20 世纪 20 年代出生的;最年轻的是 90 后,只有 20 岁。绝大多数人代表是 45 岁以下的中青年学者,来自高等院校、科研机构以及政

---

* 本文作者曹文炼:国家发展和改革委国际合作中心主任,经济学博士、研究员。

府智库。也有一些现任政府官员和企业代表。会议的另一个特点是不同学科都有代表参加,以经济学为主,还有政治学、社会学、法学和行为科学等学科的代表。

会议共分五个讨论组,包括:理论与宏观组、民生与收入分配组、城市化与土地制度组、全球化与对外开放组、司法改革组。五天中,一共组织了六场大会,九场分组讨论。会场外还有许多自发的讨论。会议承续了1984年莫干山会议公平竞争、激烈交锋、勇于创新和务实建言的精神,对中国改革开放的许多问题进行了广泛深入的讨论。

我们要对担任组委会顾问和参加本次论坛的老一辈改革开放工作领导者和著名经济学家表达崇高的敬仰,对当年莫干山会议的参与者特别是其中参加本次论坛的七位代表表示真诚的敬意,他们的指导和参与,为本次会议取得成功提供了重要保证。我们对他们表示最衷心的感谢!

本次会议的召开,体现了广大中青年自觉贯彻胡锦涛总书记的五四讲话和温家宝总理最近在清华大学讲话的精神,是为迎接党的十八大而召开的一次重要的中青年改革开放学术研讨会。代表们认为,本次会议必将在中国改革开放历史上留下印迹。

二、会议的主要观点概述

一次研讨会是否成功,最重要是看取得什么成果。那么,这次莫干山会议有什么创新的观点? 达成了怎样的共识? 我在此尝试将主要成果概括为五个方面,也可以说是我们这次会议的亮点或聚焦点,绝大多数代表认可的观点。

第一是"推车论"。这是论坛开幕大会发言时王小鲁教授提出的,很形象也很深刻。即我们的改革开放事业现在仍然处在艰难上山的坡路,而且越来越陡,需要大家共同推车,需要凝聚各方面的智慧和力量,不能光靠顶层设计,需要上下结合、各方面同心协力。虽然改革开放已经取得世人瞩目的伟大成就,但是面临的国内外环境也日益复杂困难。如果改革这辆车大家不共同往前推,任凭利益分化和价值冲突,那么不进则退,就可能滑向权贵资本主义，或者退回极左的计划经济。高尚全会长的开幕致辞和第一天大会演讲提出的"三个坚持"，也是这个意思，与会代表高度认可。他提出要坚持改革开放、市场经济取向不动摇，要坚持国有经济的主导地位，但不一定要占主体地位。我们执政党的基础不是主要依靠国有经济，而是民生、民意和民心。

第二是"一条腿论"。这是石小敏秘书长提出来的，他用形体语言表达了中国加入全球化目前还仅仅是经济一条腿，社会管理、政治体制和价值观都还没有现代化，非经济领域的改革严重滞后。中国在加入世界贸易组织以后，经济这条腿便跨过了全球化的门槛，搭上了高速发展的快车。但是另一条腿（社会发展）没有跟上，而且特别是脑袋（政治体制）还关在门内。代表们认为，我们应该真心实意地参与全球化和全方位推进对外开放。中国作为崛起的大国，当今已经不再可能韬光养晦，需要认真谋划积极参与全球化的战略包括全球治理以及经济、外交、政治和军事各个方面。这是对外开放组讨论的最主要共识。

原国务院副总理曾培炎牵头组建的中国国际经济交流中心，也是我现在的工作单位之一。我理解组建这一机构的目的之一就是试图通过智库来支持中国更好地加入全球化。我任职的国家发改委国际合作中心，在2012年博鳌亚洲论坛召开前夕发布了中国区域对外开放指数，我在新闻发布会的致辞引用和拓展了秦晓先生讲过的一个观点，即在中国现阶段坚持开放可能比改革更为重要。因为开放是改革的保障，坚持开放和加入全球化才能够使我们的市场化改革取向不可逆转，促进中国经济社会可持续发展和在世界民族之林崛起。

第三是"起点公平论"。这一成果主要是对收入分配组和城市化组的讨论所做的概括。当前举国上下都在关注收入分配改革的方案。2012年上半年，我主持中国国际经济交流中心的部分研究人员做了一个收入分配改革的课题，主报告提交这次会议交流，罗勇教授是主要执笔人之一。我们的核心观点是收入分配改革设计要从关注结果公平更多转向关注起点公平、机会均等。这次会议上，华生教授主持了关于城市化与土地制度的深入讨论以及收入分配组关于"平权"等的讨论。我认为核心都是在建言加快消除城乡二元经济,构造起点公平的机制,诸如公共服务的均等化、统一城乡社会保障、实现农村土地流转、创造向上流动的社会通道等等。此外,不少代表还提出,对于高收入阶层,我们不应该一概而论归入特殊利益体。一方面我们要坚决反对依靠垄断和寻租的腐败行为;另一方面,我们也应该保护、尊重和鼓励那些依靠个人能力、勤奋、创新所取得的合法财产和收入,这两个方面恰好是市场经济秩序的基础。

第四是"价税财利联动论"。即筹备实施价格、税收、财政和利率的配套改革,这是理论与宏观组讨论的主要成果。参会的贾康教授临走前告诉我,当年莫干山会议就讨论过价税财联动的方案,但这个方案没有真正实行过,建议我们的会议可以再讨论新一轮价税财联动。我建议还要加上利率市场化联动。改革开放 30 年以来,经济领域只有两次真正的配套改革,我有幸都直接参与了。一次是 1988 年工资物价配套改革闯关,那次没有实施。另一次就是 1993 年的财税、金融和外汇配套改革,取得了成功。"价税财利联动"的方案需要精心设计,更需要决策者的坚定决心和全党统一意志。我坚信,只要党中央、国务院有决心和精心组织,完全可以在"十二五"期间实现基本理顺价税财利的目标。

第五是"政改关键论"。与 1984 年莫干山会议召开的时代背景不同的是,今天我们面临的许多问题并不是单纯的经济问题,很多经济问题事实上是政治问题和社会问题。因此,各组的讨论都谈到,进一步深化改革开放的关键是要推进政治体制改革。代表们希望,党的十八大以后我国的政治体制改革应该制定一个明确的路线图。与经济体制改革的市场化取向相类似,我们的政治体制改革是否也应该提出明确的取向?我个人认为,中青年理论工作者可以对这个问题进行深入和理智的探讨,但是我极不赞同那种非黑即白、非左即右的极端定性讨论。实际上,从黑到白有很多灰色地带,从左到右也有很多区间。成思危先生的演讲也谈到,现在世界上绝大多数都是混合经济。现代各国是不是大多数也都是混合政治呢?只要不搞暴力革命,各种改革方案都是一种妥协和折中的结果。

在研究探讨上可以剑走偏锋,允许一些极端的言论。一个良治的社会应该宽容和容忍一些公开场合的极端言论。但是决策者和领导者要有主见,当政者在政策选择上不能走极端,否则往往会给国家和民族造成悲剧。政治体制改革更需要高度的智慧,需要各种各样的折衷,需要充分的讨论和民主基础上的集中。在政治体制改革的步骤上,我个人还是倾向与我们的经济体制改革一样,应该走渐进式的、摸着石头过河的路线,积极稳健推进。

以上就是我所概括本次会议的主要成果和共识。此外,会议还探讨了其他很多非常有意义的问题,促进了各学科的交流,介绍了一些新兴的学科领域。

三、中青年改革开放论坛的定位和今后设想

下面我要向大家汇报的是中青年改革开放论坛的定位以及下一步的设想。这是论坛组委会成员几天来多次讨论商量后的想法。

这次中青年改革开放论坛,是在我国改革开放事业面临严峻挑战和困难的大背景下召开的,是为了承续发扬当年莫干山精神而把大家汇聚到了这里。也可以说,是莫干山精神把我们感召来的。参加这次会议的中青年代表带着自己对改革开放的独到见解真诚地参与交流,为党的十八大即将产生的新一代党中央核心建言献策。

目前国内各类论坛很多,我们要有自己的明确定位,就是以45岁以下的中青年知识分子为参与主体,以务实探讨改革开放的战略和战术为永恒主题,承续发扬1984年莫干山会议的精神和会风,鼓励公平竞争、实证调研、自由辩论、开放包容和多学科交流,为动员广大中青年积极参与改革开放的伟大事业提供思想交流和建言献策的平台。

鉴于这次会议的实际效果,根据绝大多数人代表的意愿,组委会决定把这个论坛坚持继续办好。我代表主办单位表态,至少2013年和2014年将继续在莫干山主办中青年改革开放论坛。因为2013年党中央和国务院新领导集体亮相,需要明确推进改革开放的具体方案,因此我们更需要凝聚和发挥中青年的智慧。2014年是1984年莫干山会议召开三十周年,所以我们的论坛也还要继续召开。

在此,我还想谈谈参加本次会议的两点感想。一是昨天成老演讲说的,

中青年学者不要因为领导对自己提出的建议有批示而沾沾自喜,也不要因为没有批示而感到沮丧。我是过来人,80年代读研究生的时候也很崇拜领导批示,后来在部委机关工作时间长了,参与了很多重要政策的研究制定过程,也获得过很多领导批示,变成平常心了。因为明白了任何决策都是各方面讨论折中的结果,很难说是哪个人的意见起到了关键作用。就像"推车论"一样,谁的力大、谁的力小并不重要,关键是出力了,共同把车推上去了。二是那天柳红女士演讲提到,有人献给早逝的邓英淘挽联"英雄无用武之地"。我认为不要那么沮丧。我读过邓英淘晚年的一些论文和调研报告,还是很有启发和影响的。英雄就是英雄,不论出入金銮,还是落荒草蛮,不能以当官大小而论,而是要看他对推动历史进步的贡献。有的是贡献政绩,有的贡献是思想。谁敢说未得志的伟大诗人李白不是英雄。我赞同秦朔总编一直提倡的中国自古以来所崇尚的"士的精神",也就是今天的先进知识分子要以推动社会进步为终身己任。相信本次会议对所有与会者都会有不同程度的触动。在中国改革开放的伟大事业中,我们所处的位置是什么? 我们应该做什么?

最后,我想用我为本次论坛创造的广告词来收尾。会前在《第一财经日报》上刊登的广告语是:"愿以青春和生命,充当推动中国进步的燃料;这里的九月,桂花飘香,期待与你共同指点江山。"现在,我把这句话稍微改了几个字献给大家:"明年的九月,这里仍然桂花飘香,期待你们还来指点江山。"

谢谢大家!

"七　论"

——在中青年改革开放论坛(莫干山会议·2013)上的闭幕总结

曹文炼*

各位代表、朋友们:大家上午好!

经过两天紧张、热烈和富有成效的讨论,中青年改革开放论坛(莫干山会议·2013)就要顺利结束了。受主办单位和贾康所长的委托,我对本次会议做一个总结。

一、会议的基本情况

会议历时两个整天。1984年莫干山会议开了10天,2012年莫干山会议开了5天,2013年莫干山会议大大压缩了会议时间,这反映了当今快节奏的生活,但是会议组织了两次全体大会、五场平行分论坛和五场夜话讨论会,取得了丰硕的讨论成果。许多代表反映,本次会议的组织效率很高。

参加本次会议的人数规模空前,大大超过了主办方的预期。我们本来

---

* 本文作者曹文炼:国家发展和改革委国际合作中心主任,经济学博士、研究员。

预计本次会议主题相对单一和专业,人数想控制在 100 人左右。根据会议秘书处的报告,实际参加会议的正式代表 210 人,其中院校代表 58 人,政府机构代表 40 人,智库代表 34 人,企业代表 32 人,还有媒体代表 46 人。大大超过了前两次莫干山会议代表的人数,充分反映了广大中青年和社会各界对推进改革开放的热情,也充分反映莫干山已经成为具有中国改革象征意义的圣地。

2012 年大会开幕时,我在演讲台往下看,全场女代表很少,2013 年与会代表中女代表占了大约 1/3,有 65 人,而且许多女代表踊跃上台演讲,这是前两次莫干山会议所没有的。女代表的人数大大增加,给会议增添了靓丽的风景。当一个论坛有了女士们的积极参与,更加显示了这项事业的兴旺。

会议代表年龄最大的是 83 岁的李培初同志,最年轻的代表则只有 20 多岁。与 2012 年相同,本次会议仍然是四代人的对话。但是,45 岁以下的中青年代表占了绝大多数。今天到会的学者代表大多数是博士、教授甚至博导,比当年来莫干山的那些年轻人学历和知识高多了,但是缺乏他们在基层实践的经验和深入调查研究的积累。今天的年轻人更要多向老一辈学习,当然老一辈也要多向年轻人学习,这样我们的社会才能进步、才能和谐,我们才能更加幸福。

很高兴一些代表除了会前提交论文以外,在参会中又将自己的发言和思考整理成材料提交给了会议主办单位。会后我们将在国家发展改革委国际合作中心官方网站上尽快设立"中青年改革开放论坛"专栏,争取把这些文献在网上发布交流,并选择一些观点鲜明、逻辑清晰、富有启发的典型文章整理成内部简报,通过我们的渠道向决策层反映。刚才,财政部科研所的同志代表会议主办单位宣布,2013 年我们将首次进行莫干山会议优秀论文评选,结果将在国家发展改革委国际合作中心和财政部财科所的网站同时公示。我们也将继续把优秀论文汇集成册公开出版。

本次会议得到了主办方上级部门领导的有力指导和支持。国家发展改革委副主任张晓强、财政部副部长王保安亲自到会讲话,给我们办好会议以莫大的鼓励;我们敬爱的高尚全同志对这次会议也非常关心,在会前专门打来电话祝贺。非常感谢参加本次会议的老一辈经济工作领导者,他们是宋晓梧、刘克崮、侯云春以及李培初同志。他们与中青年的对话加强了主题讨论的深度和准确性。特别需要感谢的是参加本次会议的四位参加过 1984 年莫干山会议的代表,他们是徐景安、贾康、王小鲁和常修泽先生,他们对本次会议的组织和讨论都作出了卓越贡献。

在此,衷心感谢为开好本次会议付出辛勤努力和作出贡献的各方面人士和机构,包括会议的共同主办单位和协办单位以及媒体机构。特别要感谢全体会务工作人员高效和周到的服务。

二、本次会议的主要共识

2012 年我们概括为“五论”,今年是否可以概括为以下“七论”:

一是“搭桥论”。这是在第一天下午的开幕大会徐景安同志发言时提出来的,与 2012 年王小鲁在会上提出的“推车论”异曲同工。大家来到莫干山,不是只谈理想或者批判现实,而是理性探讨、为改革开放搭桥铺路。为此,2013 年组织的莫干山会议比 2012 年更加务实,讨论的主题更为聚焦,更加注重可操作性。与会者提交的论文和会议的讨论几乎涉及了当前财税改革的所有重要问题,重在建言献策。此外,分论坛的讨论还涉及金融改革、国企改革和完善法制等重要议题。很多学者呼吁,建设社会主义市场经济必然要学习借鉴发达国家的经验,但是不要食洋不化,更要考虑我国的国情和所处的发展阶段,研究其他国家在处于发展类似阶段时是如何处理这些问题的。有多位发言者特别提到,我国当前尤其应该借鉴研究美国“进步运动”时期社会治理转型的实践,而不是只看美国现在的东西。

二是“突破论”。当前改革面临的问题千头万绪,应该从什么地方寻找突破口,撬动和推进全面深化改革。许多会议代表认为,应该选择财税改革作为深化下一步经济社会改革的突破口。要解决当前我国面临的贫富差距、产能过剩、环境污染、地区和城乡差距等问题,都离不开财税体制改革;而且财税改革也是经济改革和政治改革的交汇点,可能成为真正建立民主法治的一个始点。应该把财税改革方案的设计作为下一步改革顶层设计的重中之重,希望最高决策层能像 1994 年设计分税制改革那样精心谋划,由国务院领导牵头、中央财经领导小组办公室组织制定财税改革方案,避免局限于单纯的部门视角。

三是"民生论"。本次会议无论是在大会发言还是小组讨论上,许多代表都强烈表达了民生情怀。我国规模庞大的财政收入,完全可以满足民生的基本需要。如果财政支出合理和管理有当,不应该导致如此众多和有加剧之势的社会矛盾。在昨天上午的大会发言中,就有两位教授讲到下一步财税改革要强调民生导向,更多地关注穷人、关注弱势群体。还有一位代表引用了圣雄甘地的话:"这个地球的资源完全能够满足人类基本的需要,但是满足不了人类贪婪的需要。"怎么才能够使人民大众通过经济发展和改革开放感到更加幸福不但是党和政府制定政策和改革设计的落脚点,是所有中青年知识分子、经济工作者研究的出发点,也是我们不断组织莫干山会议的根本宗旨。

四是"事权论"。许多代表在发言中强调,深化财税改革的始点是进一步划清政府间事权关系,包括中央政府与省级政府、省级政府与省以下各级政府的事权关系,在此基础上厘清政府间的财权关系,是制定下一步财税改革方案的重点和主要内容。财政部部长楼继伟最近论述财税改革的专著,也体现了这种观点。但是在具体怎么划分中央与地方的事权问题上,会议讨论有两种不同意见:第一种意见是更多事权上收中央,这样可以减少专项转移支付,加快缩小地区差距,还可以减少"跑部钱进";第二种意见则主张扩大财政分权,通过增加一般转移支付来减少专项转移支付,赋予地方更多财力,确保地方政府履行当前事权。两种意见各有道理,建议代表们在会后更进一步深入探讨,辨析政府间事权划分的具体根据和利弊,供中央制定财税改革方案参考和选择。

五是"制衡论"。刘克崮同志在发言中提出要构造财政预算编制、执行和监督检查三者相互制约的体制。许多代表认为目前《预算法》的修正案缺乏财政制衡制度的设计,市场经济体制下必须建立对政府预算编制执行的严格审查和监督制度,而且一般来讲预算编制和执行部门也是分设的。对我国当前来说,厘清横向的政府间财政关系,可能比划清纵向的政府间财政关系更为重要。研究建立一个符合市场经济要求的现代财政管理制衡机制,不仅关系到规范政府与市场的关系,而且是涉及现代国家治理的一项基本制度。当然,建立制衡机制不仅是对中央财政的要求,也包括对地方各级财政建立制衡机制。本次会议对财政的分权与集权、事权与支出划分、税制改革等问题讨论较多,但也有一个组专门讨论了怎么建立财政制衡特别是监督制度的问题,会后这个组将把他们的想法整理后向有关方面反映。

六是"效率论"。本次会议很可喜的是,许多代表在讨论中特别关注所提出的措施和方案的经济可行性,也就是能否提高财政的效率和经济发展的效率。今天上午有位代表在大会发言中专门论述了税制设计的效率问题。传承莫干山会议精神很重要的方面,就是注重研究改革方案的技术可行性。当然,在中国的今天,任何改革方案和措施的提出,都要考虑求证其政治可行性。前些日子网络上流传一篇文章,回忆9号院的那些事,文中引用了杜老当年常教育年轻人的一句话:"在中国不能是想干什么,而是只能干什么。"我们今天所处的时代比80年代来讲,讨论环境宽松多了,领导也更加包容和睿智,我们今天不仅可以考虑只能干什么,还可以考虑应该和可能干什么。

七是"法治论"。参加这次会议的代表,有一部分是法律界人士,大家都希望下一步的改革方案设计要突出法治。市场经济和法治社会是一对孪生子,处理好政府与市场的关系关键是依法行政,加快推进经济和国家治理从人治转变为法治。有代表提出,像《预算法》颁布都已经20年了,从来没有一个违反此法和被处罚的案例,证明其立法的作用不大,修订也解决不了很多财政根本层面的问题。不如像有些国家那样,制定颁布《财政法》来代替《预算法》,规范政府间财政的事权关系和制衡关系,这将成为社会主义市场经济的一部重要基本法律。

最后,又到了临别赠语的时候了。2012年,我用会议的广告词作为结束语:"这里的九月桂花飘香,期待你们来指点江山。"很遗憾2013年我们来得稍早一些,桂花现在还没有飘香,而且会议头两天一直是阴雨雾蒙。记得常修泽先生在大会开幕发言时还说现在是"山雨欲来",希望大家"铁肩担道义、妙笔著文章"。今天,会议就要结束了,山上突然云开雾散、阳光明媚,我想借王保安副部长开幕致辞的结束语送给全体代表:"莫等闲、干云志,山花烂漫应有时"。

策划编辑:郑海燕
责任编辑:孟　雪
封面设计:吴燕妮
责任校对:吕　飞

图书在版编目(CIP)数据

全球化背景下的大国治理:中青年改革开放论坛(莫干山会议·2014)优秀
　文集/国家发展和改革委员会国际合作中心 编.
　-北京:人民出版社,2015.10
ISBN 978-7-01-015224-0

Ⅰ.①全… Ⅱ.①国… Ⅲ.①国家-行政管理-中国-文集
　Ⅳ.①D630.1-53

中国版本图书馆 CIP 数据核字(2015)第 218907 号

全球化背景下的大国治理
QUANQIUHUA BEIJING XIA DE DAGUO ZHILI
——中青年改革开放论坛(莫干山会议·2014)优秀文集

国家发展和改革委员会国际合作中心　编

人民出版社 出版发行
(100706　北京市东城区隆福寺街 99 号)

北京汇林印务有限公司印刷　新华书店经销

2015 年 10 月第 1 版　2015 年 10 月北京第 1 次印刷
开本:710 毫米×1000 毫米 1/16　印张:22
彩插:2　字数:324 千字

ISBN 978-7-01-015224-0　定价:65.00 元

邮购地址 100706　北京市东城区隆福寺街 99 号
人民东方图书销售中心　电话 (010)65250042　65289539